性暴力の罪の行為と類型
フェミニズムと刑法

森川恭剛 著

法律文化社

まえがき

「強姦罪について考えるために」という題目の研究ノートを発表したことがある（琉大法学60号、1998年）。沖縄で1995年9月に米軍人の強かん事件があり、刑法学の観点から述べうることは何かを理解したいと考えたからである。その後も2、3篇の小論を続けて書いた。しかしその考察は、今から思えば、強かん罪の解釈論に終始し、結論を見なかった。

それから私はハンセン病隔離政策の歴史を調べ、差別の被害者の言葉にならぬ思いの意味を考えるようになった。同じようにフェミニズムによれば女性に対する性暴力は差別であり、被害者の沈黙があり、被害の多くが認識されない。性暴力の被害と強かん罪の違法性の内容には違いがあり、後者を探しても前者は見つからない。それは強かん罪自体に問題があるということである。2012年12月のジェンダー法学会プレ企画「性暴力被害者支援法制の方向性──性暴力救援センターの現場から」の各報告を聞きながら、そうであるならば、これを別の罪に改めねばならないと考えた。それゆえ私は本書で性暴力の罪について論述する。

序論は昨年（2015年）5月の日本刑法学会での報告に基づき、性暴力の行為の理論の骨組みを示す。第1章から第5章は旧稿（「戦後沖縄と強姦罪」新城郁夫編『攪乱する島』社会評論社、2008年、「性暴力の罪の行為と類型」琉大法学90号、2013年、等）を書き直し、再構成した。性暴力の構造性の観点から強かん罪を反省し、性暴力の罪の行為類型を導き出している。なお第5章に障害学研究会九州沖縄部会（2015年7月5日）と日本法哲学会WS（同年11月7日）での各報告内容を部分的に取り入れた。これは科研費補助金（2014～16年度課題番号26590002）の研究成果の一つでもある。そして第6章は昨年12月のジェンダー法学会での報告に基づき、同年10月に法制審議会に諮問された改正案を取り上げ、その対案として新たな性犯罪類型を提起した。

本書は勤務先である琉球大学の2016年度研究成果公開（学術図書等刊行）促進経費の交付をうけて出版される。まごつきながらも投げ出さないでこれに取り

組めたのは、沖縄で仕事を与えられ、SACO最終報告から20年間の米軍基地問題を考え続けることができたからである。もちろんそれは考えていたというだけのことであり、当の問題は深刻さを増したのであるが。また、本書は相利行為の平等論に基づき、刑法学の牢固な体系論を土台から組み直そうとした。私にはそれが障害法学のいう社会的障壁としての「法」であると思われたからである。

2017年の通常国会で性犯罪改正案が上程されるだろう。それはおそらく30年前であれば理解できる内容である。再度の見直しが必要であると思われる。

 2016年12月

著　者

目　次

まえがき

序　論 ——————————————————— I

1 性犯罪の行為の問題　1
2 性犯罪と財産罪　3
3 かん淫の罪　6
4 性行為と強制　10
5 性行為と尊厳　16
6 性行為の相利性　19

第1章　戦後沖縄と強かん罪 ——————— 24

1 1995年の米軍事件　24
2 強かん罪の主体　29
3 強かん罪と「産む性」　34
4 米軍の性暴力　38
5 性暴力の構造性　43

第2章　解釈論から改正論へ ——————— 49

1 強かん罪の重罰化論　49
2 親告罪の改正　53
3 被害回復のための改正論　60

第3章　性犯罪の類型上の諸問題 ————— 66

1 2010年の米軍事件　66
2 被害者の「落ち度」論　69
3 かん淫の目的　74
4 カナダ刑法の性犯罪　84
5 わいせつな行為　87
6 業務上性暴力　94

7　被害者供述の信用性　102

第4章　被害者の不同意　116

　　　1　暴行または脅迫　116
　　　2　同意／不同意の性的自由　123
　　　3　ポリティカルな被害者の不同意　128
　　　4　不同意の行為　133

第5章　性暴力の行為　141

　　　1　「不同意なし」の被害　141
　　　2　主体と客体　146
　　　3　心神喪失　154
　　　4　性暴力と差別　165

第6章　性暴力の罪の類型　177

　　　1　法制審議会改正案　177
　　　2　かん淫・性的強要・性暴力　178
　　　3　性暴力の罪の加重類型　190
　　　4　拒絶困難の間に従わせて　194
　　　5　支配と従属の構造的な性暴力　201

終わりに

資料　性犯罪類型の対照表

判例索引

序　論

1　性犯罪の行為の問題

　性犯罪は刑法的に禁止された性的意味のある行為である。一般的に行為を法的に禁止するのは、それが不正であるからである。したがって、まず、性的であり、不正である行為はどれであるかを指示し、次に、そのどこまでが犯罪行為として刑法的に禁止されるかを問うことができる。さらに、後者のうち、どこまでの行為が実際に刑罰を科されるかを知る必要がある。これらの三つの問いは異なる。例えば被害者の告訴がない強制わいせつの行為は、刑法的に禁止されるが罰されない。
　しかし、この不処罰に問題があるとみれば、三つ目の問いを発する必要はないだろう。同様に、ドメスティック・バイオレンスのある配偶者間の性的な行為は、強制わいせつまたは強かんの行為であるのに罰されないのか、あるいはその前に刑法的に禁止されている行為であるとはいえないから罰されないのかは判断が分かれるが、しかし、およそ不処罰に理由がないと考えるならば、それは犯罪として、ともかく禁止されねばならないだろう。では、非同居の恋人間で、強引に、性的な行為が加えられた場合、それは刑法的に禁止されているが罰されないのか、あるいは刑法的に禁止されていない、またはそもそも不正ではないから罰されないのか、これも見解が分かれる。そして、ここでも不処罰を問題視すれば、その強引さを広く解釈してこれを違法であるとせねばならない。これに対して刑法学は、むしろ一般的に狭い解釈を好み、刑法的に禁止される行為の範囲を小さくしようとする。これは議論が厳しく対立する論点である。
　たしかに、この二つ目の問いが重要である。ただし、その強引な行為が不意に臀部を触る程度のことであれば、そもそも不正ではないと考えることができ

るし、また、刑法的に禁止されるが、恋人間の行為であるから罰されないと考えることもできる。私見は後者である。というのも本書は、処罰される性的な行為の範囲ではなく、その前に刑法的に禁止される性的な行為とは何かを問い直し、そして他人の臀部を触る程度の行為は不正ではないとする見解を斥けたいからである。処罰の範囲の問題（不処罰の問題化）は、必ずしも性犯罪の行為の問い直しを要しない。それゆえ、たしかにいわゆる不処罰の連鎖が性犯罪の問題なのであるから一見すると迂遠ではあるが、上述の三つの問いを区別した上で、刑法的な観点から性的に不正な行為とは何かを考察したい。

さて、あれやこれやの具体的な行為を意味的に象り、他と識別できるように輪郭づけることを行為の類型化という。例えば刑法177条を読むと「暴行または脅迫を用いて13歳以上の女子をかん淫する」こと、それは強かんの犯罪であると記されている（法律上は「強姦」「姦淫」であるが本書では原則として「姦」［わるがしこい、かしましい］の字を用いない）。これが「強かんの行為」類型である。はじめに強かんなるものがあり、それを写し取るとこのように書けたということではない。ある種の性的に不正なこと、その行為を「強かんの行為」として類型的に記述したのがこれである。このように性犯罪の行為は類型的に認識されているので、本書はこの行為類型を書き換えるという方法論で性犯罪の行為を問い直す。

犯罪の行為類型を書き換えれば、刑法的に禁止される行為が変更される。したがって性的意味のある行為の中で不正行為は何であるかを刑法的な観点から具体的に検討した上で、なるほどこれやそれは犯罪である、と了解できるように性犯罪の行為類型を書き直さねばならない。この作業を以下で進めていく。

性犯罪は刑法典第2編各則の第22章に規定されている（174条～184条）。この他にも強盗強かん罪（刑法241条）や児童福祉法の児童に淫行をさせる行為の罪（34条1項6号）、また児童買春・児童ポルノ法の規定する罪等は性犯罪である。このうち本書の対象は主に刑法176条から178条の罪である（強制わいせつ、強かん、準強制わいせつ・準強かん）。これらは狭義の性犯罪と呼ばれ、性犯罪の基本類型である。これらの代わりに性暴力の罪の行為類型をつくる。すなわち性犯罪とは基本的に強かんや強制わいせつの行為ではなく、性暴力の行為をすることであると論じる。そして刑法改正案を結論として提出する。

ところで「性暴力」は、強かんのように古い言葉ではなく、刑法学の専門用語でもない。一般的には少なくとも強かんよりも広い意味で、間違いなく犯罪であるかどうかは分からないが、性的で犯罪的な行為を指すために最近になって使われるようになった。もう一つの似た言葉に「性的暴行」がある。これはsexual assaultの訳語であり、刑法的に専門的な内容をもつ。1970年代から諸外国で両性の平等や女性の権利を保障するために強かん罪が性的暴行罪に改正されてきたという経緯がある。さらに日本語で「レイプ」と呼ばれる不正な行為がある。男性に対するレイプと聞いて首を傾げる者はいないだろう。このやや広いレイプの意味で、今度は強かんという言葉が使われることもある。こうした用語法の変化をうけて性犯罪は改正される。そのための三つの方法がここに示唆されている。第一に、従来の強かんや強制わいせつの概念の刑法的な意味を修正する。第二に、強かん罪と強制わいせつ罪をまとめて性的暴行罪に代える。第三に、性暴力という言葉を刑法的に概念化し、専門的な意味をもたせる。序論でこれらの方法を紹介し、本書の改正論の骨組みを示す。

2　性犯罪と財産罪

　最初に2009年に国連で作成された『女性に対する暴力に関する立法ハンドブック』（ヒューマンライツ・ナウ編訳、信山社、2011年）を開いてみよう。性的暴行は強制的な状況で行われるものとし、この強制状況を広く定義するか、あるいは相手方の一義的で自発的な同意の存在が証明されないかぎり、その性行為は性的暴行であるとする。両論が併記され、結論をみない。ただし、これらは性行為が強制的になされたとき、その相手方の同意はないとみなすならば矛盾しない。逆も然りである。
　ひるがえって日本の狭義の性犯罪は、かん淫を含むわいせつな行為を①暴行と脅迫②心神喪失と抗拒不能③被害者の年齢の観点から条件づけて禁止している。①は強制状況、③は不同意、②は両者に関係する。つまり上述の二つを併用している。しかし、国連立法ハンドブックは、レイプとインデセントな暴行罪、つまり日本の強かん罪と強制わいせつ罪は、被害の程度に応じて軽重に段階づけられる性的暴行罪へと改正されねばならないと勧告する。なぜなら前者

は「女子」に対する犯罪である点で狭く、また、一般的にわいせつ性（indecency）の判断基準は強制状況や不同意の有無ではないからである。

そうするとさっそく次の改正案が考えられる。日本では人の体にわいせつな行為を加えれば、わいせつな暴行であり、強制わいせつ罪が成立すると解釈されている。わいせつでない性的暴行はないと考えれば、「わいせつ」という言葉が用いられてはいるが、それは実質的に性的暴行罪である。したがって、まず、この強制わいせつ罪の手段の行為に着目し、その程度に応じ、これを軽重の二罪に段階づけ、次に、強かん罪を取り込むように、それぞれに性器等挿入の行為を重く処罰する加重類型を設ける。つまり財産罪に強盗と恐喝があるように、性犯罪にも恐喝相当の行為類型を用意する。なぜなら強かん罪の暴行または脅迫の意義に関する判例・通説の見解（相手方の反抗を著しく困難にする程度を要する）が、犯罪の認知や訴追を妨げると指摘されてきたからである。

これは、一見すると、前述の第二の方法であり、強かん罪と強制わいせつ罪が性的暴行罪に取って代わられたのである。たしかに財産罪と性犯罪は、相手方から財産を得るか、性的利益を得るか、この点で違うだけであると考えるならば、性犯罪にも恐喝類型が必要である。しかし、性犯罪と財産罪を比較する考え方は、もとをただせば強かん罪を強盗罪に似せて行為類型化した男性的な観点に由来すると思われる。性犯罪の行為は優れて対人関係的である。これを、強かん罪がそうであったからといって、物に対する財産罪のように類型化してよいだろうか。このような改正案は、強かん罪の手段の行為と性的な行為の内容を拡張し、強かんの概念を二、三の点で修正するのであり、前述の第一の方法であるというべきではなかろうか。

これは、性犯罪の違法性に関する問いでもある。フェミニズムでは、被害者の同意がないとき、性的自由の侵害があり、それを性的暴行または性暴力と呼ぶ。しかし刑法学では、暴行または脅迫を用いてわいせつな行為をしても、被害者の不同意、つまり法益侵害の有無を争える。性犯罪の侵害客体は、同じ「性的自由」という言葉が用いられるが、刑法学では、財産のように、それは処分可能な利益であると考えられている。そのため、どれほど強引な性行為であっても、相手方の同意の範囲内にある。ここに違法認識をめぐるジェンダー・バイアスの占める場所がある、とフェミニズムは問題視してきた。

序　論

　キャロル・ペイトマンが次のように指摘する。「同意論者によって、同意する能力がないとされた女性は、つねに同意する存在でもあった」。同意論とは、生まれながらにして自由かつ平等な諸個人の契約に基づき、政治社会が形成されると考える、主意主義的な契約説のことである。しかし、諸個人のいわゆる自然状態にあるとされていたのは家父長家族であり、政治的にも性的にも、男性が女性を従わせてきた。それゆえペイトマンは「女性と同意の問題の中心にはレイプがある」、すなわち、同意の有無を問うことが、いかに無意味であるかは、レイプの理論と裁判を見れば分かると述べた。つまり、性犯罪の行為者（被告人）が「同意あり」とみなすならば「被害なし」とされてきた。それゆえフェミニズムは次のように第一の方法を斥ける。

　1990年代から国際人権法の分野で、女性に対する性犯罪はジェンダーに基づく差別行為であると理解されるようになった。差別は同意によって正当化されない。それでも差別の行為者は、その行為は差別だから同意できないと被害者から指摘されなければ、その行為の違法性に気付かないことがある。また、指摘されても理解がなかなか進まないこともある。それゆえ、もし刑事司法と刑法学が性犯罪における被害者の不同意の意味をこれからも軽視するのであれば、この犯罪行為と同様に、その理論的な構えは差別的である、と。

　それでも強かん罪は自然犯であるとされる。いつ、どこにおいても、それは当然に犯罪であると考えられてきた。ジェンダー・バイアスの根は深いということである。実際に性犯罪が性的暴行罪として再構成された諸外国で、暴力的な性的挿入の行為は現在でも広義の強かんであるとされ、差別行為としてのそれが過失犯として処罰されるようになってきた。後述のとおり、たしかに性的暴行罪の方法でも、行為者が「同意あり」とみなせば、故意犯は成立しない。しかし、危険であるが車を運転せざるをえない、性行為はそのような行為であり、性犯罪は不注意によるアクシデントなのだろうか。

　1907年につくられた刑法典の性犯罪類型は根本的に疑われている。かつて自然的であるとみなされた家父長主義の性規範は衰退してきた。性規範が変容し、性的に不正な行為に関する基準が変化した（例えば1947年に刑法183条のかん通罪が削除された）。この規範変動に対応する新たな行為類型に照らして具体的な行為の違法性を判断するのでなければ、一方で不正である行為が見逃され、

5

他方で不正ではない行為が不正であるかのように扱われる。それゆえ刑法学は強かん罪を犯罪各論的に解釈し直すだけではフェミニズムの問題提起に応えられないのであり、刑法と性の価値の関係を考え直し、犯罪類型論の次元で性犯罪の行為を考察せねばならない。違法認識にバイアスがかかり、性犯罪の認知や訴追が妨げられるのであれば、それは類型的に記述された行為の犯罪性の推定機能が弱いのである。強かん概念の修正では間に合わないことを類型論的に説明しておこう。

3　かん淫の罪

　強かん罪の行為類型を読み直してみる。強かんの行為とは「暴行または脅迫を用いて13歳以上の女子をかん淫する」ことである。「13歳未満の女子をかん淫する」こともそうである。また、準強かんの行為は「女子の心神喪失もしくは抗拒不能に乗じ、または心神を喪失させ、もしくは抗拒不能にさせて、かん淫する」ことである（刑法178条2項）。これらは、前述のとおり、①暴行と脅迫②心神喪失と抗拒不能③被害者の年齢の観点から条件づけて、かん淫の行為を禁止しているので総じてかん淫の罪である。つまり強かん罪の行為類型は、かん淫という行為の類型性に依存する。では、ひとまず法的な定義はおき、一般的にこの行為は何を指すだろうか。

　手もとの国語辞典ではそれを「男女間の、倫理にそむいた肉体関係」であると説明する（広辞苑では「不正な男女の交わり」「不倫な情事」）。行為として記述し直すと、それは男女間で、倫理にそむき、肉体的に関係することである。つまりそれは男女共同の行為である。しかし、刑法上のかん淫は、一方の行為主体が、他方の客体に対してすることである。この類型記述の利点は、行為の客体を指示すれば、その「もの」の移ろいを認め、何から何への、その変わりようを価値的に評価した上で、その原因行為として、客体に対する作用を意味づけうるところにある。例えばものが壊れたならば、そこに壊す作用、その行為を考えることができる。

　ところで「壊れる」と「壊される」の違いは行為性の有無である。では、その行為とはそもそも何かと問えば、それは知覚世界の中で意味を帯びて分節化さ

れる人の体の時間的なあり方である。動物の体は体内的な感覚や体外的な知覚に基づく動きにおいて意味的に世界と連関する[3]。強かんの行為者は、例えば、その客体を年少者であると知覚する。より具体的には、その着衣や髪型、持ち物、その体の大きさ、形、色、その動かし方、その声を知覚し、性的に欲求し、その体に触れる。いちいちこのように分節化されることはないが、これらに基づき、行為の主体として、その客体に対して体を動かして振る舞い、やがてそれを終える。このように知覚世界と切り結ぶがゆえに、その体の動きが意味づけられる。かん淫とはどのように体を動かすことであり、また、どのように客体を変化させることであるか、ということはまだ述べられていないが、そのかん淫は「強かんの行為」であるとされる。つまり、その行為は、暴行等の行為と複合しないが、そのままで、すなわち強かんである。それは年少者とのかん淫（二人の行為）ではなく、端的に強かんである。ここではその「強」の意味が、二個体を行為の主体と客体として切り結ぶ、その行為主体の行為において、類型的に把握されている。行為なるものは、どのようにその体を動かすことであろうとも、このように意味的な類型として把握される[4]。そして強かんの行為は、かん淫を刑法上のそれとして、つまり主客のある行為として類型化するところに重要な意味が込められているだろう[5]。

　その意味とは、ひとまず次のとおりである。意味を帯びてある行為は、諸価値に照らし、善悪の価値判断の対象になっている。刑法学の関心は悪い行為に向けられる。つまり強かんの行為は、法的に不正であると評価される点で、社会的に悪い意味のある行為、すなわち刑法的には規範違反か法益侵害の行為である。そしてここでは、かん淫の客体に対する価値侵害が問題であるから、違法論の対立を素通りし、強かん罪の行為類型とは、かん淫の客体の、法的に保障されるべき、何らかの性的な価値を侵害する、という意味の行為の輪郭であるということができる。なお、一般的に犯罪行為には目的的な価値侵害類型、つまり故意犯の行為と、非目的的なそれ、つまり過失犯の行為がある。犯罪とは違法で有責な行為であるといわれる場合の有責性の観点による行為類型の区別である。これらは同一の犯罪結果に対する行為の因果論的な結びつき方の違いであり（後述するとおり過失犯の犯罪結果は目的的に偶然である）、その結びつきそのこと（価値を侵害したこと）を理由とし、これを違法な行為として類型化す

る限度では、この区別は問題にならない。犯罪類型の原則は故意犯であり、日本では性犯罪の過失類型は基本的に認められていない。

　さて、この行為類型は、単なる理論上のものであれば無意味であり、社会的に用いられて意味類型として機能しなければならない。まず、それは現実の具体的な行為に当てはめられ、その行為の責任を問うことで、間接的かつ断片的に、人の社会を価値拘束する。犯罪類型は、この規範的な営みを前提にする。遡及的に責任を問う規範的実践（責任実践）は、行為の類型性に基づく規範の一つの形式であると考えられる。次に、行為類型は明文化される。一般的に犯罪法定の意義は、その行為類型に行為の輪郭の有する行為の標識機能、つまり指図機能があることから説明できる。犯罪の行為類型が、悪い意味のある行為の禁止規範として掲げられるとき、その行為をしてはならない、という指図機能をもつ。それゆえ名宛人である社会構成員は、何をすべきではないかについて、類型該当性の判断をそれなりにしているものとみなされる。つまり、明文化による規範的関心の明確化が、もう一つの規範の形式である。

　強かんの例でいえば、大人が小学生に対してかん淫をすれば責任を問われる。しかし、年少者に対して行為する者からすれば、客体として意味的に連関するといっても、その年齢や誕生日などは、実のところ、伝えられるのでなければ、知る由もない。しかし、それは関知するところではないといわんばかりに、13歳未満の者に対するかん淫の行為が、端的に不正であると類型化されている。ここに社会の特別な関心を認めることができる。つまり、年少者であるとの知覚に基づく、その客体に対するかん淫の行為を強かんであると類型化するだけでは、その指図機能が不足するので、その年少者とは「13歳未満」であると明記されている。刑法はかん淫の行為者に対し、その客体の年齢に関心を示すように注意を促している。こうして年少者に対する強かんは、あらためて意味的に分節化され、かん淫の行為と客体年齢からなる複合類型であるとされる。かん淫の行為者は、その行為の意味だけでなく、客体年齢を認識して行為せねばならない[6]。

　しかし、13歳未満の者に対する強かんの禁止規範は、年少者に対するかん淫として、その違法性が明瞭であるが、そもそも、かん淫とは何だろうか、という問いが残されていた。刑法は13歳未満の者に対するわいせつな行為を同時に

序論

禁止している。いずれにせよ禁止されているので、この二つの行為の違いがどこにあるかは、名宛人としては重要な問題ではないが、それぞれの性的な振る舞いを区別しないのであれば、行為類型を分ける必要もない。そこでかん淫とは、ひとまず生殖行為でもある点で特別な性行為である「性交」を指すとしてみる。そうすると13歳未満の「女子」に対して性交をすれば不正であり、それをかん淫の罪として禁止しているのだと理解できる。しかし、刑法は13歳以上の者に対するかん淫の罪を用意している。つまり、ともかくあなたはかん淫してはならない、という性規範が掲げられているようである。もちろん配偶者間や恋人間で、13歳以上の客体とかん淫していると思う者はほとんどいないのだから、大人の男女間では、かん淫とは、暴行等を用いる場合の性交を特に指していう、と考えることになる。つまり刑法上のかん淫は、主客のある行為として、それ自体が違法であるように類型化されているが、細かくみれば、そうではない、ということになる。

ここに強かん罪の行為類型の問題がある。配偶者間や恋人間で、普段からの主人然とした振る舞いのまま、強引に性交をする者がいるとする。性交とはこういうものであると思っているならば、刑法上はそれをかん淫という、とは思い至らないだろう。つまり、この行為類型は、基本的に暴行等とかん淫の複合類型であり、両者が結びついて「強かんの行為」の輪郭が与えられるのであるが、かん淫の指示する内容が漠然としており、むしろそれ自体は単なる性交であると解されるため、「倫理にそむいて肉体的に関係していない」と考える者には、その性交を暴行や脅迫に結びつける回路が、はじめから閉じられている。

かん淫とは、刑法的には男性の性器を女性の性器に挿入することである。性器挿入の行為をするのは男性であり、挿入されるのは女性である。実にこれは性交も同じであると考えられている。それゆえ配偶者間や恋人間で、私の行為をあなたが受け入れると認識して性交に臨んでいる男性のいることが考えられる。多少の強引さは大目に見られるとみなされているかもしれない。実際に、どの程度までが、許容範囲だろうか。これが知られていなければ、強かんの行為を知りえないが、まさしくここが議論の分かれ目であった。つまり、強かん罪の行為類型の指図機能は十分ではないのである。また、そのため裁判規範としても被疑事実に対する適用機能が不足してきた。かん淫の行為客体の同意の

有無が、刑法上の関心事であるといわれても、そのようなことは条文からは読み取れないのである。

　この指図機能の不足分を補ってきたのは客体として明記された「13歳以上の女子」の抗拒の行為である。刑法177条を実質的に書き換えると、抗拒する女性と性交してはならない、となる。この禁止規範の背後にあるのは、大人の男女間のかん淫は禁止されないという隠然たる建前である。しかし、これらが女性に対する行為規範として機能する。女性が抗拒するものならば、抗拒のない女性と男性がかん淫できる（男性の権利）。ただし、本音ではかん淫は、淫らであるから、女性は抗拒すべきである（女性の義務）。これは性別による二重の差別であり、運用上の憲法違反にあたると思われる。

4　性行為と強制

　次に、性的暴行罪としての類型化の方法を取り上げる。国連の立法ハンドブックが示唆する二つの方法は併用できるが、理論的には区別され、優劣が問われている。一つは行為の強制状況を広く捉える方法であり、もう一つは被害者の同意を狭く絞り込む方法である。前者は、犯罪結果よりも行為、後者は、犯罪行為よりも結果に着目する。順に検討する。

　前者は、性的暴行の行為の強制力に、その行為の禁止される理由、つまり不正の根拠を認める。強かん罪の行為類型で、あてはめの錯誤の問題がある、つまり私の「性交」が「かん淫」であり、強かんであるとは思えない者がいることを述べたが、それは、いいかえれば、13歳未満の客体に対する行為のように明瞭に、不正な性行為が類型化されていないということである。強かん罪は強盗罪のように結合犯ではないが、暴行または脅迫とかん淫の複合類型であり、手段列挙型の行為類型である。そのため強盗罪と同様の行為類型であると理解できるが、強かん罪ではその結合の回路が閉じられる者がいる。これに対し、もし不正な性行為の輪郭を一体として暴力的であると把握できたならば、多少の暴行または脅迫を用いても違法ではない、という違法性の錯誤、すなわち違法認識のジェンダー・バイアスは生じないだろう。

　一例を上げる。2011年の最高裁の無罪判決である（最判H23・7・25集刑304号

139頁)。被告人は、駅前で見知らぬ女性に声をかけ、約80メートル離れたビルの外階段の屋上踊り場まで連れて行き、そこで性行為をした。被告人の声のかけ方は脅迫であったか、それとも女性を欺いたにすぎないのかが争われた。後者であれば強かん罪は適用されない。被告人が駅前で「ついてこないと殺すぞ」と告げたのは本当だろうか。最高裁はこれを否定し、被告人の行為の違法性を見失った、つまり男女間の非倫理的な性行為があったにすぎないとみなした(と批判されている)。しかし、そうであれば被告人は被害者を欺いたのであり、それは相手方を抗拒不能にさせる方法の一つであるといえる。それゆえこれを準強かん罪の適用対象であると考えれば、それは次に検討するもう一つの性的暴行罪の考え方である。これに対し、あくまでも被告人の行為の強制力に注目する。つまり四囲の諸事情を考慮し、被害者が欺かれたにせよ、性行為のために、被害者にとって不案内な、ビルの外階段の屋上踊り場まで連れて行くことは、被害者をして性行為を強いられる者の立場に置くことであるといえるかを問題にする。これが肯定できるならば、その強制状況で性行為をするのは性的に暴力的であり、禁止されねばならない。このように、性行為の行われる強制状況を広く捉える方法は、性行為の暴力性、すなわちその行為が性的かつ暴力的であるという両者の不可分性を理論的に追究する。

　アメリカの法哲学者であるキース・バーゲス＝ジャクソンの研究にその成果をみることができる。[7]彼が性的暴行の結果ではなく行為を重視する理由は、第一に、法的責任の対象が、被害者の抗拒の行為の不足ではなく、被告人の行為だからである。第二に、性的暴行は基本的に男性による女性に対する犯罪であり、それは単に暴力であるから人の尊厳を害するのではなく、人種差別的なリンチの行為のように、差別的であると考えるからである。つまり行為の差別性の意味が性行為の強制力の中に含まれている。それは男性が強制力を行使し、女性が性的に貶められ、従わされることである。男性の性的強制の裏側に女性の性的従属がある。なお、ここから性的暴行の行為を性的な接触行為から挿入行為へと段階的に進むものと捉え、後者では、それだけ多く被害者が従わされることから、被害がより重いと理解すれば、挿入される性的な被害が新しく捉え直されたといえるだろう。

　具体的にどのような場合に性行為の強制力が認められるかを紹介しよう。強

制は心理的なそれを含む。心理的強制は被害者に選択肢を与え、従うことを選択させる。性行為か、さもなければ腕をねじり上げるぞ、と脅迫したならば性的暴行である。これに対し、性行為に応じれば洋服を買ってあげよう、というように、相手方にとって好ましい選択肢を提示するのは犯罪ではない。脅迫とオファーが区別される。オファーはそれ自体を拒むことができる。洋服を手に入れる方法は他にもあるからである。では、従業員に対して性行為か、さもなければ解雇かの選択を迫る脅迫、あるいは、たまらなく空腹な人に対して性行為に応じるか、餓死するかの選択を迫るオファーはどうか。前者の場合、事業主に解雇の正当な理由があるならば、それはセクシュアル・ハラスメントとして民事的に違法であるが、犯罪ではないとされる。後者は、人の弱みにつけ込んでいるので、もし空腹な人が、行為者によって、その状態にされたのであれば、例外的に性的暴行であるとされる。日本の刑法の用語に置き換えれば、抗拒困難の意味において抗拒不能にさせたことになるだろう。

　この議論の強みは、被害者の行為の意味を詮索しない点にある。責任論で議論があるように、人は強制状況の中で、強いられた行為を楽しむことができる。そして性行為は楽しんでよいことであるから、強いてもよい、と考える者がでてきてしまえば、強制的な性行為を禁止する行為類型の指図機能は失われる。それゆえ、被害者の「意思の自由」が強いられて行為しているかどうかではなく、どのみち「意思の自由」が何らかの行為を選択する、その選択は、強いうる選択かどうかを判断することにしたのである。

　バーゲス＝ジャクソンはリベラルな哲学者であるから、法的に義務づけられる行為と禁止される行為の間に裁量的な行為の領域が広がっていると考える。そこでは「意思の自由」が行為選択の自由を享受する。つまり、義務的に強制してよい選択、例えば納税か否かの選択と、強制してはならないそれ、つまり脅迫による選択の間に、選択させることが許される、選択行為自由の領域がある。運転免許証の裏面で臓器提供の意思を問うことなどがそれである。同様に、困っているAに対し、Bが、性行為に応じるなら助けようと申し出たとしても、Aは回答することを義務づけられていないし、回答を強いられているのでもない。したがってBは選択行為を強制していないのだから、Aが何を選択しようとも、その選択された行為は、とても嫌な気持ちで行為したとしても、

Bに強制されていないと考える。

　この議論から、強制する行為が、相手方に選択を迫り、その上で選択される行為があるという行為連関のあることが分かる。脅迫にせよオファーにせよ、人の内面に働きかける行為は、相手方の「意思の自由」に行為を選択させる。バーゲス＝ジャクソンは、これを選択行為があり、その上で選択された行為があると二段階に分割した。しかし、そのため、働きかける行為と選択された行為が引き離されてしまう。ここにこの議論の欠点がある。人の弱みにつけ込み、性行為をするのは、人を従わせているのであり、抗拒不能に乗じていると解釈できそうであるが、これを、選択肢を与えているだけであるとみれば、弱い者が従わされること、すなわち性暴力の差別性を見失う。

　個人の選択機会が保障されることは一般的によいとされる。しかし、ここから「意思の自由」の選択行為なるものを取り出し、選択行為を促すこともよい、といえるだろうか。臓器提供の意思を問われた者が回答をしなかったとき、他者が代理して選択できるのであれば、個人の自由は保障されているだろうか。

　これは難問であるが、見過ごしてよい問題でもない。なぜなら相手方にその選択行為を期待しない、または期待できないとき、行為の強制力、すなわち自由侵害としての違法性を判断する基準が失われているからである。それは日本でいえば心神喪失に乗じて性行為を加える場合である。これには二つがある。まず、意識不明であるなど、「意思の自由」が働かない人に一方的に加える場合である。バーゲス＝ジャクソンは、それはレイプではないが、軽い性的暴行の罪があるならば適用できるだろうと口を濁した（財産罪と比較するならば窃盗類型のそれとして）。次に、知的に重い機能障害のある者が相手方である場合である。その性的なベストインタレストはどこにあるだろうか。これは法学があまり考えてこなかった問題である。しかし少なくとも、障がいのある女性に対して行われてきた不妊手術は生殖に関わり、性的な意味がないとはいえない身体侵襲的な行為である。これが正当な医療行為といえるか、性暴力なのではないかは、刑法学としても理論的な反省と検証を要する。

　それゆえ、選択行為の有無、つまり心神喪失の状態にあるか否かにかかわらず、甲が働きかけて乙が従わされる、それは同じであると考える必要があるだ

ろう。もちろん次の違いを認めることができる。すなわち「意思の自由」の主体、つまり人に対して働きかける点では同じであるが、働きかける行為があり、そして選択された行為がある場合と、働きかける行為はあるが、選択された行為がない場合である。つまり、どちらも働きかける行為が原因で、選択された行為があること、またはないことが結果である。自由に選択されたか否か、その自由の有無ではなく、単純にその選択された行為の有無に違いが現れる。つまり、被害者の行為をやはり問題にする。

　そして選択された行為があるならば、その本人が、自分の行為をよい、または悪いと意味づけることができるし、また、第三者が本人の意味づけとは別に行為を評価することも可能である。ここに次のずれを生じることが問題である。そのずれとは、第一に、知的に重い機能障害のある者が、働きかけられて行為をしているのに、その意味を知ろうとせず、そこには自由がないとされてきたことである。そのため、その選択された行為が従わされた行為であるかを判断してこなかった。前述のペイトマンの言葉を借りれば、「同意する能力がないとされた女性は、つねに同意する存在でもあった」から、その選択された行為を見る必要、そこから意思を読み取る理由がなかったのである。これらは同じ問題である。それゆえ第二に、被害者が、その選択された行為は従わされた行為であり、最悪の経験である、「意思の自由」が選択したのは耐えることだった、と述べているのに、刑事裁判でその意味づけが認められないことがある。これを避けるために、バーゲス＝ジャクソンは被害者の不同意よりも行為の強制力（従わせる行為）に注目したはずであった。

　しかし、それを「意思の自由」の選択行為との関係で評価したため、選択された行為がないという結果を見失った。たしかに具体的な行為がないのであれば、その良し悪しもなく、被害者の頭の中の同意／不同意もないだろう。つまり被害者の不同意なしの状態である。しかし被害者は意識の回復後にふり返って同意はなかったと述べることができる。それは、従わされて行為を選択したが、不同意の意思を表明する、その作為や不作為がそこに認められない、つまり裁判でそれを再現できないことがある、という場合と同じである。これは認識論上の限界であり、過去の行為の意味を尋ねようとするならば避けられないことである。しかしそれは、不服従の意思表示さえも奪われるほどの従わされ

序　論

図1　性暴力の行為と結果

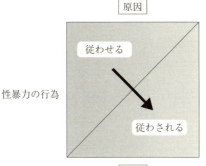

1　従わされる行為
　と不同意の行為
2　従わされる行為
3　物的に扱われる

る経験だったということがありうる。そこに服従の同意を見るべきだろうか。意識不明の場合、そうさせたにせよ、それに乗じたにせよ、そのような相手方に対して性行為をすれば、そこに性的な被害があるとみる。その働きかける行為が原因で、法益侵害のあることが結果である。したがって、働きかけられ、その選択された行為がある場合でも、たとえそれが同意の行為であるように見えても、また、不同意の行為が見つからなくても、それは従わされた行為であることがある。

　それゆえ性的強制の裏側の性的従属を犯罪結果であると見なければならない。この方法は、被告人の行為ではなく、むしろ結果を見る方法として理論的に修正されねばならない。その犯罪結果は、第一に、働きかける行為によって、従わされた行為があり、また、被害者の不同意の意思が行為として表明された場合であり、第二に、働きかける行為によって、ただ従わされた行為がある場合である。以上は選択された行為がある場合である。第三に、働きかける行為があるが、選択された行為がない場合である。被害者は物的に扱われたのであり、ただ従わされたのである（図1）。これらの性的従属の犯罪結果の原因行為は、性的に働きかけて従わせる行為であり、それは性的に不正である。

　被害者に行為を選択させる第一の働きかける行為の方法は、例えば暴行を用いることであり、被害者が押さえ付けられた体を動かし、逃れようとしたならば、それが不同意の行為である。これがあるならば性的従属の犯罪結果は認識

できる。問題は、第二の場合であり、そこには不同意の行為がない。つまり「不同意なし」の犯罪結果がある。性行為に応じれば洋服を買ってあげよう、と誘われて応じたならば、犯罪行為はないというのがバーゲス=ジャクソンの見解であったが、しかし、犯罪結果がないかどうかは、洋服のためにどのように性的に行為をしたか、つまり同意後にどのように行為せざるをえなかったかを見なければ判断できないだろう。

5　性行為と尊厳

　性的暴行罪のもう一つの方法は、人に対して一義的で自発的な同意を得ないで性行為をすることが、性的暴行であると考える。これは、はじめから犯罪結果に着目する方法である。その犯罪結果とは被害者の一義的で自発的な同意がないこと、つまり不同意があることである。そうすると、人の弱みにつけ込んで性行為の選択肢をオファーするのは、自発的な同意を得ることにならないので犯罪である。例えばたまらなく空腹で衰弱したAに対し、Bが食料と性行為の提供を申し出る。Aがこれを承諾したとしても、そこに性行為への自発的な同意があるかは疑問である。つまり被害者の同意行為があるが、しかし自発的な同意はないことがある。法益侵害の有無を判断する基準は、同意の自発性であって、同意行為の有無ではない。

　このような法益侵害の出来事は次の経過を辿る。衰弱したAを見たBのオファーがあり、Aの同意行為があり、Bの性行為が加えられ、Aの従わされる行為がある。最後の従わされる行為において、Aの自発的な同意がない。つまり法益侵害がある。そうするとAの「意思の自由」において選択された行為が二つある。はじめに同意を表明する行為があり、それから従わされる行為がある。そうすると、前者の同意行為はBの行為の違法性を阻却しない。つまり「意思の自由」の同意は、この法益を処分できない。

　強要罪との違いがここにある。強要罪の被害者も義務なきことをさせられる点で、従わされる。しかし、強要罪が「意思の自由」の選択、特にその理性的な作用に対する侵害罪であると解されるのに対し、性的暴行罪は選択された行為が自発的か否かを判断する。自発的でないとき、刑法学における自由の法益

ではなく、もっと高次元の人格性や尊厳が害されると考える。性的自由の法益は、このような内容で理解されるべきであると説かれる。

しかし、第一に、性行為を選択する被害者の同意行為と、自発的な同意のずれは、どのように認識されるかという問題がある。例えば子どもの学費が必要である親に対し、オファーを出し、性行為を選択させるとき、親は子どものために行為をする点で自発的である。刑法的な関心でその行為を記述すれば、それは非自発的であるが、被害者自身はそれを自発的であるとみなしうる。後者の行為記述よりも刑法的な記述を優先させ、それは犯罪でなければならないとする理由が明らかではない。同様に、買春の行為は違法であるが犯罪ではないとき、その相手方の自発性は刑法的に違法であるとするほど損なわれていないとみるのだろうか。このように、自発的な同意のある性行為の概念は、自発性の絶対的な判断基準の共有されないところでは、その範囲が定まらない。そのため、この概念を性犯罪が不正であることの根拠とし、人の尊厳を害する性行為として犯罪行為を類型化しても、違法推定機能は十分に働かない。

第二に、被告人は被害者の発した言葉の内容などから、同意の行為があったと理解しているので、自発的な同意の錯誤を主張することができる。犯罪結果があるとしても、被告人に故意がなければ、犯罪は成立しない。前述の強かん罪の行為類型のあてはめの錯誤の問題が、ここでは正面から違法性の錯誤の問題になる。これに対し、二つの対策が用意される。まず、違法性の意識の可能性を責任要素とし、そして「一義的で自発的な同意を得ない性行為」を禁止する。つまり、違法性の意識の可能性を大きくするように行為規範を掲げ、違法性の錯誤を防止する。こうすれば、被害者が本当は同意していなかったと述べたとき、同意の一義性の認識があり、故意がないと主張するのは難しいはずである。行為類型の責任推定機能が強化されたといえる。しかし、これは違法性の意識の可能性がなければ、責任を認めないとする考え方である。したがって、例えば被害者からすると、非自発的な同意を繰り返し経験した、という犯罪事実そのことを、被告人が同意の一義性の証拠であると主張したとき、刑事司法に被害者の不同意の認識に関するジェンダー・バイアスがあれば、いわゆる構成要件該当性が否定される。つまり被告人における同意の錯誤の有無を問うまでもなく、彼には「違法性の意識の可能性」がなかったとされる。もし、

そうであれば理論上の争点は行為者の錯誤であるよりも刑事司法の「違法性の錯誤」である。理論的には戦勝国の戦争犯罪が裁かれにくいのと同じことが起きている。つまり、一義的な同意の建前を掲げても、現実的には「意思の自由」の選択する同意行為と自発性の相反が起きており、それは後述するように構造的な問題であるから（第1章）、建前を掲げるだけでは枉げられてしまう。

次に、過失犯の行為類型を設け、行為者の不注意の有無を問うことが考えられる。過失の性的暴行の禁止規範は、性行為をするならば、注意深く相手方の同意を得るように義務づける。そのように行為することで同意が自発的になることが期待される。このような気遣いを怠り、不注意に行為するとき、一義的で自発的な同意を得られないおそれがある。実際に、例えば高校生や大学生に対し、具体的な行為準則を示すことは可能であるし、その必要性も高いと思われる（非暴力性教育を推進すべきである）。しかし問題は、不注意な被告人に対してこの性規範を啓発的に適用することが刑法の機能なのかという点である。

性犯罪の過失犯の是非について第4章で論じるが、ここでは過失犯の犯罪結果が目的的な偶然であることを踏まえ、次の点だけを指摘する。性犯罪の行為者にとって、被害者の「意思の自由」の同意行為は偶然ではない。行為者はオファーを出し、被害者に同意行為を選択させた。それは犯罪結果を必然化するために、被害者をして目的的に行為させたということである。反対に、行為者にとって、被害者の偶然性とは、抗拒の行為があることや、従わされる行為に不同意の意思が表明されることである。これらは犯罪結果を必然化する介入事情ではなく、それを不可能にしようとする因果的偶然であり、行為者はこれを見逃して過失犯になるのではなく、これをあえて排除し、無視することによって目的を遂げ、故意犯になる。簡単にいえば、性犯罪の行為者は、被害者の不同意をあえて見逃そうとしているから見えない（図2）。したがって、被害者の同意がないのにあると誤信した、という不同意の行為の意味の錯誤の主張は、よほどの例外事情がなければ、信用性が低いといえる。

もちろん性行為のオファーを受けた者が、どう応じるかは、色々な可能性がある。しかし被害者の不同意の行為があるか、それすらも奪われたとき、犯罪結果がある。つまり、非自発性を持ち出さずとも、それが性犯罪の不正の根拠である。これは、従わせる行為が隠したい結果であり、そして従わされた者が

序　論

図2　性暴力の故意犯

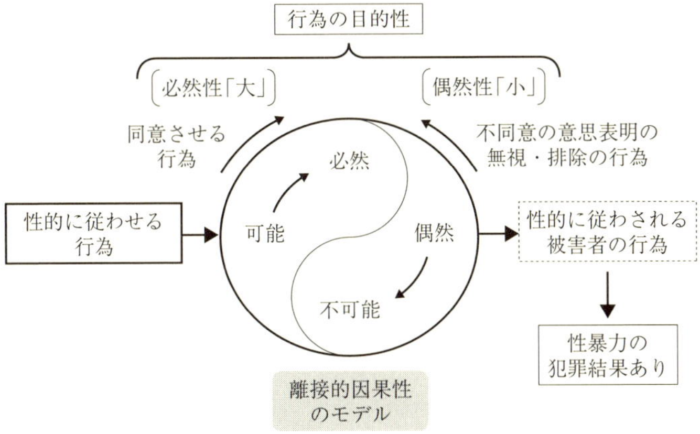

行為の目的性

〔必然性「大」〕　　〔偶然性「小」〕

同意させる　　　　　　　　不同意の意思表明の
行為　　　　　　　　　　　無視・排除の行為

必然

性的に従わせる　　可能　　　偶然　　性的に従わされる
行為　　　　　　　　　　　　　　被害者の行為

不可能

　　　　　　　　　　　　　　　　性暴力の
　　　　　　　　　　　　　　　　犯罪結果あり

離接的因果性
のモデル

注：九鬼周造『偶然性の問題』（岩波文庫）186頁の図をもとに作成（森川恭剛「致死傷の偶然と因果関係」
　　琉大法学89号、2013年、50頁以下）

沈黙するならば隠される結果であるから、同意はなかったと述べる被害者がいるとき、刑事司法はその結果を過去の出来事の中に見いだそうとせねばならない。つまり、被害者の不同意の行為が見て取れたならば、従わされる行為の意味の錯誤は、ほとんど問題にならない[8]。問題は、性的に働きかけて従わせているのに、従わされて行為する「不同意なし」の犯罪結果に「同意あり」を見て取る行為者がいると考えられることであり、これについて第5章で論じる。

6　性行為の相利性

　被害者の性的従属が、性犯罪の行為の禁止される理由である。そのとき被害者の不同意があるといえるが、その不同意とは性的な不自由（選択行為の不自由または非自発性）であるというより、不同意の行為があること、またはないことであり、この結果の原因として、被告人の性的に従わせる行為がある、と述べた。もちろん個人の性的自由や性的人権の概念を否定したいのではない。個人の性的利益の侵害の点は、精神医学的にトラウマ体験として解明が進んでいる。ただし、それには臨床的に個人差がでるので、性犯罪が個人の尊厳を害す

るとまでいわれる理屈について、もっと説明せねばならないだろう。

　甲が乙の臀部を触る、という例に即して考えてみる。これがわいせつであるかはさておき、甲は、単に性的に振る舞っているにすぎない、という程度の認識から出発する。そして乙が触らせているのであれば、問題なしとみなす。しかし甲が業務中であれば、乙が触らせているのだとしても、その触る行為の内面（行為者の意思）が刑法的な関心の対象になる。もし乙が、業務行為の範囲をはみでて触られていると認識したならば、そのとき、触らせる行為が、抗拒不能のまま、従わされる行為になっている。乙は不同意の意思を表明すればよいのだろうか、乙にはそれも分からない。しかし乙としては、その行為をする正当な理由が甲にあったか、また、それは何を目的にした行為であったかを問いたいだろう。

　このように、他人の臀部を触る行為も、どのように触り、また触られるかによって、その意味が変わる。これが性犯罪は優れて対人関係的な行為であると述べた趣旨である。業務として正当化されている行為が、性的に従わせる行為へと意味変容することがあるように、始めに同意のあった性行為が、途中で従わせる行為に意味を変えることがある。そのとき、触らせる行為も、従わされる行為に意味変容していた。つまり性暴力は、一方が従わせ、他方が従わされる。相互の協力的な行為であったものが、一方が性行為を加え、他方が加えられる関係に変化した。つまり、性的従属の犯罪結果の原因行為として禁止される性的に従わせる行為とは、さしあたり、他人に対して性行為を加えることである、といいかえることができそうである[9]。

　そうすると「甲が乙に対して性行為をする」、あるいは「ＡがＢに対して性器を挿入する」、これは単なる事実の記述ではない。これは行為の記述であり、そこには意味があるはずである。没価値的な「客観事実」から出発するのが従来の犯罪論（構成要件論）であり[10]、「暴行または脅迫を用いて」「かん淫する」ところに、はじめて行為の不正の意味があると考えられてきた。しかし、例えば前述の国連立法ハンドブックが構成要件論を前提にしているわけではないのであり、性犯罪の行為類型を書き換えようとするとき、強かんの行為類型の問題は上記の文言にある、とみなすならば、それは誤りではないが、落とし穴にはまることになるだろう。なぜなら甲が乙と性行為をすることは、甲が乙に対して

序　論

図3　互恵行為と相利行為

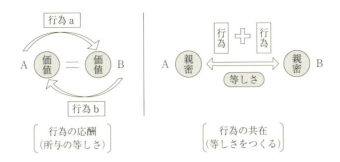

性行為をし、乙が甲によって性行為をされることではないからである。挿入し／される、つまり男性が挿入して女性が挿入される、これが性交ではないはずである。性の規範変動は、女性が男性によって性行為をされるのではない、と考えられて進行した。そうであれば男性が女性に対して性行為をしてはならない。より分かりやすく記述すれば、人は性行為を人に加えてはならない。本書は、そこに性行為の相利性の侵害があると説明しようと思う。現在の性規範において同意のある性行為は、単に利己的でも利他的でもなく、また一方的に能動的でも受動的でもなく、相互的に価値が享受される相利的な協力行為（mutualistic cooperation）の一つであると考える。このように「性暴力」の行為を刑法的に概念化する。

　相利行為とは、認知科学や進化心理学において、互恵行為に対する、もう一つの肯定的な相互行為であるとされており、霊長類学や文化人類学でも、その観察と分析が進められている。互恵性は「行為に対する行為」(re-act) の関係、相利性は「行為と一緒の行為」(co-act) の関係である（図3）。例えば二人で散歩しているとき、急に一人が方向を変えて立ち去れば、何かしら共有されていたものが失われる。それが相利性である。この価値は、行為者がそれを意識しないで行為しても享受できる。一般的にも人はつねに価値を享受しようとして価値を享受するとはかぎらない。それゆえ二人がそれぞれの目的をもって歩くとしても、観察者は、二人が一緒に歩いていると記述でき、そこに相利性がある。[11]

　本書は、人の性行為も基本的に相利行為であり、そこで互いが同じように価値を享受することから、これを平等の概念にひきよせて法的に理論化する。例

えば二人でテニスをする。それぞれが壁打ちを楽しむのとは違い、二人でテニスの価値を享受している。なぜならテニスのルールがあり、ゲームの中で二人が等しく位置づけられるからである。すなわち等しく価値を享受するために、ルールが作られている。だからボールを打ち返すのであり、それだけのことであるが、これは互恵行為ではなく、自ずとそこから相利的に価値がしみ出て、互いに楽しんでいる。それは等しさの形式自体に価値がおかれているということである。個々人は個性的であるが、その差異を捨象して互いに数的な「一」であると抽象化すれば、等しくなることができる。その方法は同時一緒の同じ行為の共在である。ここからはじめに「等しさ」がつくられるから、数々のゲームが考案され、ルールの下で人々は行為して楽しむことができる[12]。

　もちろん性行為は基本的にゲームではないが、他者との性行為は同時一緒に同じように行為することである。それは多くの場合に体の接触を伴い、そして個体間の関係を親密にさせる。親密な人間関係は、他者に対する共感や自己の情緒的安定など、社会的に生存する個人の基礎的な条件が、そこから育まれるとされる。したがってそこに暴力と抑圧があることはよくないとされる。それゆえ、まず、性的な関係における暴力と抑圧が親密さを壊すといえる[13]。次に、同時一緒の性行為で、人は互いに等しく出会うことができる。それは人と人が親密でありながら、互いに等しく個人であるための二元の相互行為である。したがって性犯罪の行為は、人が等しく親密さを享受することを損なうといえる。この性行為の相利性の侵害行為をどのように記述して類型化するか。これが本書の問題である。

1）　角田由紀子『性と法律』岩波新書、2013年、133頁以下。
2）　キャロル・ペイトマン『秩序を乱す女たち？』山田竜作訳、法政大学出版局、2014年、107頁以下。
3）　松永澄夫『価値・意味・秩序』東信堂、2014年、321頁以下。
4）　刑法学の通説では、行為とは社会的に意味のある身体の動静である。身体の「静」とは不作為の行為を指す。しかし本書では、行為の基本型は体を動かす作為であり、不作為は二次的な意味類型である。
5）　神話的な世界で人とその他の動物のかん淫が描かれ、規範的にも「獣かん」を禁止できるが、動物に対するかん淫を強かんとして類型化しないと思われる。
6）　「13歳未満の者に対するかん淫」の犯罪類型は、単なる行為類型ではなく、人の13歳と

いう年齢を特別視する価値判断にも依拠している。なお、この客体年齢が適切に設定されているかは一つの問題であるが、本書では論じない。国連の自由権規約委員会の最終見解（2014年）は年齢の引上げを勧告している。

7) Keith Burgess-Jackson, "A Theory of Rape", in Keith Burgess-Jackson, ed., *A Most Detestable Crime: New Philosophical Essays on Rape*, Oxford University Press, 1999, pp. 92-117; Keith Burgess-Jackson, "A Crime against Women: Calhoun on the Wrongness of Rape", *Journal of Social Philosophy* 31 (3) Fall 2000, pp. 286-93.

8) 被害者と被告人が、性暴力の出来事をどのように内的に経験したかは「語り得ぬこと」である。過去の犯罪事実を認定する上で、この不確実性を避けることはできない。しかし、法的な言語ゲームの基盤として、等しく価値を享受する相利的共在行為の実践の積み重ねがあると考えるとき、何が不同意の行為であり、また性暴力の行為であるかは了解できると考える。

9) ただし例外的に、性的サービスの提供行為、つまり利他的に性行為を加えることが、業務として正当化されることがあると考える。性行為を加えられる者の特別なニーズに応えることが正当である場合に限られる。

10) 没価値的な「客観事実」の考え方の問題点について森川恭剛「客観事実の犯罪論の問題」森尾亮、他編『刑事法と歴史的価値とその交錯　内田博文先生古稀祝賀論文集』法律文化社、2016年、1頁以下。

11) マイケル・トマセロ『ヒトはなぜ協力するのか』橋彌和秀訳、勁草書房、2013年、47頁以下、木村大治、他編『インタラクションの境界と接続』昭和堂、2010年、231頁以下。

12) ゲームのルールと法の関係について滝沢克己『競技・芸術・人生』（内田老鶴圃新社、1969年）を参考にした。

13) 相利行為における「利」は具体的には千差万別であり、その諸々の「利」が何であり、どのようにして、また、どのような意味で尊厳の価値に触れているか、いないか、という問題は、性行為の意味をどのように膨らませるかということであり、これは時代や文化により可塑的である。現代はその意味を膨張させ、性は尊いとみている。その理由は親密さの価値との関係にあると思われる。

第1章　戦後沖縄と強かん罪

1　1995年の米軍事件

　戦後沖縄文学は何度も強かんを主題化している。それは「戦争の蘇り」であり、文学作品はその行為を描き「沖縄が今なお戦場である」ことを読者に想起させようとしてきた。1945年に住民が日米の地上戦に巻き込まれ、焦土と化した沖縄を占領した米軍が日米安保体制の下で長期駐留する。沖縄の「戦後的状況」は、「暴力による弱者への支配としてあらわれる戦争の持続の中にある」。この中で人は強かんをすれば「人を犯し支配・収奪する＜戦争＞の尖兵」になってしまう[1]。

　それは強かんだけの問題ではなく、例えば2005年7月の米軍人による強制わいせつ事件後に、かつて自分も米軍の性暴力の被害に遭ったという者が米軍基地建設に反対し、「振興策と引き換えなら県民の命や、人間としての尊厳を差し出すことができるのでしょうか」と問題提起した。これに対して日本の外務大臣が「米軍と自衛隊があるからこそ日本の平和と安全が保たれている側面」を考えるべきであると反論した。この発言は沖縄で「被害に遭っても黙っておけということだ」「セカンド・レイプというものだ」と受けとめられた[2]。

　外務大臣の発言が大きな機械を動かす小さな歯車の一つであるならば、その一つの被害（セカンド・レイプの被害）から大きな暴力の装置の踏みにじる全体が想起される。性暴力は構造的であると指摘される。沖縄ではその構造は、米軍基地問題の広がりで、その歴史的な長さで認識される。一方で大きな構造性をもつ暴力が被害者の一身を襲い、他方で一つの性暴力の行為が平時の日常を戦場に変える。このように、1995年の米軍事件後に理解されるようになった。それまでは性暴力の構造性が十分に把握されておらず、戦場の軍隊の暴力性と性暴力の行為が切り離され、米軍の性暴力が平時のそれの中に紛れ、戦後沖

第 1 章　戦後沖縄と強かん罪

の構造的問題として性暴力の行為を問うことができなかった[3]。

　それゆえ1995年の事件をふり返り、性暴力の構造性について、その考え方を整理しておきたい。被害者は「13歳未満の女子」である。事件の数日後に新聞報道が始まった。沖縄県警が、少女暴行の容疑で3人の米軍人の逮捕状をとり、米軍に対して身柄の引き渡しを要求したが、日米地位協定を理由に米軍がこれを拒否したという内容の記事である。ここから米軍人の身柄引き渡しと地位協定の改正を要求する世論が高まり、そこに米軍用地強制使用手続の代理署名問題が結びつき、事件が大きな政治問題になる。同月29日、公訴提起した日本側に米軍人の身柄が引き渡された。起訴状に記載された公訴事実は次のとおりである。

　　被告人らは、共謀の上、通行中の…を強いてかん淫しようと企て、平成7年9月4日午後8時ころ、沖縄県…路上において、同女に対し、その顔面を手拳で殴打するなどして、同女を付近に停車中の普通乗用自動車後部座席に引き込んで同車を発進させ、同所から…まで同車を疾走させて同女を連行し、その間に所携のダクトテープで同女の両眼及び口を覆い、両手首及び両足首を縛るなどした上、同所に駐車中の右乗用車後部座席において、同日午後8時20分ころまでの間、同女に対し、さらにその顔面及び腹部を手拳で殴打するなどの暴行を加えて、その反抗を抑圧した上、こもごも強いて同女をかん淫し、その際、同女に加療約2週間を要する右顔面打撲、左側腹部打撲、処女膜裂傷等の傷害を負わせ、その間同女を右乗用車内から脱出できないようにし、もって同女を不法に逮捕して監禁したものである。

　検察官の求刑は被告人A、B、Cに対して懲役10年である。那覇地判H8・3・7判時1570号147頁は逮捕監禁罪と強かん致傷罪の共同正犯を認め、A、Bに懲役7年、Cに懲役6年6月の刑を言い渡した。裁判所の認定した犯罪事実は次のとおりである。

　　…被告人3名は乗っていた乗用車を…付近に停車させた後、被告人Aが同車の運転席で待機した上で、被告人C及びBが同女のもとに赴いた。そして、右同所付近において、被告人Cがいきなり同女の背後から腕を巻き付けるとともに、被告人Bが同女の顔を殴り、被告人Cがそのまま同女を同車のところまで引きずって連れて行き、同車の後部座席に無理やり乗車させた。…その後…被告人Aがさらに同女の顔及び腹を殴るなどの暴行を加えて抵抗できないようにした。その上で…まず被告人Aがかん淫し、続いて被告人Cがかん淫しようと試みたが、そのうち同女が幼いことに気付いた

ためにかん淫を断念し、さらに続いて被告人Bがかん淫して、それまでの間、同女が脱出できないようにした。……

公判廷で争われたのはBとCのかん淫の有無とBの暴行の有無だった。裁判所はBの主張を斥けている[4]。しかし世論の関心は、必ずしも出来事の詳細を知ることに向けられていなかった。共犯事件では、被告人らの行為責任を問うために、それぞれのしたこととその役割分担を明らかにせねばならないが、米軍の強かんのもたらす被害の大きさとその罪の重さは、むしろ構造的に認識されていた。

被告人らに共通する不利な量刑事情として上げられたのは、犯行の計画性と悪質性に加え、①被害者の落ち度が皆無であり、②結果が重大であることである。②は被害者個人に与えた被害の重大性と「犯行自体から必然的に生じたと考えられる社会的影響」に分けられた。前述のとおり、性暴力は(ア)大きな構造物が被害者の一身に襲いかかり、(イ)被告人の行為が構造的な被害の全体(ここでは沖縄の「戦後的状況」)を想起させるという構造性をもっている。裁判所はこれを理解しているように見える。しかし、判決は「大罪なのに軽すぎる」と報じられた。なぜなら(イ)の点は考慮されたが、(ア)の点において被害者の受けとめたものの大きさ、つまり「軍隊の暴力性」が不問に付されたからである(琉球新報1996年3月8日)。それはAだけでなく、BとCがかん淫したかという問題では必ずしもなかった。そうではなく「軍隊の暴力性」が被害者に加えられたこと、この事実を認識しなければ被害者の体に加えられた具体的な経験の意味を汲むことができない。被害者にとって米軍基地や米軍人は事件前とは違って見えるだろう。誰よりも被害者の目に沖縄は戦場であると映るだろう。たしかに判決は犯行の悪質性を説明し、被告人らが「軍人であって」「たくましい体格を有している」と指摘した。しかしこれは被害者が年少であるのに対し、被告人らが「屈強」であるという趣旨であり、被告人らの行為が大きな構造物として被害者に加えられたということではなかった。

判決のもう一つの問題点は①の点である。次のように説明されている。

> 被害者は、学校から一旦帰宅した後、翌日の授業に備えるために文房具を買いに行き、その帰宅途中でいきなり被告人らに襲われたのである。被害者が犯行の誘因行動

をとったという事実はまったく存在しないし、拉致された現場を通った理由、時間帯等、いずれを見ても、被害者に落ち度とみるべき事情は皆無である。

これに対して2001年6月の事件では、沖縄島中部の繁華街の駐車場で深夜に20代の女性が米軍人に強かんされたが、一方で同様に日米地位協定の改正問題などが論じられ、他方で米軍人との交際が被害を招いたとして被害者の落ち度を指摘する見解があり、被害者を苦しめていた。95年判決が力説するのは、13歳未満の本件被害者はそうではない、ということである。しかし、「落ち度」について第3章で検討するが、それは強かん罪の目的を未婚女性の処女性と既婚女性の貞操の保護に求めるならば、導き出されてくる論理である。理論的には支持者を失った過去の強かん論であると思われるが、それでも、なお落ち度の有無が量刑事情になっていることが、ここで問われねばならない。一つの考え方はその理由を次のように引き出すだろう。すなわち米軍の性暴力が沖縄の「戦後的状況」を想起させるのは、その被害者が沖縄の女性であり、また、その行為者が米軍人であって沖縄の男性ではないからである、と。

さて、性暴力の構造性の認識は、沖縄で性暴力をすれば「〈戦争〉の尖兵」になってしまうこと、つまり沖縄における性暴力の行為を構造的暴力として把握するところに意義があった。しかし、95年判決の「落ち度」論を支えると思われる上述の考え方は、たしかに米軍基地の集中する沖縄の「戦後的状況」を想起した上で、これとの関係で米軍の性犯罪を捉えるが、第一に、被害者の落ち度の有無を尋ねようとする点で、はじめから差別的なジェンダー観に依拠している。これによれば米軍人男性に対する「誘因行動」(例えば交際)をしない、落ち度のない沖縄女性に対する米軍の性暴力の責任はそれだけ強く問われねばならない。反対に落ち度があるとされる女性の被害認識は難しくなる。もともと貞操保護の強かん論であるから「誘因行動」の自由は保障されない。第二に、それは米軍の性暴力の重大性に注意を向けさせるが、平時と戦時の性暴力を切り離す点で性暴力の構造性の認識と異なる。それは1969年の「外人事件」の過ちを繰り返すことになるだろう。もちろん沖縄の米軍の性暴力は戦時のそれに準ずる点で平時の性暴力と同じではない。しかし、それは平時に根を張り、戦場の行為として、圧倒的な支配の暴力として現れるから構造的であると把握される。支配の暴力の底流に支えられているので、装置に駆られるように性暴力

が繰り返される。そして沖縄は現実の戦場ではないのに、戦場の軍隊の暴力の襲いかかる日常があるから、その性暴力は圧倒的であり、そしてこれを受けとめた被害者は、沖縄の「戦後的状況」の中に投げ出され、その被害がもし広く知られたならば、記憶される一つの事件になる。

　しかし、以上の二つの考え方の違いは、一つの性暴力の「行為」に、沖縄の「戦後的状況」を対置するだけでは見えてこないのである。ここに性暴力を論じる場合の一つの難しさ、つまり被告人の刑が「軽すぎる」と述べるだけでは許されない理由があると思われる。性暴力の構造性を捉えたならば、その一つ一つの行為は、むしろ小さな歯車である（一人一人は尖兵である）。そして歯車の行為として、前述の外務大臣の発言と米軍人の強かんのうち、どちらが装置を起動させる上で重要か、つまりそれぞれの個人責任の重さを量れば、甲乙を分かちがたい、あるいは前者が重いと考えることもできる。前者はセカンド・レイプであり、後者は強かんの行為そのことであるが、後者の行為の被害が回復されないで、ますます抱え込まれるのは前者のような行為があるからであり、性暴力の被害の重さ、深さの理由は、平時に根を張るそのような諸々の行為によるところがある。外務大臣の発言は、その諸行為の総体（つまり構造性）を全肯定するような内容の、まさしくその目的のためのセカンド・レイプである。これに対して後者の行為は、95年判決の言葉を借りれば、「犯行自体から必然的に生じた」「社会的影響」をもたらしたとはいえ、その必然性は、もちろん物理的な法則性ではないのであり、その必然的な結果の総体（想起されたありとあらゆる沖縄の「戦後的状況」）を、そのまま被告人の「行為」に帰すような責任判断は、性暴力の構造性を見ていない。

　他方で、性暴力の「行為者」に注目するだけでは、やはり二つの考え方は、米軍人であるという属性を重く評価する点で同じであり、その違いが分かりにくいのである。ここにもう一つの難しさ、つまり米軍の性暴力に対して「大罪なのに軽すぎる」と述べる場合の論理の分かりにくさがあると思われる。その大罪である理由は、それが大きな構造物として襲いかかった行為であるからである。沖縄の「戦後的状況」の中に被害者を投げ込むだけのものが米軍の性暴力にはある。この意味で「行為」や「戦後的状況」ではなく、また「行為者」でもなく、被害者に対する「軍隊の暴力性」が問題である。それは軍隊そのもの

が性的に暴力的な組織であるという問題でもない。ただし、その構造物は、現実的には、より複合的であり、単に支配の暴力性でセメントされた性行為と軍事的暴力の組み合わせとしてあるのではない。例えば白人女性に対する黒人男性の性暴力を重く評価することと沖縄の女性に対する米軍の性暴力を重く評価することは違う。前者の評価にはレイシズムがあるのでこの二例は異質であるが、しかし強かん罪の本質は両者で踏まえられており、そして、その行為が構造的に捉えられてもいるのである。

2 強かん罪の主体

　性暴力の構造性と米軍の性暴力の関係を理解するために、いいかえれば性暴力の構造性と強かんの構造性を区別するために、その手掛かりを得たいので、ひとまず強かん罪の主体に関する刑法学の議論を参考にしてみよう。強かん罪の客体は「女子」であり、法律上の強かんは13歳以上の女性を強いてかん淫し、または13歳未満の女児をかん淫することである。かん淫とは、判例上、男性の性器（陰茎）を女性の性器（膣）に挿入することであるとされる。つまり強かん罪は基本的に男性が女性に対して性器挿入する犯罪である。比較法的には男性に対する強かんを認め、また男性に挿入させる女性の行為を強かんであるとする改正例があるが、日本の刑法はそうではなかった。しかし、女性も強かん罪の主体になりうるとしてきたのが判例・通説である。

　最決S40・3・30刑集19巻2号125頁は、男性と女性の二人からなる強かん罪の共同正犯（二人以上が共同して犯罪を実行する方法であり、行為者らはすべて正犯になる）を認めた。夫の恋人である女性に対して、妻とその知人である男性が共謀してかん淫の行為をしたとされた。具体的には妻は、知人男性にかん淫を促し、また被害者を押し倒すなどの暴行を加えた。弁護人は、強かん罪の「本体」は女性に対する暴行ではなくかん淫であり、それは「女性によっては絶対に実現し得ない不可能事」であるから妻は正犯になりえないと主張した。しかし最高裁は強かん罪が男性という身分による犯罪（身分犯）であることを認めたものの、身分のない女性も身分のある男性の行為を利用することによって強かん罪の法益を侵害しうるから、女性も共同正犯になりうると判断した。身分犯

とは公務員犯罪や医療従事者等の秘密漏示罪のように犯罪の成立のために行為者に一定の身分（犯人の特殊の地位または状態）のあることが求められる犯罪類型である。つまり最高裁は、強かん罪が自分自身によるかん淫を条件にする自主犯（他人にそれをやってもらったのでは自分がそれをやったことにはならない犯罪）ではないと考えた。しかし、強かん罪がかん淫の罪である以上、それは陰茎のある男性を条件にする身分犯である。ただし他人の陰茎を利用する者も強かん罪の正犯になりうるとされた。

　この点について学説は、強かん罪が身分犯であるかについて見解が分かれるが、多数説は少なくとも自主犯であることを否定し、女性も強かん罪の主体になることができるとする。理論的には強かん罪の間接正犯（幼児に財物を盗ませる行為のように、他人の行為を道具のように利用して犯罪を実行する方法であり、被利用者は基本的に犯罪の責任を問われず、他人を利用した行為者が犯罪の正犯になる）が肯定されている。その理由は判例と同様である。強かん罪の違法性の実質は被害者における法益（通説によれば性的自由）の侵害にあり、自分自身でかん淫をする行為者が、例えばその性欲を充足しているか否か、という意味の躬行性は重要ではないとされる。つまり陰茎を挿入される女性において被害があれば、そこに強かん罪の違法性があり、その違法行為の主体の性別を問わないが、男性の関与は必要であると考えられている。

　しかし、これに対して二つの疑問を提起することができる。まず、性行為における躬行性は重要であると思われることである。「躬行（きゅうこう）」とは「みずから行うこと」であり（国語辞典）、ここでの躬行性は、性欲の充足ではなく、自分自身の体でそれをする（性的に行為する）ことを指すために用いられる。例えばボクシングをすることとこれを観戦すること、また、けんかをすることとけんかをさせることは違う。結婚することと結婚させることも違う。それぞれの前者と後者で、自分自身の体の動かし方、自分で何を行うかが違い、それぞれの意味を混同することはない。つまり躬行性の点で何をする行為であるかが区別される。それゆえボクシングを観戦する者がボクシングをしているとは思わない。同様に他人と性行為をすることは、これを見ることやさせることとは違うと考えられる（広い意味でこれらは全て性的な行為であるが、性行為をする二人とこれを見る者が同じ行為をしているとは考えない）。

問題は、二人のけんかが、一方の他方に対する暴力の行為になったような場合である。ボクシングであれば審判が試合を止める。では、けんかの傍観者はどう行為すべきだろうか。一方的な暴力をはやし立てれば、その行為の加担者である。刑法的には共同正犯ではなく従犯の成否が問われるだろう。そうすると他人のかん淫の行為を促すだけでは強かん罪の共同正犯や間接正犯にはならないということができる。ここで問おうとしているのは、一方の主体による他方の客体に対する行為と、そこに関わる行為の関係をどのように理解するかである。
　例えば被害者に毒物を注射することと被害者をして注射させ、または第三者をして被害者に注射させることは違う。少なくとも注射「する」行為と「させる」行為の、それぞれの行為者の体の動かし方はまったく違う。しかし、これらは同じく殺人行為であるといえる場合がある。必ずしも躬行性の観点から行為が意味づけられないということである。同様に自分自身が陰茎を挿入することと被害者をしてそれを挿入させ、または第三者をしてその陰茎を被害者に挿入させ、もしくは被害者をして第三者の陰茎を挿入させることが、同じ意味を帯びる場合があるだろう。はたしてそれ、すなわちその同じ意味の行為は、何という行為か。これが実は問題である。
　しかし、自殺関与と殺人の行為は、犯罪類型として区別されている。自殺行為の躬行性を前にして、注射「させる」ことは関与行為になり、注射すること（殺す行為）から区別される。そのような場合が類型的に用意されている。同様に小指をかみ切らせる行為は、傷害罪（小指が切れたという傷害結果をもたらす行為をする間接正犯）か、強要罪（自傷行為を強制する行為）かが問われる。鹿児島地判S59・5・31判タ531号251頁は間接正犯を認めた。しかし、小指をかみ切るというような行為は、よほどの強制力が心理的に加えられるのでなければ、自分自身で行うことはできない。にもかかわらず自分自身で行ったというその躬行性を前にして「させる」行為が、小指をかみ切る行為（傷害の行為）から区別される場合があると考えることができるだろう。同様に二人の性行為の躬行性（ここでは二人の体でそれをすること）を前にして、性行為を強いてさせること（自己の陰茎でそれをしないこと）は、性行為をすること（自己の陰茎でそれをすること）から区別されると考えてよいだろう。

図4 二人の性行為の4分類

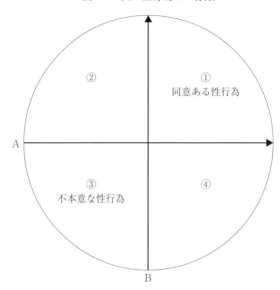

　図4の①はAとBのいわゆる同意ある性行為であり、③はAとBの不本意な性行為である（例えば望まない生殖行為を仕方なくする場合）。①または③をさせることは、①と③の躬行性（二人の体でそれをすること）を前にして、性行為を「させる行為」であるといえる。これに対し、②または④をさせることは、②ではBに、④ではAにそれをさせることであり、このような場合は②と④の躬行性（二人の体でそれをすること）が背後に退き、それはむしろ一方から他方に対する行為であるとみなされる。そして、させることが「する行為」の意味を帯びうる（つまり間接正犯が成立しうる）。もちろん、この場合に、一方の行為主体に対する他方の客体の行為性がなくなるということではない。一方的に殴打され、敗れたとしても、彼はけんかをしたのだといえる場合があるように、性行為をさせられた客体も性行為をしたのだと自責の念に駆られる場合がある。しかし③では、AとBは性的に不自由であり、それを「させる行為」は、AとBの二人に対する行為として違法であると述べうるが、それでもAとBは二人で行為しているのであり、これをさせることは、類型的に「自己の陰茎でそれをすること」と同視できないだろう。

通説では③の場合に、陰茎を挿入される女性の法益侵害（性的な不自由さ）があるので、③をさせることは、その侵害行為、つまり「すること」（かん淫の行為）でありうるとされ、強かん罪の間接正犯を認めうることになるだろう。③の性行為の躬行性（二人の体でそれをすること）が認識されていないのである。しかし、上述のとおり、強かん罪は自主犯ではないとすること（間接正犯が成立しうること）と性行為の躬行性を重視することは矛盾しない。私見では、不本意な、あるいは性的に不自由な性行為における躬行性を認めないのであれば、性暴力（「する行為」であれ「させる行為」であれ）の被害者が、自分自身の体で、相手方の行為に対して性的に行為せざるをえない、という自分自身の行為性を肯定せざるをえないことは見えてこないだろう。被害者も性的に従わされて行為するところに、単なる暴行の被害（被害者の体が単なる客体である場合）と性暴力の被害（被害者の体が行為する場合）の現れ方の違いが認められると思われるのである（詳しくは第4章で述べる）。

　次に、自分自身で陰茎を挿入することと被害者をしてそれを挿入させ、または第三者をしてその陰茎を被害者に挿入させ、もしくは被害者をして第三者の陰茎を挿入させることが、法益侵害の原因行為として意味的に同じである（つまり後者が間接正犯である）と把握された場合でも、これらが同じ意味の行為であることは、その「させる行為」をかん淫の行為であると呼ぶ理由にはならないことである。第三者（例えば看護師）をして被害者に注射させることは、注射器を用いた殺人行為ではありえても、注射することであるとはいわない（「注射する」のは看護師であり、これを「させる」のが殺人行為である）。同様に第三者をして陰茎を挿入させることは、それ自体が正犯の犯罪行為でありうるが、陰茎を挿入すること（かん淫）ではない。つまり間接正犯を認めるならば、挿入される被害の原因である犯罪行為は「挿入」の行為としては類型化されえないのである。この点は従来の議論で看過されてきた。

　つまり「注射」では注射器、また「挿入」ではその挿入物と一体性のある体の動きをもって、その行為であるという。例えば飲食は自分自身で嚥下するほかない。親が子どもに食べさせる行為を親が食べる行為であるとはいわない。また、母親が父親に依頼して子どもの歯を磨かせるとき、歯を磨いているのは歯ブラシを口に入れる父親であり、また口を開ける子どもである。母親が歯を磨

くとはいわない。つまり、強かん罪の間接正犯を肯定する通説の論理では、強かん罪をかん淫の行為の罪として構成する理由が明らかでないのである。その被害が性的自由の侵害であれば、その行為は性的自由侵害行為（性的暴行または強制わいせつの行為）であり、その法益が貞操であれば貞操侵害行為である。そのような行為の行為者として間接正犯が認められるのであって、間接正犯が挿入するのではない。

もちろん現在の刑法学の通説は、性犯罪とは性的自由に対する罪であると考える。つまり「強かんの行為」とは、暴行や脅迫等を用いて人の性的自由を侵害する行為である。それは性的自由侵害の行為の罪である。したがって、女性が強かん罪の主体になることができる。しかし、それならば強かん罪と強制わいせつ罪を区別する必要がなく、かん淫の罪は余分である。それでも一般的に強かんといえば男性による女性に対する犯罪であり、そのような行為として自然犯であり、重大視されてきた。これも否定できない。

それゆえ、比較法的には性的に挿入される被害と挿入されない性的接触の被害が区別されている。前者は重い（第一級の）性的暴行であり、後者は軽い（第二級の）性的暴行である。問題はこのような行為類型の区別の根拠、つまりそれらの被害の軽重の基準である。この点について、単に挿入されたならば重いとみる見解と女性が挿入されるところに重さの根源的な理由があるとする見解がある。前者において、行為の主体と客体の性別その他の属性は問われない。後者において、挿入される性犯罪を強かん罪と呼び続ける理由があり、強かん罪の主体を問う意義が残されている。つまり米軍の強かんは、その行為者属性の観点から、罪が重いと評価することができる。

なお、1953年に最高裁は、強かん罪の客体を「女子」とする刑法177条が憲法14条１項の禁止する性別による差別にあたるとする上告趣意を斥けた。男女間の生理的、肉体的等の事実的差異だけでなく、社会的、道徳的見地を加味して特に女性の性の価値を刑法的に保護することは理由があるとされた。[7]

3　強かん罪と「産む性」

「性はいかなる場合にも処罰の対象とはなり得ない」「強かんが罰せられる場

合は、ただその身体的暴力のみが罰せられるべきだ」「それはひとつの身体的な襲撃でしかなく、それ以上のものではない、だから誰かの口に拳骨を突っ込むのと、性器にペニスを突っ込むのとではなんの違いもない」「体のほかの部分とは異なった法によって性器を守り、取り囲み、ともかくも特権化しなければならない」と考えることには問題がある、と述べたのはミシェル・フーコーである[8]。これは性的自由の刑法的価値を認めない見解である。ただし、口に拳骨を突っ込む行為と頬を殴打する行為が暴行（犯罪行為）として同程度のものであると考えられているかどうか、つまり身体の内・外への暴行が区別されるかは言及がない。ちなみに日本の刑法では内部的な身体に対する暴行は、類型的に特別視されていない。したがってフーコーの考え方を採用すれば、性的暴行は、単なる暴行であり、これを挿入暴行と非挿入暴行に区別する理由がない。ともかく米軍の性暴力は、単なる暴力行為であると評価される。しかし、軍隊は暴力的であるから、暴力の構造性を述べることはできる。つまり支配の暴力性でセメントされた暴力行為と軍事的暴力の組み合わせとして、暴力行為の構造的認識を試みてよいだろう。沖縄戦でたくさんの暴力が振るわれた。したがって沖縄で暴力的に振る舞えば「〈戦争〉の尖兵」になるだろう。

　これに対してモニカ・プラザが次のように反論した。セクシュアリティを刑法の対象から外すのは「女性の身体を客体化して特権的に専有する権力構造」を不問に付すことである。「強かんの根底にあるのは社会的な性の営み（social sexing）である」「男性は、女性の身体を専有する男性階級に属する限りで女性を強かんする」のであり、それは「両性間のまさに社会的な差異に基づいてなされる本質的に性的な行為である」。セクシュアリティと強かんを分離するのではなく、現在のヘテロセクシュアリティが強かんの近くにあることを再認識すべきである（傍点は原文斜体文字）[9]。

　プラザの指摘を受けてアン・ケーヒルも次のように述べる。強かんが他の暴力行為から区別されるのは「強かん（より正確には強かんの恐れ）が特別に女性的な（そして社会的に認識可能な）身体をつくるというその役割」のゆえである。例えば一般的に女性の行動範囲は時間的、空間的に制約されるが、それはほとんどつねに性的な被害を恐れているからである。この種の恐れは、例えばベンチに座る女性の姿勢（腕を身体から離さず、膝の上で手を合わせ、股を広げず、全体的

に小さく座る）にも影響を及ぼしており、このような制約を超えて体を動かすことは体に危険を呼び込むことである。こうして一般的に女性の体は「弱く、自己に敵対的なものとして、また、それ自体をつねに脅かすところの危険をまさに呼び込むものとして」「それ自体の被傷性を生み出すものとして」特徴づけられるように社会的に構成される。それゆえ強かんは女性の身体的経験を構成する一つの要素になり、まさしく性的な差異化の手段になる。強かんが刑罰の対象になるのは、社会的な性的ヒエラルキーの構築におけるその重要な機能のためである[10]。

プラザとケーヒルは、強かん罪の客体が女性に限定されるとは述べていない。そうではなく、ケーヒルによれば、フーコーの誤りは強かんを男性が行うもの、そして男性が処罰されるものと理解した点にある。それゆえ彼は（男性の）セクシュアリティを刑法の対象から外すべきであると論じることができた。そのため、強かんされるという経験、その男性の体における意味を問うことができなくなった。その被挿入の意味とはこうである。すなわち、男性間の強かんでは行為客体の男性の女性化が起こり、彼は「社会的な女性」になる[11]。「社会的に男性の肛門は『性的器官』の位置に置かれうる、すなわち（生物学的な）男性は女性の体の役目を果たしうるし、またそのようなものとして使われることがある[12]」。

つまり、性犯罪で挿入される被害が重いのは、性器間挿入の行為を基本類型とし、また肛門等への挿入行為をこれに準じた類型とすることで、これらは非挿入の接触行為の類型と一線を画する、と理解することができるからである。例えば尿道には上述の代替性がないので、そこへの器物挿入の被害が重いとはいえないということになるだろう。このような意味で強かん罪の客体である「女子」は、解釈論上、必ずしも自然的な意味おける女性に限定されないで男性を含みうる。もちろん法律上の「女子」を「人」に改正したほうが好ましい。その上で、挿入される体の経験が陰茎と陰茎類似物を区別しないのであれば、さらに挿入物の範囲を拡げ、指や器物による強かんを認めることができる。こうして強かん罪は男性を条件にする身分犯ではなくなる。一見すると、それはもはや第一級の性的自由侵害罪でしかない。では、強かん罪の主体を問う意義はなくなったのかと問えば、やはりそうではない。なぜなら、それは根源的に

は女性が挿入される犯罪であると捉えられているからである。

　最高裁は「社会的、道徳的見地」に言及して強かん罪による女性の要保護性を肯定したが（前述の1953年判決）、他方で「社会的、道徳的見地」の理由を述べることなく強かん罪を男性による身分犯であるとした（前述の最決S40・3・30）。後者の点に関する反対説は、かん淫しうるか否かは純粋に自然的事実によって決定されることであり、単なる体の違いは身分の根拠にはならないはずであると論じる。しかし、強かん罪の客体の意義について「自然的に」ではなく、「社会的に」解釈するのであれば、同様に、社会的な意義において行為主体の身分を考えてよいだろう。ヴァレリー・ブライソンによれば、男性にかん淫しうる身体的能力があることは、社会的に単なる自然的な事実ではすまされない[13]。それは性別に基づく差別の問題と切り離すことができない身体的な特徴であるとされる。

　ヴォーヴォワールは女性の生殖機能を男性が社会的に支配したところに女性差別の理由があると指摘した。どの男性がどの女性と生殖行為をするかは男性によって社会的に決められる。女性の生殖機能が男性にないのは自然的な事実であるが、そのため女性は「産む性」として社会的に従属的地位に置かれ、男性の生殖行為の客体として選別された。強かん罪とは、男性に対して女性を正しく配分するための行為規範であり、他の男性の生殖行為の客体に対する生殖行為、つまり他の男性の女性を性的に奪い取る行為を禁止したものである。それは男性が女性を性的に支配するための法的な道具であった。

　しかし、男性のために「産む性」を保護してきた強かん罪、今やこの強かん罪が、まさしく女性を性的に従わせようとする男性による差別行為に対して適用される。この犯罪の旧い基準は他の男性から奪うか否かであるが、新しい法的基準は「女性の不同意」である。つまり、その性的な行為が女性に対して差別的であるか否かである。陰茎のある男性であるとは、性行為によって女性を傷つけうる社会的地位にある者、つまり被傷性のある女性に対して差別性の身分をもつ者であるということである。こうして強かんの行為は、基本的に男性による、リプロダクティブ・ライツを有する「産む性」に対する暴力的な差別行為であると捉え直されたといえるだろう。女性が強かん罪の主体でありうるのは、そのような男性を利用して、同様に差別的な行為者になりうるからであ

る。ここでは強かん罪の法益は、一見すると単なる性的自由であるが、根源的には「女性の性的自由」である。強かん罪の差別的な本質を捉え、これを逆手に用いて両性の平等を追求しようとする方法論であるといえる。ここから女性に対する性暴力、すなわち強かんの構造性を論じることができる。

4　米軍の性暴力

　沖縄で1995年の強かん事件が起きたとき、北京で第4回世界女性会議が開かれており、そのNGOフォーラムのワークショップで「沖縄における軍隊・その構造的暴力と女性」について議論があった。主催者は高里鈴代らであり、「長期軍隊駐留下における女性に対する暴力」は、準戦時性暴力であると論じられた。[14]

　1990年代は国際人権法や国際刑事法の分野でフェミニズム・アプローチが重要な成果をもたらしていた。1993年6月に「ウィーン宣言及び行動計画」を採択した世界人権会議は「女性と女児の人権が普遍的人権の不可譲、不可欠、不可分の一部である」とした。そして「公私にわたる女性に対する暴力の撤廃」に向けた作業の重要性を強調し、「武力紛争の状況における女性の人権侵害が国際人権法及び国際人道法の基本原則の侵害」であり、「とりわけ殺人、組織的強かん、性的奴隷及び強制的妊娠を含むこの種のすべての人権侵害が実効的な対応を必要とする」とした。これを受けて同年12月の国連総会で「女性に対する暴力撤廃宣言」が採択された。同宣言は「女性に対する暴力が男女間の歴史的に不平等な力関係の現れであり、男性による女性の支配と差別を導き、女性の地位向上の妨げになってきたこと」、またそれは「男性と比較して女性を従属的な地位に強いる決定的な社会的メカニズムの一つであること」を指摘し、特に少数者集団に属する女性、先住民の女性、施設収容された女性、障害のある女性、武力紛争状況下にある女性等がこの暴力にさらされやすいとした。

　また、旧ユーゴスラビアで民族浄化のための組織的強かんが行われていると報告されたのは1991年であり、ルワンダ内戦でも1994年に組織的強かんをともなう大量虐殺事件が起きた。これに対して国連は1993年にオランダのハーグに旧ユーゴスラヴィア国際刑事法廷を、また1995年にタンザニアのアルーシャに

ルワンダ国際刑事法廷をそれぞれ設置した。これらのアドホック裁判所は90年代後半に組織的強かんに対してジェノサイドの罪や人道に対する罪を適用する。1998年に国連人権小委員会に提出されたマクドゥーガル報告書(「武力紛争下の組織的強かん、性奴隷制および奴隷制類似慣行に関する最終報告書」)は、これらの措置は武力紛争下における性暴力の不処罰の循環を終わらせるために必要であると評価し、さらに人道に対する罪は武力紛争との関連性を条件にしないで適用されうること、またその適用においてジェンダーに基づく集団の保護という観点が必要であることを指摘した。そして同年にローマで採択された国際刑事裁判所規程7条1項は、強かんその他の性暴力が「一般住民に向けられた広範な攻撃または系統的な攻撃の一環として、この認識をもって」行われるときには人道に対する罪になることを明記した。「広範または系統的な攻撃」とは、その攻撃を行う国家的もしくは組織的な政策に従うか、またはその攻撃を行う国家的もしくは組織的政策を維持するために行われる一連の行動を意味する(同規程7条2項a)。さらに2001年に国連人権委員会に提出されたクマラスワミ報告書(「武力紛争時に国家が遂行しそして(あるいは)不問に付した女性に対する暴力(1997-2000)」)は、「女性に対する暴力と武力紛争に関する一般的諸問題」の中で軍事基地の問題を取り上げ、「日本(沖縄)、フィリピン、韓国」で「米軍基地と軍隊の存在が強かんやその他の性暴力の危険を増大させている」と指摘した(E/CN.4/2001/73.)。

　1995年の強かん事件に対する抗議行動は、このフェミニズム・アプローチによる「ジェンダーの主流化」の中で進行した。北京から沖縄に帰った高里らは事件報道に接し、被害者の勇気に応えるために記者会見を開き、軍隊の長期駐留こそが問題の根源であることを述べた。そして翌10月に被害者等の相談支援業務を行う「強姦救援センター沖縄REICO」を立ち上げ、さらに11月に「基地・軍隊を許さない行動する女たちの会」を発足させ、翌年2月にピースキャラバンを組織して渡米した。また、同会は1945年の米軍の沖縄上陸後から「たくさんあった」といわれてきた性暴力事件について、統計資料が欠落しているため新聞記事や体験記等を掘り起こし、その被害内容や件数を検証する作業をはじめた。もちろんその実数は現在も把握できていない。アメリカ統治下の事件は、事件があったことを知りえたとしても、行為者が特定され、その責任が

問われたかはほとんど確認できない。日本復帰後も、例えば1993年5月の強かん事件では、米軍捜査機関に身柄を確保されたはずの被疑者がアメリカに逃走し、数ヶ月後に再逮捕され沖縄に護送されたが、この間に被害者が告訴を取り下げたため、強かん罪は適用されなかった。こうして戦後沖縄に性暴力の不処罰の循環のあることだけは、確かめることができた。[17]

　そして同会は性暴力の構造性を次のように説明した。軍隊とは女性に対する暴力を制度化した、構造的に性暴力的な組織である。軍隊は「日々の訓練と実戦によって、兵士を非人間化し、通常レベルよりさらに強い差別意識（性差別、民族差別、人種差別などあらゆる差別）を個々の兵士に内在化させてしまう恐ろしさを持つ」。武力紛争時に女性に対する暴力が起きるのは、軍隊の訓練に女性差別が組み込まれているからである。沖縄戦における旧日本軍の女性に対する暴力と戦後長期駐留する在沖米軍のそれは、被害経験において連続している。したがって「戦争中、紛争中、軍隊駐留中を問わず軍事基地のある地域の女性に対する犯罪は、すべて戦争犯罪である」と位置づけられる。[18]

　ここでは戦後沖縄の米軍の性暴力が、人道に対する罪にあたると認識されている。もちろんそれが「国家的もしくは組織的な政策に従って」またはその「政策を維持するために」、一般住民に向けられて繰り返されていることを立証することは困難である。しかし、シンシア・エンローの「軍事化されたレイプ」の概念は、まさしく「行動する女たちの会」の考え方を理論化する試みである。エンローによれば、それには「娯楽的レイプ」「国家安全保障レイプ」「組織的な大量レイプ」があり、これらは総じて次の三つの特徴をもつ。第一に、強かんの行為者においてその行為が相手方を征服するという疑似戦闘行為として行われ、第二に、それゆえそれは行為者の所属軍隊の機能や社会的紛争のイメージに基づいて行われており、第三に、そのため被害者はその被害を地域社会の歴史的・政治的な問題圏において受けとめなければならなくなる。戦後沖縄の米軍の強かんは「娯楽的レイプ」である。それは十分に利用可能な「軍事化された売買春」が供給されないために起こっている。[19]

　売買春が軍事化されているとは、軍事上の衛生問題という建前で、軍隊の政策決定者が性産業と連携し、兵士の買春を管理し、奨励しているということである。[20] 1995年の事件でも、米太平洋軍司令官は「レンタカーを借りる金で女が

買えたのに」と発言して辞職を強いられたが、被告人らはまさにその一人が買春する金がないと言って強かんをもちかけたので、買春をやめて、車を借りて犯行に及んだ。つまり米軍は、兵士らに十分な売買春を提供すれば彼らの強かんを防ぎうると考えているということであるが、エンローによれば、それはすなわち強かんが売買春とともに軍事化の不可欠の要素になっている、軍事化されている、ということである[21]。したがって戦後沖縄の米軍の強かんは、武力紛争下における組織的強かんと同様に「軍事されたレイプ」であり、軍事化という「政策」の引き起こす結果であるとみなされる。

　戦後沖縄における「軍事化されたレイプ」は準戦時性暴力であり、その違法性は重大である。したがって「行動する女たちの会」は前述の那覇地裁の懲役6年6月から7年の有罪判決に対して次の見解を発表した。「軍隊の暴力性が不問にされたまま判決に至った」「被害者やその家族の肉体的・精神的痛みの深刻さ、同様な危険にさらされ続けている少女・女性の恐怖や憤りに比べると、そのなんと軽く耐えやすい年月であることか」「強盗より強姦を軽く位置づける現行法で裁かれた限界を指摘せざるを得ない」「50年間にわたる米軍駐留によって、絶え間なく繰り返されてきた人権侵害、特に女性への暴力のすさまじさは、今回の事件以前はいうに及ばず事件以後も起こり続けており、女性の人権尊重、性的自己決定権確立の方向に立った刑法改正は急務である」[22]と。

　これを受けて本書は刑法改正を論じている。同会が強調するのは「軍隊の暴力性」である。被告人らの行為は準戦時性暴力として、あるいは「軍事化されたレイプ」として被害者を襲った。だからその被害は(ｱ)個人的に深刻であり、また(ｲ)歴史的・社会的な広がりをもって沖縄の「戦後的状況」の中に位置づけられた。(ｲ)の点から刑罰が軽すぎると指摘されているのではない。そうではなく、(ｱ)の点、つまり一人の被害者が受けとめねばならなかった「軍隊の暴力性」を同会は問題視した。それゆえそれは重大な違法行為なのである。しかしながら、前述のとおり、その構造性の理論は、主に「軍隊」の性暴力を説明しようとするものであり、沖縄の女性に対する米軍の性暴力は重いとする考え方と見分けることが難しいのである。

　それゆえエンローは次のように述べた。軍事化の「政策」はジェンダーを操作して、特定の「男らしさ」「女らしさ」の役割分担を社会的に推進しながら進

行する。軍事化により女性が強かんの被害に遭い、また買春の相手方となり、そして恥と排除の対象にされてしまうのは「軍事化のジェンダー化された過程」の帰結である。これを「女性の軍事化」という。それは「軍事化された結婚生活」等の様々な形態で女性の日常生活を巧妙に軍事化する。強かんの軍事化で特に警戒を要するのは、その被害の取り上げ方次第で、それが女性の再軍事化につながる点である。他国の兵士に強かんされた女性がナショナリストのシンボルになれば、いっそう彼女は軍事化の過程に取り込まれてしまう。それゆえエンローは、沖縄の「行動する女たちの会」がこの罠に捕らわれないために、すなわち「男性平和運動家たちが、地元女性のレイプをたんなる象徴的なナショナリズムの問題にしてしまうこと」のないように、「軍隊の暴力性」を問題にしたことを高く評価した。[23]

　沖縄の女性に対する米軍の性暴力は重いとする考え方をナショナリズムの性暴力理論と呼ぶことにしよう。その構造性は、支配の暴力性でセメントされた性行為とナショナリズムの暴力の組み合わせとしてある。米軍の性暴力は、沖縄を蔑み、沖縄の女性を貶め、暴力的に支配しようとするナショナリズムの差別行為であると捉えられる。同様にポストコロニアリズムの批判的観点から、それは植民地主義的な暴力であると捉えることができ、その上でこれをレイシズムの観点から裏返せば、沖縄の男性による米軍の女性（男性軍人・軍属の家族である女性を含む）に対する性暴力を重く評価することができるだろう。ともかく、この構造性の理論の特徴は、第一に、落ち度のない被害者をシンボル化することである。第二に、米軍の性暴力と沖縄の男性の平時の性暴力を切り離すことである。この二つの点で、それは性暴力の構造性の理論と違った。しかし95年の事件では、強かん罪の主体は米軍人の男性らであり、その犯罪行為は女児を陵辱する行為として加えられた。そして強かん罪とは、フェミニズム・アプローチにおいて、根源的には「産む性」を侵害する男性による犯罪であると捉え直されている。このように理解して95年の事件と向き合うとき、そのかぎりで、ナショナリズムの性暴力理論と「行動する女たちの会」の構造性の理論は区別できない。

　ただしナショナリズムの性暴力理論では、その「産む性」とは沖縄の男性に属する女性である。これに対して同会の構造性の理論では、それはリプロダク

ティブ・ライツを有する「産む性」であり、また沖縄の女性に限定されない。したがって、この二つの理論の違いは決定的であると思われる。しかしながら、女性に対する暴力の理論における構造性は、支配の暴力性でセメントされた女性に対する性行為と軍事的暴力の組み合わせとしてある。それゆえ沖縄の「戦後的状況」の中に男性に対する性暴力の被害を見るものにはなっておらず、この点で再び二つの理論が接近する。男性に対する性暴力の被害を認識するためには、当然というべきであると思われるが、同会に倣い、男性らがその被害を掘り起こそうとする必要があるだろう。

5　性暴力の構造性

　性暴力の構造性の考え方が、女性に対する暴力として性暴力を問題にするとき、その構造性において把握される「戦場」としての戦後沖縄は、女性に対する暴力であふれている。強かん罪の客体は基本的にその「女性」であり、解釈論的に、そこに男性が含まれる。それゆえ法律上の強かん罪は「人」に対する犯罪として改正したほうがよいだろう。この結論の点では異論が出ない。しかし、それでも強かん罪は、挿入される被害の罪として、挿入されない性的接触の被害の罪から区別される。その根拠は、挿入される女性の体の経験にある。それは女性であるという「自然な」性別に基づく「社会的な」経験である。では、この「社会的な」経験は、性暴力の被害をうける男性の体の経験を十分に包摂するかを、今度は男性が問うことになるだろう。たしかに男性の肛門が女性の膣の役目を果たす場合があると思われる。

　しかし、自然的には陰茎や睾丸があり、性的に挿入されうる体であると同時に挿入できる体でもある男性の経験に照らし、性犯罪の被害は、挿入される被害と挿入されない接触の被害に大別され、そして前者が重いかは、自明であるまではいえないだろう。男性に対する性暴力のうち、肛門等に対する挿入の行為のほうが、陰茎や睾丸に対する非挿入の行為よりも、類型的に重いとする認識が、自覚的に展開されているとは思われない。実際に、第三者の膣等に自己の陰茎を挿入させられる被害（挿入するが挿入されない被害）は、自己の肛門等に挿入される被害と同等視されている（法制審改正案）。つまり、挿入される被害

の罪の重さの根拠が男性では十分に明らかではない。これが女性に対する性暴力（すなわち強かん）の構造性の理論に対する一つ目の疑問点である。

　二つ目は、女性に対する暴力の根絶というフェミニズム・アプローチに対して「女性」なるもの、あるいはそのジェンダー・アイデンティティを疑う必要がある、という見解があることである。というのも異性愛と同性愛の性的指向の区別や皮膚の色等による女性間の差異の意義が認識されるようになり、従来の女性差別に関する理論が白人・異性愛・中産階級等の特性を持つ「特異な」女性像を前提にしてきたと反省されるようになってきたからである。

　しかし、この点で1990年代以降の日本のフェミニズムは、例えば日本軍戦時性奴隷制を裁くために2000年12月に開かれた「女性国際戦犯法廷」で、一方で前述の「ジェンダーの主流化」の女性の人権論に依拠しながら、他方で日本の植民地や占領地の被害女性らを原告として、日本の戦後責任を問うている。そこには差別の複合性やその立場の互換性に対する認識があったと思われる。沖縄の「行動する女たちの会」の構造性の理論がナショナリズムの性暴力理論と別物であるのも、沖縄で性暴力の被害を受ける「女性」が具体的に認識されているからである。しかし、それでも女性に対する暴力を女性の観点から問題にする女性の人権論は、懐疑的に見られている。なぜならジェンダー関係だけではない複数の支配従属関係が、理論的に十分に視野に入っていないからであるという[24]。

　そのような考え方からすると、強かん罪は「産む性」（女性の性的自由）を侵害する、と再解釈するのは時代錯誤というものである。このような概念は、セックスとジェンダーの区別を疑問視するポスト構造主義の見解によって批判される。セックスの社会的解釈としてのジェンダーが、性差別に理由を与えるセックスをかえって「生まれつき」のものとして固定してきたとする理論的な反省がある。それゆえジュディス・バトラーは「セックス」という「もっとも物質的なカテゴリー」も前－言説的なものではないと考え、強かんに即して次のように敷衍した。強かん罪は、被害者の「セックス」が家庭外の道端でも男性の所有物になること（挿入されること）をむしろ容認している。「強姦を説明する言葉それ自体が強姦を法的に成立せしめ」、事件が起きる前に「すでに強姦が継続的に行われている状況を容認している」と[25]。挿入される体の経験が体の被

第 1 章　戦後沖縄と強かん罪

傷性をつくるのであれば、それを脱構築せねばならないのに、被害経験を積み重ねる法的言説は被傷性を上塗りしているという問題提起であると思われる。

　同様にシャロン・マーカスは、強かん罪の被害は前－言説的な実在的な身体的経験であるとする見解に対し、強かんとは「real fact of our lives」ではなく「linguistic fact」であると論じる。男性の暴力性と女性の被傷性、いいかえれば強かんする恐るべき男性性と強かんされる脆き女性性を構築する言説の中で、一つ一つの強かん事件は、まさにスクリプトされ、またスクリプトする加害者と被害者の相互行為であるという。それゆえマーカスによれば、被害者の弱さと加害者の強さを補強する「ジェンダー化された暴力のグラマー」の転換が必要である。強かんは精神的な殺人であると被害を強調するよりも、被害者の抵抗行為の意義を再評価すべきである[26]。

　これは傾聴すべき指摘である。なぜなら、性犯罪をめぐる新旧の規範の衝突があり、旧い規範の言説を新しいそれに置き換える必要があるからである。まさしく性犯罪の行為類型は書き換えられねばならない。強かんの概念は根本的に疑われねばならない。しかしながら、挿入される女性の体の経験に基づく強かん理論の問題点は、自然的に体の被害（「real fact of our lives」）を捉えた点にあるのではなかった。性暴力の構造性の理論にとって、それが魂の問題であるかはさておき、大きな構造物に被害者が押しつぶされてしまいそうな、その現実は、むしろ言葉にならぬほど深い事実である。(ア)被害者が体で受けとめる被害と(イ)その累積としての沖縄の「戦後的状況」は、この意味で、梃子の支点のように動かせないものであり、脱構築の対象ではなく、そのまま過去にある。その何を、どのように掘り起こし、記憶し、どのように伝えるかという言説空間は後－事実的にある。それは簡単に語り出せないことであるが、間違いなく経験されたことであり、過去から現在と未来を規範的に拘束する。性暴力の構造性の理論にとって、価値的な事実（被害の事実）に基づいて規範論があると考えることは手放せない方法論であると思われる。

　したがって、その体の被害が女性に対する差別の被害としてあるならば、それを女性の人権の侵害として捉え、その是正や補償について考えるフェミニズム・アプローチの法律論に問題があるのでもないだろう。そうではなく、その問題点は、性暴力の構造性の理論を女性に対する暴力の構造性の理論に修正し

た点にある。その修正の理由は、性暴力の現実が性別に基づく差別と不可分にあるからである。つまり理由があるのである。しかし、同じことはナショナリズムに基づく差別についてもいえる。まさしく性暴力の現実は、支配の暴力性でセメントされた性行為と軍事的暴力の組み合わせに諸々の差別複合が結びついてある[27]。

　フーコーの短いコメントから、暴力の構造性について考えることができると述べた。否応なく人を暴力的に変えてしまう戦場の問題を構造的に認識することができるだろう。しかし、これを性暴力の構造性と比較するならば、後者は女性に対する性暴力の問題を解決する必要があるから、その構造性を特に認識する実践的意義があるのだと思われないではない。理論が切実に必要であるという意味ではそうなのである。しかし、もう一歩踏み込んで考えると、暴力は暴力であり、支配従属関係や軍事的暴力を持ち出さずとも、その違法性を認識することができるのに対し、性暴力はただの性行為との限界が問われる。それゆえ、その暴力性を軍事的暴力に連なる支配の暴力性の観点から構造的に把握することが理論的に有効なのではなかろうか。そして、この限界問題の点で、性別は捨象されるのである。

　つまり性暴力の構造性の理論の意義は、戦時と平時の性暴力を切り離さず、一見すると小さな性暴力の被害を見逃すことなく、そしてナショナリズムの性暴力理論との違いを保ちつつ、それは「戦争の蘇り」であると見抜く点にある。この意味の性暴力は、諸々の差別複合が結びつく手前の抽象性において把握されている。性暴力の違法性を明確にし、「たくさんある」と考えられる被害を、被害者の性別や人種や障がいの有無などにかかわらず、法的に認識するためには、ひとまず特定の差別やその複合を前提にしないで、その抽象性の次元で行為を類型化せねばならない。つまり、米軍の性暴力は構造的に大きな被害を与えるのであるが、構造的に把握されるべき性暴力は基本的に強かんである、ということはできない。

1）　新城郁夫『沖縄文学という企て』インパクト出版会、2003年、41頁以下。
2）　阿部小涼「海で暮らす抵抗」現代思想33巻10号、2005年、182頁以下。
3）　高里鈴代『沖縄の女たち』明石書店、1996年、12頁以下、宮城晴美「沖縄のアメリカ軍

基地と性暴力」中野敏雄、他編『沖縄の占領と日本の復興』青弓社、2006年、42頁以下。なお、戦時性暴力は平時の「性的コードを援用し」「女性の身体を戦場として儀礼的に繰り広げられる」と指摘されている（長谷川博子「儀礼としての性暴力」小森陽一、他編『ナショナル・ヒストリーを超えて』東京大学出版会、1998年、287頁以下）。

4） 量刑不当を理由としてBとCが控訴したが、棄却され確定した（福岡高那覇支判H8・9・12判タ921号293頁）。
5） 浅野健一「沖縄米兵強かん事件でメディアは何をしたか」創351号、2001年、66頁以下。
6） 佐木隆三が小説化した事件であり（『偉大なる祖国アメリカ』角川文庫、1978年）、女児が殺害され、目撃証言から「外人」による事件として大きく報道されたが間違いだった。
7） 「男女両性の体質、構造、機能などの生理的、肉体的等の事実的差異に基き且つ実際上強姦が男性により行われることを普通とする事態に鑑み、社会的、道徳的見地から被害者たる『婦女』を特に保護せんがためであつて、これがため『婦女』に対し法律上の特権を与え又は犯罪主体を男性に限定し男性たるの故を以て刑法上男性を不利益に待遇せんとしたものでないことはいうまでもないところであり、しかも、かかる事実的差異に基く婦女のみの不均等な保護が一般社会的、道徳的観念上合理的なものであることも多言を要しないところである」（最判S28・6・24刑集7巻6号1366頁）。これに対して刑法177条の違憲論について君塚正臣『性差別司法審査論』信山社、1996年、245頁以下。
8） 松浦寿輝、他編『ミシェル・フーコー思考集成Ⅵ』筑摩書房、2000年、486頁以下。
9） Monique Plaza, "Our damages and their compensation: Rape: The will not to know of Michel Foucault", *Feminist Issues* 1 (3), 1981, pp. 27-9, p. 33.
10） Ann J. Cahill, "Foucault, Rape, and the Construction of the Feminine Body", *Hypatia* 15 (1), 2000, pp. 43-63.
11） Cahill, ibid, p. 45, p. 60.
12） Plaza, ibid, p. 28.
13） ヴァレリー・ブライソン『争点・フェミニズム』江原由美子監訳、勁草書房、2004年、60頁。
14） 高里・前掲書28頁以下、49頁以下、214頁以下。
15） 前田朗『戦争犯罪論』青木書店、2000年、196頁以下、同『ジェノサイド論』青木書店、2002年、113頁以下。人道に対する罪についてステファニー・クープ『国際刑事法におけるジェンダー暴力』日本評論社、2012年、50頁以下。
16） VAWW-NETジャパン『増補新装2000年版戦時性暴力をどう裁くか』凱風社、2000年、32頁、44頁以下。
17） 高里・前掲書23頁以下、宮城晴美「沖縄の米軍と性犯罪」季刊戦争責任研究24号、1999年、10頁以下、基地・軍隊を許さない行動する女たちの会「沖縄・米兵による女性への性犯罪（1945年4月－2012年10月）第11版」2014年、林博史『暴力と差別としての米軍基地』かもがわ出版、2014年、131頁以下。
18） 高里・前掲書229頁以下、秋林こずえ「安全保障とジェンダーに関する考察」ジェンダー研究7号、2004年、80頁以下。
19） シンシア・エンロー『策略』上野千鶴子監訳、岩波書店、2006年、64頁以下。

20) Cynthia, Enloe, *Maneuvers: The International Politics of Militarizing Women's Lives*, University of California Press, 2000, pp. 50-53. デイヴィッド・ヴァイン『米軍基地がやってきたこと』西村兼一監修、市中芳江、他訳、原書房、2016年、209頁以下。
21) エンロー・前掲書66頁以下。
22) 高里・前掲書236頁。
23) エンロー・前掲書3頁以下、62頁以下。
24) 米山リサ、他「『戦後』を構成する暴力」岩崎稔、他編『継続する植民地主義』青弓社、2005年、124頁以下、161頁以下。
25) ジュディス・バトラー「偶発的な基礎付け」中馬祥子訳、アソシエ3号、2000年、265頁以下。「セックス」の言説構築性について認識論から存在論への飛躍があると反論を受けている(ヘルタ・ナーグル゠ドツェカル『フェミニズムのための哲学』平野英一訳、青木書店、2006年、40頁以下)。
26) Sharon Marcus, "Fighting Bodies, Fighting Words: A Theory and Politics of Rape Prevention", in Judith Butler, et al, eds., *Feminists Theorize the Political*, Routledge 1992, pp. 385-403.
27) 女性に対する暴力の観点から、戦後沖縄の軍事化は沖縄に対する日米の植民地主義として進行しており、そこでの女性の経験は「絡み、縛り合う抑圧」であると指摘されている(秋林こずえ「沖縄『基地・軍隊を許さない行動する女たちの会』」女性・戦争・人権7号、2005年、40頁以下)。植民地主義について中野敏雄「植民地主義概念の新たな定位に向けて」同、他編・前掲書347頁以下、屋嘉比収、他「被植民者の分断・連結・抵抗」中野、他編・同書144頁以下、155頁以下。植民地主義と「資本主義的家父長制」の歴史的に不可分な関係についてマリア・ミース『国際分業と女性』奥田暁子訳、日本経済評論社、1997年、65頁以下。

第2章　解釈論から改正論へ

1　強かん罪の重罰化論

　性暴力の構造性は、その行為の主体と客体の性別その他の属性を問わない。そのような性暴力の捉え方として、性犯罪とは性的自由に対する罪であり、挿入行為があれば、ともかくそれだけ罪が重いとみる見解があった。それは暴行や脅迫を手段として用いる点で暴力的な行為である。この意味で、性的自由侵害罪としての性犯罪は、構造的に把握できる。被挿入の性的被害は暴力性の程度が大きいことになる。

　他方で、女性に対する暴力の根絶というフェミニズム・アプローチも有力であり、性暴力とは実質的には「女性の性的自由」に対する暴力行為であるとされる。強かん罪の行為は「人」の性的自由を侵害するとされ、両性の平等の形式を与えられるが、根源的にはそれは女性に対する差別行為である。それゆえ、被挿入の被害は強かんとして重大であるとみなされる。

　これらは構造性の理論として違いが出てくる。一方は暴力、他方は女性に対する差別に軸足がある。しかし性犯罪の改正論としては、今のところ対立していない。被挿入の被害を重視する点で同じであり、強かん罪の客体を「人」に改めれば、あとはかん淫の法律上の意味を解釈論的に拡張する（つまり肛門性交や口淫を含めてかん淫と呼ぶ）という方法でも足り、あえて強かん罪を第一級性的暴行罪と呼び換える必要もない。もちろん、かん淫の罪としての強かん罪には行為規範として標識機能が弱いという重大な欠点があったので、かん淫を性器等の挿入行為に置き換えれば、明確な条文にはなる。しかし、これでは前述の間接正犯の問題（間接的に「挿入する」行為はできないこと）は解決しない。このような改正論は、強かん罪のいわばモデルチェンジであり、強かん罪を強かん罪ではないものに変えようとはしていない。また、こうして達成される両性の

平等は、被挿入の男性の被害を女性のそれと同じように重く評価することであり、その狙いは男性の性的自由の刑法的保護にあるかのようである。

もちろんフェミニズムの関心は、女性であるがゆえに女性が義務づけられてきた被害者の抗拒の行為を「人」として義務づけられないことにある。それゆえ強かん罪は根源的には女性に対する差別行為であるが、法律上は「人」に対する抗拒の義務なき罪であるとされる。これによって、被害者が抗拒できず、従わされた場合でも、これまで以上に「人」に対する強かん罪が認められるようになる。そして、この確実な刑法の適用が、ひいては女性の被害件数を減少させる。つまり、刑法改正の目標は女性に対する性暴力の根絶である。

しかし、「人」に対する強かん罪の被害者の大半が女性である場合に、従来の女性に対するかん淫の罪の解釈論が、理論上の反省もなく、克服されるとは思えない。上述のモデルチェンジは、日本の刑法学に対する30年来のフェミニズムの最低限の改正案であるが、刑法学でフェミニズムが論じられることはほとんどなく、議論は十分に掘り下げられなかった。強かん罪の法益は貞操ではなく性的自由である。刑法学としては、フェミニズムに歩み寄り、女性に対するかん淫の罪を人の性的自由を侵害する性交の罪であるとみなしてきたのだから、この解釈論に引き寄せて条文を見直せば足りる。そうすると性別に中立な強制性交等の罪、つまり新しい強かん罪ができあがる。その目的は女性保護ではない。しかし、刑法学にはそのために積極的一般予防論があり、強かん罪を重罰化し、刑罰の威嚇力で犯罪抑止を試みるべきである。強かん罪は、もっとも凶悪な犯罪の一つであり、強盗罪よりも法定刑の下限が軽いのはおかしかったのである。およそ刑法学はこう考えてきた。

しかし、強かん罪では、不正ではない性行為との限界が問われる。あえて財産罪と比較するならば、強取ではなく窃取の有無の判断が求められる。前章で、この限界問題に取り組むために、性暴力の構造的な把握が有効であると述べた。構造的な不正の有無が重要になる。では、性暴力の構造性の理論は強かん罪の重罰化論とどのような関係にあるだろうか。これは刑法学とフェミニズム・アプローチの関係を問い直すことである。なぜなら、被挿入の被害者の性別は問わないが、その行為者を重く処罰するために、被挿入の被害が女性に対する差別である、と述べる必要はないはずだからである。しかし、一見する

と、強かん罪の重罰化論はフェミニズム・アプローチの結論である。

　暴力性を重視する構造性の理論によれば、被挿入の被害に対する重罰化の理由は大きな暴力性にある。しかし、このような説明に対しては、前述の単なる暴力の構造性の理論との異同を質さねばならない。なぜなら人の性的自由を侵害する行為は、それが暴力的手段の行為を用いる暴力行為でもあるかぎりで、性別不問のまま、「軍隊の暴力性」に連なる暴力的支配の構造性において把握されるからである。フーコーによれば、口の中に拳骨を入れる行為と陰茎を入れる行為を法的に区別すべきではない。仮にこれらを内部的身体に対する行為として、頬を殴打する行為から類型的に区別し、内部的身体を価値的に重視するならば、暴力行為としての挿入行為の罪の重さをいうことができる。これを性的自由の侵害の程度が違うと説明せねばならない理由はない。強盗罪の重さの理由は財産侵害の手段の暴力性、つまり財物に届くまでのそれの大きさにある。しかし性的な被挿入の罪では、体からその先の中に向かう暴力性が問われる。体に届くまでの暴力とその中への暴力は、内部的にも支配の暴力が及ぶという点で、すでに質が違う、つまり性的であるか否かは関係なく、後者がより暴力的に被害重大である、ということができる。

　この挑戦的な問題提起に対して次の三つの考え方がある。第一に暴力の構造性の理論と袂を分かち、戦時の暴力（戦争犯罪）と平時の性暴力（刑法上の性犯罪）を切り離すことである。沖縄では準戦時性暴力が多いので「軍隊の暴力性」を問題にせざるをえないが、一般的に日本では旧日本軍の戦時性暴力の歴史的問題と関連させて性犯罪を議論していない。少なくとも刑法学ではそうである。つまり刑法学では、フェミニズム・アプローチの問題意識を共有することなく、非構造的に、暴行または脅迫の程度と性的自由の侵害の程度を正比例させて強かん罪の重罰化論を展開できる。それでどうなるかは、次章以下で述べる。そこでの性的な不正とは何かに注目しなければならない。

　第二に暴力の構造性とは男性による支配の問題であると理解し、性別差別的な男性中心社会の暴力性の観点から、性的自由侵害の構造性を捉え直すことである。つまり、それは支配の暴力性でセメントされた性行為と男性的暴力の組み合わせとしてある。これによると、男性による性的自由侵害の行為は、男性の暴力性のゆえに（「軍隊の暴力性」のゆえに米軍の性暴力を重く評価するように）、

重く評価すべきであることになる。前章で陰茎のある男性は性行為によって女性を従わせうる社会的地位にあるとする考え方を紹介したが、ここでは女性の生殖能力ではなく男性の暴力性に注目することで、もっとはっきりと社会構造的に性的自由侵害の行為が性別に基づく差別と複合する。支配・暴力・男性の問題として性犯罪の全体が捉え返される。迫真の理論である。

　したがって女性に対する性暴力は、女性に対する差別的な暴力行為として根絶されねばならない。それゆえ性的自由侵害の形式的な建前で、実質的には、構造的な男性の暴力が禁止される。強かん罪の重罰化とは、実質的には、多くの強かん罪の行為者である男性に対する刑を重くすることに他ならない。それは男性の脱暴力化の戦略である。しかしながら、万引きや嬰児殺等を除けば、ほとんどの犯罪が男性によるものであることからすると、これは応報刑論のジェンダー・バイアス（犯罪と刑罰の法制度全般が男性的に構築されてきたこと）をあばくと考えられるだけに、特に男性に働きかけて性犯罪を抑止する刑法的な方法が今さら有効であるかは疑問である。男性の暴力の重罰化論は、男性中心社会の刑罰制度のジェンダー・バイアスを上塗りするだろう[1]。

　そこで第三に、強かん罪の重罰化論を離れてフェミニズム・アプローチの問題意識を引き継ぐ方法がある。構造的な性暴力は、まず、その主体と客体の性別その他の属性を問わないとした上で、次に、その構造性は、前章で述べたとおり、支配の暴力性でセメントされた性行為と軍事的暴力の組み合わせに諸々の差別複合が結びついてあると理解する。性暴力が差別行為として加えられる現実があるのは、差別の契機が構造内在的にあるからである。というのも性暴力の構造性は「支配の暴力性」によってセメントされている。性行為が不正であるとされる根拠は、性的に従わせ、従わされる暴力性にある。ここに差別の契機があり、また軍事的暴力と諸々の差別の複合する理由がある。つまり性暴力の違法性は、性的な支配と従属の暴力性が軍事的暴力に連なり、諸々の差別と重なり、性の価値を侵害するところにある。性暴力の構造性は、一方で男性による女性の生殖の支配構造、他方で男性による暴力的支配の社会構造から区別される。

　近年のフェミニズム・アプローチは、女性に対する性暴力の行為者重罰化ではなく、その被害回復支援のために、これを女性に対する差別行為として問題

にしている。フェミニズム・アプローチは、少なくとも刑法学の非構造的な性的自由の理論からは一線を画そうとしている。なぜなら、後者は基本的にかん淫の罪の解釈論を引き継ぐからである。また、重罰化論は、性暴力の確実な法的責任の追及には結びつかず、その不処罰の循環を絶てないからである。したがって本書は、この第三の見解で性暴力を構造的に把握し、性犯罪を性暴力の罪に変える改正論を展開する。

2　親告罪の改正

　2008年5月に「性暴力禁止法をつくろうネットワーク」が活動をはじめた。性暴力とは「痴漢、強制わいせつ、強かん、ストーキング、セクシュアル・ハラスメント、パートナーからの強かんを含むDV、子どもの性虐待、売春業・性風俗営業および買春・人身売買・ポルノ等で利用すること、を含めた性的搾取、盗撮などの非接触型性暴力など」の総称であるとされる。結成時の「呼びかけ文」によれば、それは「さまざまな形態でおこる」。しかし、その多くは「犯罪として可視化されておらず」「ばらばらな法システムで不十分な対応しかおこなわれていない」。それゆえ「被害を受けた当事者への回復支援にまったくといっていいほど手がつけられていない」。被害者がたとえ法的に訴えても、「被害をなかったこととする裁判が、殴られ、蹴られ、殺されていく女性たちの日常を再生産している」。ここでは、まず、性暴力に対して適切に違法判断が下されていないこと、次に、被害回復支援の不足が指摘されている。法的に不適切な被害認識が、被害回復を困難にしている現状があるといえる。[2]

　また、男女共同参画会議の設置する女性に対する暴力に関する専門調査会は、2012年7月に第三次男女共同参画基本計画（2010年）に基づき、「性犯罪への厳正な対処等」「被害者への支援・配慮等」「加害者に関する対策の推進等」「啓発活動の推進」の4項目について、報告書「『女性に対する暴力』を根絶するための課題と対策〜性犯罪への対策と推進〜」をまとめた。重点的に取り上げられているのは、強かん罪の見直しと、ワンストップ支援センターの設置等の被害者支援についてである。前者について「被害者の保護、被害の顕在化」という視点が打ち出され、後者について「被害者のニーズに寄り添う施策の充実が

強く望まれる」と明記された。

　前者で、もっとも踏み込んで検討されたのは強かん罪を非親告罪に改めることである。なぜなら、まず、被害の申告と訴追の意思表示は異なり、後者を訴訟条件とし、被害者にその選択を強いることが「被害者の保護」に結びつかない現状があるからであり、次に、「告訴がなされなければ、訴追されず、その結果被害が潜在化し、性犯罪の厳正な対処が実現できなくなる」とも考えられたからである。しかし同時に「告訴取消しを選択する被害者の権利行使」の側面に留意すべきであるとする慎重論が併記された。ここに親告罪をめぐる二律背反がある。[3] それゆえ、ともかく「被害の顕在化」による「厳正な対処」の必要性を強調し、訴追を求めない被害者の意思の尊重、この意味の「被害者の保護」は、検察官の訴追裁量の中で考慮できると説く見解が有力化している。被害者の協力がえられなければ、どのみち有罪立証は容易ではない。しかしながら、「被害者の保護」をめぐる二律背反は、「被害者の保護」と「厳正な対処」の両立が、刑事手続にとって容易ではない課題であることを意味する。フェミニズム・アプローチで「被害者の保護」と「被害の顕在化」の両立を図るか、「厳正な対処」の刑法的観点から「被害者の保護」を希薄にするか（被害者の選択権を検察官の裁量に委ねるか）が、ここでも問われている。

　統計的に考えてみよう。1997年から2011年の15年間における強かん罪の起訴率は50％前後であり、強制わいせつ罪のそれは50％弱である。他方で強かん致死傷罪と強制わいせつ致死傷罪のそれは、2000年に60％を超えたが、その数年後から減少に転じ、2011年は約40％である。減少の理由は、後述するとおり、裁判員制度の導入である。前者が親告罪であり、後者の致死傷罪は非親告罪である。主な不起訴理由は、前者では嫌疑不十分と告訴取消等であり、後者では嫌疑不十分と起訴猶予である。これらをまとめた割合は、いずれも80〜90％の高率である（2011年では強かん罪は嫌疑不十分約50％、告訴取消等約40％、強制わいせつ罪は嫌疑不十分約20％、告訴取消等70％である）。こうした統計は、前者が親告罪であるかぎり、その起訴猶予率は極めて低いが、これを非親告罪に改めると、主な不起訴理由が後者と同様の構成になることを示唆している。[4] つまり、非親告罪化によって告訴取消による被害の潜在化はなくなるが、その効果として起訴率自体が高まらないかぎり、「被害の顕在化」はなく、「厳正な対処」も実現

しない。そして非親告罪化によって、起訴率が高まるとは考えられない。なぜなら被害者が捜査機関に協力するために法的支援（捜査機関等による二次被害を避けるための）を必要とする現状があるからである。また、加害者と面識のあることが「被害者の保護」と「厳正な対処」の阻害要因になっており、非親告罪に改めれば、被害者が進んで刑事手続による問題解決を選択する、ということではないからである。つまり非親告罪に改めるだけでは、被害を申告しても不起訴処分による「被害の潜在化」の問題は同じように残り続ける。それなのに、「厳正な対処」のために親告罪を改正すべきであると説かれる。ここに大きな問題がある。なぜなら「厳正な対処」の必要性は、重罰化論がそうであったように、フェミニズム・アプローチと切り離して述べうるからである。

　キャサリン・ジェーン・フィッシャーの見解を聞いてみよう。2012年10月上旬に米海兵隊のMV-22オスプレイが米軍普天間飛行場に配備され、同月16日、沖縄で米軍人が集団強かん事件を起こした。事件後に来沖した彼女は、米軍犯罪被害者対策チームや24時間体制のレイプ救援センターを設置すべきであるとする見解を公表した。この提案は、沖縄県警が米軍人の被疑者2名を逮捕していたことから、米軍に対する起訴前の身柄引渡しや日米地位協定の改正という従前の抗議要請とは異なる新鮮さをもって受けとめられた。彼女は2002年4月に神奈川県で米軍の性暴力の被害に遭い、2009年に『自由の扉』（御茶の水書房）を著したジェーンであり、2012年3月から本名を明かしている（沖縄タイムス2012年7月6日）。その加害者は、告訴の意思に反して不起訴処分になったが、2004年11月に東京地裁は加害者に対する損害賠償請求を認容し、2008年5月に防衛省が肩代わりして見舞金を支払った。しかし、これではすでに除隊して帰国していた加害者は責任を免れたことになるので、2012年5月、アメリカの加害者の居住地で日本の裁判所の判決の履行を求める裁判が提起された。それゆえ前述の事件後の同年11月、彼女はアメリカ大使館を訪れ、「事件に関する調査や全ての裁判判決が出るまで、加害者の出国を認めないよう求める要請書」を提出した（琉球新報2012年11月2日）。彼女のいう米軍犯罪被害者対策チームとは、米軍犯罪の法的責任の所在を曖昧にさせないために、つまり「厳正な対処」のために必要であると考えられている。

　というのも米軍犯罪の一般刑法犯（自動車運転過失致死傷罪等を除く）の起訴率

は著しく低く、その理由について1953年の日米合同委員会における「密約」(日本にとって著しく重要と考えられる事件以外は第一次裁判権を行使しない)の影響が指摘されているからである[7]。NGO日本平和委員会が法務省に開示請求した「合衆国軍隊構成員等犯罪事件人員調」によると2001〜15年の米軍の強かん・強かん致傷事件の受理人員56人のうち起訴されたのは10人であり、起訴率は17.9%である(沖縄タイムス2016年6月3日)。「密約」を認めない日本政府はこれを「被疑者の日米地位協定上の地位とは無関係」であり、検察官の訴追裁量の範囲内であると説明する。つまり、フィッシャーの場合がそうであったが、そこには訴追の意思に反して被害を不可視化させる不起訴処分の問題があるということである。米軍の性暴力の被害は、非親告罪に改めれば顕在化するというものではない。

他方で、フィッシャーは2005年に神奈川県を被告とし、事件直後の初動捜査に従事した警察官らに精神的苦痛を与えられたとして賠償請求訴訟を提起した。「真っ先に病院での診療を希望した」のに事情聴取が優先されたからである。神奈川県警は1996年に全国に先駆けて「性犯罪捜査係」を設置し、被害者と「共に泣き、共に戦う」取り組みの蓄積があり(板谷利加子『御直披』角川書店、1998年)、また当時の『性犯罪被害者対応ハンドブック(改訂版)』(立花書房、2001年、56頁)には、被害を受理したら「事情聴取に優先して」「できる限り病院まで女性警察官等」が被害者を連れて行くことが必要であると記されていた。しかし東京地判H19・12・4判タ1284号176頁は、同ハンドブック等の「執務資料」が「性犯罪被害者に対する捜査による二次被害の防止を目的として」作成・改訂された経緯に触れたものの、他方で「原告が応急の救護を要する要保護者であったと認めることはできず、その余の事情を考慮しても、原告の生命、身体、財産に対するさらなる侵害の具体的危険が存在しない以上、警察官らが申告のあった犯罪についての捜査への協力要請を離れて原告を保護すべき職務上の義務を負っていたということはできない」として請求を棄却した(2008年12月10日控訴棄却、2009年7月16日上告棄却)。

性暴力被害者は、その「生命、身体、財産」ではない、まさに何の価値の侵害にさらされ、その何の価値の回復のために被害を届け出るのか、この点が捜査機関(警察・検察)や裁判所に理解されていない。これでは犯罪被害を届け出る

ことが難しいだろう。それゆえ彼女は24時間体制のレイプ救援センターが必要であると述べたのである。そこで沖縄県は、2012年11月に強姦救援センター・沖縄（REICO）と連携し、かねて計画されていた24時間対応の性暴力被害電話相談を試験的に実施した。さらに同月中に、県内で「『ワンストップ支援センター』設立を強く望む会」が発足し、翌12月の同会設立シンポジウムで、その電話着信91件について検討結果が報告されるとともに（50件が性暴力被害の相談であり、そのうち4件は被害後72時間以内であった）、その設置準備は「本音を心の内に隠している」「当事者の声も聞いて」進められねばならないとされた。同会の二人の共同代表のうち一人は40年前に10代後半で米軍の性暴力の被害にあった女性であり、もう一人は当時11歳の娘が近親から性暴力をうけた30代の母親である。沖縄県は2014年度中のセンター事業開始を予定していたが、同会の要請もあり、その時期を早めたいとした。[8]

　沖縄では現在も基地被害として多くの性暴力を含む米軍の犯罪・事故があり、それらは日米安保条約の負の側面として認識されているが、性暴力救援センターは、その米軍の性暴力そのものではないけれども、被害者らの被害回復の支援体制の不在を改めようとする。それは防衛省の米軍基地行政において潜在化してきた被害を顕在化させる試みである。被害の過小評価による不可視化において、米軍の犯罪・事故が繰り返されており、また被害者は回復されない被害を抱えこんでいる。したがって基地被害とは、基地の供用と被害の不可視化によりもたらされている。前者に対して被害補償と基地の不供用が求められるならば、同様に後者に対して被害の可視化による被害補償が求められる。しかし被害回復支援は、現在形で欠かせないことである。つまり、潜在化している被害の認識は、事後的補償による救済よりも、それに先立つ被害回復支援が必要であることを理解させる。

　そして性暴力救援センターは、十数年間のREICOの相談支援の取り組みが示すように、米軍の準戦時性暴力だけでなく、平時の性暴力の被害を認識しようとする。[9]これによって平時の性暴力の行為を可視化し、平時のその潜在化において、米軍のそれも潜在化するという悪循環を絶たねばならない。しかしながら2015年2月に開設された沖縄県性暴力被害者ワンストップ支援センターは電話相談業務が中心であり、24時間対応ではなく（月〜土の9：00〜17：00）、

ウェブ上で公開された運営検証委員会の議事録を読むかぎり、今のところワンストップの支援機関として運営されているようではない。前述の共同代表の一人は次のように述べている[10]。

> 私たちの告訴について、一回目の検事はその取り下げを強要した。遠回しながら、無理だろう、証拠がない、99.9％勝てる見込みがない、検事として裁判に持ち込めないと言った。味方だと思っていた人に告訴取り下げを説得されたことがショックだった。警察官の方がとても協力的で救われた。娘の証言が疑われることが一切なく100％信じてくれ、検事も女性検事に替わったら頑張ってくれた。「証拠」が示せなかったことは悔しいが、密室で証拠や証人なんていない。被害者が声を上げていい、その何が悪い、それが当たり前だという社会になってほしい。

2012年の前述の２件の米軍人による性暴力の行為は、裁判員裁判の対象である。強制わいせつ致傷事件では、求刑のとおり、懲役４年の刑が言い渡された（那覇地判H24・12・13判例集未登載）。集団強かん致傷事件では「比較的悪質な部類に属する」（判決要旨）とされ、二人の被告人に対して懲役10年と懲役９年の判決がでた（那覇地判H25・3・1判例集未登載）。1995年の強かん事件と比較すると量刑が明らかに重くなった。これらは刑事手続による厳正な対処例であるといえる。しかしながら、性暴力の被害者が「声を上げていい」社会にはなっていない。なぜだろうか。強かん罪の宣告刑がまだまだ軽いからではない。その理由は、第一に基地被害からの、第二に平時の性暴力被害からの、回復をはかろうとしても難しい社会、すなわち性暴力の構造性のある社会があり、性暴力の被害の不可視化による被害の問題が解決されていないからである（前章の冒頭で紹介した日本の外務大臣の発言を読み返してほしい）。

性暴力の被害者は、被害回復支援の十分な取り組みがなければ、被害を届け出ることが難しく、たとえ告訴の意思を捜査機関に示しても、被害が不可視化されるおそれがある。強かん罪と強制わいせつ罪を非親告罪に改めるだけでは、「被害者の保護」も「厳正な対処」も約束されない社会の現実がある。これを解決する一つの方法は、「被害者の保護」と「厳正な対処」の矛盾を解くこと、つまり被害者の権利行使の側面で後退のないように、被害者支援機関の法的機能を充実させ、非刑事的な人権救済手続による「厳正な対処」を考えることであると思われる。例えば国連パリ原則に準拠する国内人権機関と被害者支

第 2 章　解釈論から改正論へ

援機関が連携し、強制の調査や改善指導、また訴訟援助等の積極的救済措置を迅速かつ実効的に保障することができれば、被害者は加害者や捜査機関等からの二次被害を避けて法的な責任追及を選択することができる。非親告罪に改めるのであれば、告訴がなくても被害が顕在化するような、いいかえれば「告訴取消しを選択する被害者」が「厳正な対処」を諦めないで済むような、制度設計が必要である。ただし、この慎重論からは、職場や大学等のセクハラ相談支援業務の現状をみれば、非刑事的な人権救済手続の実効性も疑わしいのであり、例えば訴訟援助には弁護士による任意代理の告訴権行使が含まれることから、とりあえず刑事手続における親告罪の「被害者の保護」の方法を充実化させるべきであるという考え方もありうるだろう。

　では、親告罪の改正は不要なのだろうか。たしかに理論的には非親告罪に改めないでも「被害者の保護」から「被害の顕在化」へ、さらに非刑事的または刑事的な「厳正な対処」へ、という道筋を描くことができる。しかしながら、これは机上の理論であり、これが空論化するところに、まさしく親告罪の改正されるべき理由がある。序論で述べたとおり、強かん罪の行為類型には犯罪性の推定機能が弱いという問題があるが、親告罪の問題も同じであり、告訴がなければ、かん淫の行為者の犯罪行為が「男女間の、倫理にそむいた肉体関係」にすり替えられてしまう。加害者や捜査機関から、告訴をしない、または取消すように働きかけがあり、被害者がこれに従えば、性暴力の行為の不正の証拠である被害者の不同意の意思表明そのものが打ち消されたように見える。親告罪が「厳正な対処」を妨げるのは、この意味においてである。それは被害者を保護しないというより、被害そのものと被害者の意思を否定してきた。

　性犯罪が親告罪である理由は、一つは性的なプライバシーの観点からであり、プライバシーを保護する「厳正な対処」の手続についてさらに検討が必要である。しかし基本的には、その理由は、それがかん淫の罪であるからである。強かん罪は、かん淫の行為者が、それを単なる性交であったとみなせば、告訴に値しないとみなされる犯罪であった。角田由紀子が次のように述べている。「親告罪は、現実の機能からみれば、女性の意思を尊重するふりをしながら、告訴をしないという方向に女性を追い込んで圧迫し、加害者を許すための機能を果たしている。女性の意思を軽んじるのが、親告罪が本当に果たしてい

ることではないか」と。そうであれば、性暴力の罪が親告罪である理由は基本的にないのである。

　このような非親告罪への改正論は、被害者からの被害申告や訴追の意思表示が、今までの法的に不適切な被害認識によって、適切に受けとめられてこなかったという反省に基づく。この反省がなければ、被害を届け出る被害者の苦痛を減らせないのであり、また、非親告罪化による「厳正な対処」は非常に困難であり、そして、親告罪の改正を不安視する見解が出てくるのも当然である。被害を適切に認識できなければ、被害者は保護されず、被害は顕在化しない。

3　被害回復のための改正論

　性犯罪の改正の視点は「被害者の保護、被害の顕在化」であり、これは親告罪に限られたことではない。「被害者の保護」が「被害の顕在化」につながり、さらにこれを被害回復につなげる必要がある。そして法的に不適切な被害認識が被害回復支援を困難にしている現状があるのであれば、この被害回復のために、性犯罪を改正する、つまり強かん罪の行為類型を書き換えて被害認識を促さねばならない。これは従来の強かん罪改正論で弱かった視点である。

　というのは、例えばアメリカではレイプに関する法制度が実体的、手続的、文化的に改革されるべきであると論じられた。第一にレイプの行為を概念的に拡張して広く犯罪化する。第二に被害者を侮辱して再被害者化する刑事司法を適正にする。第三に「男が女を攻撃的に支配するのは当然の権利」であるとする「レイプ・イデオロギー」（性別による差別）を改める。これらは全体として「被害者の保護」を目的にするが、刑法的にはレイプの重罰化と有罪判決の増加を狙うことになった。このようなレイプの顕在化、つまり刑事手続による「厳正な対処」が必要であるとされた。それは機能主義的な刑法観（社会工学的な観点から性規範の是正のために刑法を積極的に利用する立場）に支えられた強かん罪の拡張的な再解釈の試みだった。これに対して本書は、被害回復のために、強かん罪そのものを実体的に書き換えることを提起する。

　刑法的な「被害の顕在化」は被害者支援による被害回復を目的にする。DV

被害者支援の法制度と比較して「レイプ被害者がレイプ被害者として利用できる法的資源が限られていることは注目に値する」。日本では2004年の刑法一部改正により強かん罪が重罰化されたが、被害回復支援につながるものではなかった。そのため前述の専門調査会報告書は「被害者のニーズに寄り添う」被害者支援の充実が必要であるとし、また内閣府は、第二次犯罪被害者等基本計画（2011年）に基づき、2012年5月、ウェブサイトで「性犯罪・性暴力被害者のためのワンストップ支援センターの開設・運営の手引」を公表した。これより早く2010年4月、大阪府松原市の阪南中央病院内に「性暴力救援センター・大阪」(SACHICO)、また同年7月、愛知県一宮市の大雄会第一病院内に「ハートフルステーション・あいち」がそれぞれ設置されており、「手引」ではその事業実績が高く評価されていた。その資料編5「犯罪被害者対応拠点モデル事業等の検証報告」によれば、特に前者では「性犯罪」の語が意識的に避けられ、「幅広く女性の性に対する不当な暴力問題として取り組む姿勢を明示すべく『性暴力』という言葉」が用いられたことで「相談者が多数に上った要因の一つ」になったと分析された。そこでは性暴力が強かん、強制わいせつ、性虐待、DV、その他に5分類されていた。強かんと強制わいせつに関する電話相談件数は全体の約半数であり、来所し、診察をした人では約6割がそうであった（「手引」50頁）。性犯罪の被害の多くが暗数化している現状で、有効に被害回復の支援をするためには、犯罪被害の事実をくみ上げようと努めるべきであり、それゆえ「『性暴力』という幅広い観点から」「対象を緩やかなもの」として打ち出した、と（「検証報告」15、23頁）。これは従来の狭義の性犯罪ではなく、性暴力の行為として、性犯罪を類型化する方法が有効であることを示唆する。

　では、刑法的に禁止される行為の対象を「緩やかなもの」として打ち出すことは、罪刑法定主義との関係で差し支えないのだろうか。もちろん性犯罪を「緩やかなもの」として打ち出すのは、その行為の内容を不明確にし、処罰範囲を徒に広汎にするためではない。それは不適切な被害認識を改めるためである。例えば他人のものを盗ってはならないし、他人に暴行を加えてはならないように、他人に性暴力をしてはならない。これらの当たり前の行為規範は人のもの、人の体、人の性に対する侵害は、不正であるという認識に支えられている。このうち性暴力禁止の行為規範は、たしかに今までよりも対象が緩やかに

なるから、一見すると前述の機能主義と変わりがない。しかしながら、他人の千円を盗れば窃盗罪が成立し、あるいは他人を押し倒せば暴行罪であり、けがをさせれば傷害罪が成立するかと問えば、理論的にはそうであるが、実際には必ずしもそうではない。不正な行為の範囲よりも処罰の範囲は狭いのである。同様に性暴力の被害にも軽重があり、理論的にはその全てが性暴力の被害であるが、その全ての行為に性暴力の罪が成立することはない。性暴力の罪にも起訴猶予の余地がある（それゆえ非刑事的な人権救済手続が必要である）。その基準が未確立である点に不明確さがあるとはいえる。しかし他人の千円を盗るべきではなく、他人を押し倒し、けがをさせるべきではないことは、間違いなくそうであるように、他人に性暴力をすることは規範的に許されない。被害者支援機関が、被害を認識するために、まず、この行為規範を打ち出し、そしてその事業実績が高く評価されたのであれば、次に、刑法学がその行為を類型的に記述し、明確に示す必要がある。これが「被害者の保護、被害の顕在化」のために求められる刑法学の作業であると思われる。

　強かん罪は自然犯であるとされてきた。強かん罪を解釈し直し、その意義を再考することは可能である。実際に社会生物学ではそのような研究をしている[19]。また、オランウータンによる人に対するレイプがあったとも報告されているので、強かんの行為を解明するためには自然学的なアプローチが必要であると考える[20]。しかし本書の関心は性暴力の被害のほうにある。その被害の問題を解決するために、人間の社会で構造的に問題化した性暴力を捉える、つまりその行為を類型的に記述しようとしている。動物のようにレイプをしてはならないことは改めて述べるまでもないと思われる。しかし、では、より人間的な行為規範には何と書いてあるだろうか。性的な意味のある行為の正と不正を区別し直す作業は、このような問いに答えることである。

　強かん罪は解釈するのではなく、その解釈論の反省を踏まえ、性暴力の罪の諸類型へと改正される。「女子」に対する「かん淫」の罪はなくなり、「人」に対する「性暴力」の罪がつくられる。裁判員裁判では、性犯罪の被害の捉え方に変化がすでに現れているようである。そこで次章では、近年の性犯罪の裁判例を検討しながら、被害認識と犯罪類型の齟齬を指摘し、強かんと強制わいせつからなる性犯罪類型の全面改正の必要があることを明らかにする。被挿入の罪

は本当に必要だろうか、ということも考えてみたい。

　なお、人に「対する」性暴力とは、狭義において、行為者と被害者の体同士の接触を要するが、広義において、被害者に「向けられる」行為が含まれる。例えば見る、見せる、発話する、追いかけるなどである。また、「性的な意味のある行為」(性的な行為) は、いわゆる性行為 (体の性的な感覚や機能に基づくその動かし方として一般的なもの) だけでなく、特に性的にそれを意味づけてする行為を含む。前者だけが客体に加えられる性的な不正の行為ではない。後者は例えば体の性的な意味のある部位をあえて傷つける、あえて性行為を撮影するなどの行為である。また、被害者自身の体に陰茎類似物を挿入させる脅迫がそうである。この撮影や脅迫の行為は、被害者に性的な行為をさせているのであり、行為者が性行為を加えているのではないが、性的な不正の犯罪結果は、被害者がその行為をさせられてするところにあり、それは行為者が、性的な意味をもち、その意味の伝わる行為で働きかけたからである (犯罪結果がなければ未遂である)。この意味で行為者は性的な行為を加えている。他人に性的な行為をさせる性暴力について第6章の2で論じる。

1)　「女性化された」刑事司法を目指すべきであるという提案は注目に値する (後藤弘子「刑事司法とジェンダー」ジェンダーと法9号、2012年、1頁以下)。それは、刑罰は男性の暴力としてあったのではないか、という問題提起である。
2)　性暴力禁止法をつくろうネットワーク編集・発行『安心できる青空を (中間報告書)』2010年、性暴力を許さない女の会編集・発行『「性暴力禁止法」をつくろう (報告集)』2010年、高橋きくえ編『思考するヒロシマへ』ひろしま女性学研究所、2011年、78頁以下、近藤恵子「『パープルダイヤル』から『パープル・ホットライン』へ」部落解放647号、2011年、30頁以下。同ネットワークの見解は2014年1月に10枚のシートにまとめられた (「性暴力をなくそう－包括的な性暴力禁止法にむけて」)。
3)　「被害者の保護」の二義性について高島智世「強姦罪はなぜ親告罪なのか？」女性学16号、2008年、68頁以下。なお、告訴取消しによる不起訴は強かん罪よりも強制わいせつ罪において顕著である (犯罪白書2006年版260頁、女性に対する暴力に関する専門調査会報告書 (2012) 資料10のうち「起訴・不起訴の状況 (強姦罪・強制わいせつ罪)」)。
4)　2013年5月の第91回日本刑法学会WS8「性犯罪の適正処罰のための施策」で法務省から提出された資料に基づく。
5)　浅倉むつ子監修、戒能民江執筆『導入対話によるジェンダー法学 (第2版)』不磨書房、2005年、131頁以下。
6)　キャサリン・ジェーン・フィッシャー『涙のあとは乾く』井上里訳、講談社、2015年。

7) 布施祐二『日米密約』岩波書店、2010年、吉田敏治『密約』毎日新聞社、2010年、藤目ゆき『女性史からみた岩国米軍基地』ひろしま女性学研究所、2010年、新原昭治『日米「密約」外交と人民のたたかい』新日本出版社、2011年、森川恭剛「在日米軍に対する刑事人権」内田博文、佐々木光明編『〈市民〉と刑事法（第4版）』日本評論社、2016年、134頁以下。
8) 琉球新報2012年12月23日、沖縄タイムス2013年4月11日、田中真生「『ワンストップ支援センター』の設立に向けて」けーし風78号、2013年、52頁以下。
9) 竹下小夜子『性to生』沖縄タイムス社、1998年、173頁以下、同「強姦救援センター沖縄（REICO）からの提言」フェミニストセラピィ研究会編集・発行『Working with women：性暴力被害者支援のためのガイドブック』1999年、153頁以下。
10) 宮城公子「ワンストップ支援センター設立へ──第3回シンポジウムの報告」けーし風79号、2013年、51頁。2017年度中に24時間365日対応の病院拠点型に移行させるために、相談支援員の養成研修を推進している段階である（沖縄タイムス2016年8月5日）。
11) 人権救済機関について内田博文『求められる人権救済法制の論点』解放出版社、2006年、山崎公士『国内人権機関の意義と役割』三省堂、2012年、等参照。前者は「処罰型」ではなく「理解促進型」の人権救済機関の必要を説く。
12) 黒澤睦「任意代理人による告訴と被害者支援思想」法律論叢84巻2・3号、2012年、276頁以下。
13) 「『性犯罪に対処するための刑法の一部改正に関する諮問』に対する刑事法研究者の意見」季刊刑事弁護86号、2016年、116頁。
14) 角田・前掲書165頁。
15) S・ブラウンミラー『レイプ・踏みにじられた意思』幾島幸子訳、勁草書房、2000年、297頁以下。
16) Rose Corrigan, *Rape Reform and the Failure of Success*, New York University Press, 2013, pp. 7-18.
17) 宮園久栄「法定刑の引き上げと強姦罪」法学新報113巻11・12号、2007年、602頁以下。
18) 内閣府が設置を推奨するワンストップ支援センターとは、性暴力の被害をうけた女性に対する緊急的・総合的な支援機関である。被害者に「まず必要なのは、寄り添ってくれる人の存在と、心のサポートと医療支援であり、次に警察による捜査や法律家による法的支援」である（性暴力救援センター・大阪（SACHICO）編集・発行『当事者の視点に立った支援とは』2012年、2頁、楠本裕紀、加藤治子「性的虐待の医学的アセスメントおよび身体的医学的治療」子どもの虐待とネグレクト13巻2号、2011年、191頁以下）。その機能は「被害者のエンパワーメントと証拠の確保」であるといえるが（守屋典子「NYにおけるSART（性暴力対応チーム）調査報告」警察学論集62巻12号、2009年、100頁以下）、もちろん「本人が拒否すれば法医学的検査も証拠採取もしない」（手嶋昭子『親密圏における暴力』信山社、2016年、115頁以下）。内閣府「手引」には「被害者が希望する場合には」（9頁）「被害者の同意のもとに」（17頁）医療機関で証拠採取が行われるとある。つまりワンストップ支援センターは、被害届を受理する機能を備えており、これにより被害申告と告訴が、被害者からすると、手続的に明瞭に分離可能になる。ただし、この被

害者の「同意」については慎重な配慮が必要である。治療と採証は異なる医療的処置であり、医療情報の証拠機能には制約があり、その証明力について評価が分かれうること、さらに証拠開示されうることなど、後者に関するインフォームド・コンセントに要する説明は少なくない。何より採証に同意することが、被害者として誠実である、と考えられることがあってはならないし（あらゆる場合に経費を公的に負担すべきである）、そもそも科学捜査の性質を有する医療的措置をうけることが被害者には苦痛となりうることに留意せねばならない（Jane Doe, "Who benefits from the Sexual Assault Evidence Kit?", in Elizabeth A Sheehy, ed., *Sexual Assault in Canada*, University of Ottawa Press, 2012, pp. 357-88.）。さらに性暴力被害者がつねに緊急の医療的措置を必要とするとはかぎらず、また採証の医療的措置を求めない人にとっての利用の便宜を考慮すると、「手引」にあるように「病院拠点型」だけでなく「相談センター拠点型」の支援機関の必要性も依然として高いと考えられる。被害者に「寄り添ってくれる人」の待機する場所が、被害回復のための最初の拠点として位置づけられねばならないと考えられる。なおSANE（性暴力被害者支援専門看護職）について佐々木静子「被害者支援体制をいかに創るか」被害者学研究21号、2011年、101頁以下。アメリカのミシガン州ではSANEプログラムの半数が病院外で運営される「コミュニティ拠点型」であり、その利点は被害者のために医療的ケアが用意されることであるとされる（Corrigan, *op. cit.*, pp. 145-53.）。

19) 動物にもレイプがあるとし、性淘汰の観点からヒトのそれを考察するという方法論である。繁殖成功度への有害性がレイプ禁止の理由であるとされる（ランディ・ソーンヒル、クレイグ・パーマー『人はなぜレイプするのか』望月弘子訳、青灯社、2006年、285頁以下）。

20) リチャード・ランガム、デイル・ピーターソン『男の凶暴性はどこからきたか』山下篤子訳、三田出版社、1998年、174頁以下。なお、男性の攻撃性に注目するランガムの進化論に対して対照的な二つの反論がある。①群れを率いる強い雄は捕食されたとする、ロバート・サスマン、ドナ・ハート『ヒトは食べられて進化した』伊藤伸子訳、化学同人、2007年と②加納隆至「人間の本性は悪なのか？」西田利貞編『ホミニゼーション』京都大学学術出版会、2001年、33頁以下、西田正規「家族社会の進化と平和力」寺嶋秀明編『平等と不平等をめぐる人類学的研究』ナカニシヤ出版、2004年、274頁以下である。私見では①のジェンダー論的な問題関心と②の人間（社会）の本質への問いは、平等の規範論の中で矛盾なく追究することができる。なお、近年の研究動向について現代思想44巻2号（2016年）の特集「霊長類学の最前線」がある。

第3章　性犯罪の類型上の諸問題

1　2010年の米軍事件

　2009年5月に裁判員法（2004年法律63号）が施行された。沖縄で最初に裁判員裁判の対象になった米軍の性暴力事件は2010年8月4日午前4時頃に起きた。被告人は海兵隊3等軍曹で、被害者が帰宅して玄関ドアを開けたときに背後から近づき室内に侵入した。しかし被害者の助けを呼ぶ声を聞いた付近の住民の110番通報があり、強制わいせつと住居侵入の容疑で現行犯逮捕された。翌5日の新聞が、被疑者は否認していると報じている。同日、強制わいせつ致傷と住居侵入の容疑で送検された。抗拒した被害者が倒れた際に、軽傷を負っていたからである。同月25日、この二つの罪で公訴が提起された。強制わいせつ致傷罪について容疑否認のままであったので、裁判員裁判で、被告人がわいせつな行為をしたかどうかが争われると予想された。
　その場合の第一の論点は、被告人の住居侵入の目的がわいせつな行為をすることではなかった、とも考えうることである。第二に、わいせつな行為の容疑は、胸などを触られたという被害者供述に基づくが、わいせつ目的にはかん淫の目的が含まれると解釈できるので、強かん（未遂）致傷罪の適用を考えうることである。強制わいせつ致傷罪（刑法181条1項）と強かん（未遂）致傷罪（同2項）は法定刑が違い、前者が「無期又は3年以上の懲役」であるのに対し、後者は「無期又は5年以上の懲役」である。この事件では警察官が駆けつけたことによって犯行が中断されたのだとすれば、それは強かんの行為の未遂であったと考えられないことはない。
　しかし被告人は、同年11月30日の第一回公判で被疑事実を認めた。「襲ったことをよく覚えていないが、証拠などから否定はできない」と述べたという。そうすると裁判の争点は量刑にしぼられる。被害者の負傷の程度は「全治1週

間」とされているので、わいせつな行為の内容によっては執行猶予が付くだろう。検察官は懲役 5 年を求刑し、12月 3 日、裁判体は懲役 3 年 6 月の実刑判決を言い渡した。被告人は量刑不当で控訴したが、翌11年 5 月10日、福岡高裁那覇支部が棄却し、原審判決が確定した。

　以上は新聞報道に基づく整理であるが、被告人のわいせつな行為の内容までは分からなかった。そこで刑事確定訴訟記録法の閲覧請求をしてみると、弁護人は事実を争わず、酌量減軽を求め、法定刑を下回る懲役 2 年 2 月が相当であると主張していた。裁判員に対して弁護人は、最高裁が作成した量刑データベースから、強制わいせつ致傷の類似事案の量刑傾向を分析し、パワーポイントを用いてグラフを作成し、次のように説明した。「ご覧のとおり、2 年以下のものがあります。法定刑の下限は 3 年ですが、酌量減軽をすると 1 年 6 月まで下がります。…もっとも多いのは懲役 2 年を超え、3 年以下という事件です。中には執行猶予が付いている事案もかなりあります。しかし、この事件は、示談は成立しておらず、被害者の処罰感情も強いことから、執行猶予を付けることができるほど軽い事案ともいえません」。しかし「悪質とまではいえません。むしろ、比較的軽い部類に属する事案といえます」と。

　弁護人でさえ、それほど軽くないという、その事実関係は次のとおりである。被告人は、危険を感じた被害者が玄関ドアの鍵をかけようとして手間取るところを、強引にドアを開け、被害者を室内に引きずり込もうとした。そして約 9 分間にわたり悲鳴を上げながら抵抗した被害者が、アパートの廊下、階段まで這い出した。被告人は、被害者を連れ戻そうとしながら、羽交い締めにするなどして、着衣の上から胸を触り、また下着の中に手を入れ、わいせつな行為をした。被害者は「レイプされたのと同じと供述するほどのショック」を受けた（那覇地判H22・12・3 判例集未登載）。

　検察官の冒頭陳述によると、被害者は、室内に「引っ張り込まれたら終わりだ（強姦されてしまう）」と恐怖を感じてパニックになり悲鳴を上げ、懸命に逃げようとした。被害者の「心の傷」は大きく、それゆえ論告で「懲役 5 年（実刑）」を求めた。これに対して弁護人は、被告人には詳しい記憶がないので、被害者に証人として出廷してもらう（つまりわいせつな行為の事実を争う）こともできたが、「被害者をこれ以上苦しめたくないので」「被害者の言い分を全て受け入

れ」たことを酌んで、量刑してほしいと述べた。

　しかし被害者は、性暴力の被害に遭い、大きく傷ついた。検察官はこれを理解していた。それでも検察官はこれを強制わいせつ致傷事件として、法律的に小さくして起訴した。それならば、と被告人もその限度であえて事実を争わなかった。仮にこういえるのであれば、性暴力の被害が法的に小さく見積もられたのであり、次の二点を問わねばならない。第一に、検察官が強かん(未遂)致傷事件として起訴しなかったのはなぜか。前述の「密約」の影響で、米軍犯罪は小さくして起訴される傾向があるのか[1]。それとも裁判員裁判の導入後、送検容疑よりも起訴罪名が軽微になる「罪名落ち」の傾向が一般的に認められるので[2]、米軍犯罪も例外扱いせず、検察官が慎重に裁量権を行使したのか。前者であれば構造的な性暴力が構造的に(政治的に)不可視化されている。そして、その不可視化の論理として、後者の理由があることになる。

　第二に、もし被告人にかん淫の目的があったのであれば、強かん(未遂)致傷罪の法定刑の下限は5年であるから、その刑は重くなったと考えられる。しかし他方で、検察官は、強制わいせつ致傷罪で「懲役5年(実刑)」を求刑したのだから、被告人がしたことだけを見ても、それだけの被害を与えたとはいえるのである。そうすると、かん淫の目的が落ちることの問題というのは、それによって被告人の刑が軽くなる点にあるのだろうか、むしろ、それによって法的に見積もられる被害の程度が小さくならざるをえないこと、つまり被告人の意思次第で被害認識を下げることができること、そのからくりにある、ということを考えねばならないだろう。簡単にいえば、性暴力の被害の重さが、被告人のしたことによってではなく、したいと思っていたこと、つまりかん淫か、それとも別のわいせつな行為か、というその目的で変わってくるのであれば、被告人としては、機会を見つけては後者の目的であったと述べようとするだろう。これは、前述のとおり、親告罪の問題もそうであったが、行為者が被害を認めなければ被害がなくなるという、かん淫の罪の本質的な問題の一つである。米軍犯罪で、行為者の代わりに検察官がそれをする。一見するとそれは小さな細工である。しかし、構造的な性暴力を政治的に不可視化できる、そのように構造的に運用されるのが、かん淫の罪であるということになる。あまりに根深い構造的な問題である。

2　被害者の「落ち度」論

　かん通罪が削除されたため、理論的には強かん罪は強制わいせつ罪の特別類型であり、強制わいせつの中に強かんが含まれる関係にある。両者の行為の違いはかん淫の有無、つまり男性の性器が女性の性器に挿入されたかである。ただし、挿入目的の犯行が未遂に終わったとき、例えば被害者の悲鳴を聞いて通行人が駆けつけたため、犯行が中断されたときなどは、性的に暴力をふるったという事実は残るが、その加害の目的は直ちに分からない。したがって検察官が、かん淫の犯行目的を立証しようとしなければ、それは強かんの未遂罪ではなく、強制わいせつの既遂罪として訴追される。

　例えば東京地判H21・10・22LEX/DB25460214では、被告人は早朝の路上で通行人の女性に対し「劣情を催し」「その首を背後から右腕で絞め付け」「駐車場に引っ張り込んで引き倒す暴行を加え、同駐車場内において、下着の上から指で同人の陰部に触るなどし」、全治約39日間の傷害を負わせた。被告人は「被害者の叫び声をきっかけとして」「頭が真っ白になって人に見つかるとまずいと思い逃走した」。しかし被害者からすれば「男の目的はレイプ」であった。被告人は強制わいせつ致傷罪で懲役3年保護観察付執行猶予5年の有罪判決をうけた。

　同様に福岡地判H21・10・23LEX/DB25460268では、被告人は知人女性と飲酒後、「遊歩道上において、同女に対し、いきなり、その頸部を左腕で絞めつけながら同女を引き倒し」「同女に馬乗りになるなどの暴行・脅迫を加えて同女の反抗を抑圧した上、同女の口に舌を入れながら接吻し、その両乳房を両手で揉み、もって強いて同女にわいせつな行為」をして加療約9日間の傷害を負わせた。被害者は「殺されるのではないか、強姦されるのではないかという強い恐怖感、強い屈辱感を味わわされた」。被告人が行為の目的を一応遂げたとみるべきか、判然としないが、強制わいせつ致傷罪であるとされ、懲役2年6月の刑に処された。これらの事案では被告人の犯行目的が強制わいせつ罪の限度にとどまることについて特に言及はなかった[3]。

　検察官には強かん罪の犯意の立証をためらう多くの理由がある。第一に行為

の目的の推認は謙抑的であるべきである。被害者が強かんの恐怖を感じたとしても、被告人に違法なかん淫の目的があったかは分からない。第二に裁判員は裁判官ほど供述調書に証明力を認めないかもしれない。裁判員裁判の導入前であれば、例えば神戸地判H17・3・30LEX/DB28105230では、被告人は被害者に抵抗され目的を遂げなかったが、捜査段階において一貫して強かん罪の犯意を認めていたことから、公判廷で強制わいせつ罪の犯意があったにすぎないと翻したものの、これは斥けられ、強かん（未遂）致傷罪が成立した。第三に被害者供述の信用性の問題がある。捜査機関の被害者対応ハンドブックは次のように注意を促す。「被害者はしゅう恥心や精神的動揺等から、被害内容を過小に供述したり、自己に不利益な事実について供述しなかったり、虚偽の供述をしたりすることもありますので、申告内容について十分に聴取した上で客観的に検討し、適切な事件性の判断を行うことが捜査上重要です」と[4]。たしかに被害者は「落ち度」論に対して防御する必要があり、「自己に不利益な事実」について供述が変遷するかもしれない。しかし第四に、それは刑事司法がこの「落ち度」論を克服していないと認識されているからである。例えば酩酊した被告人が、興奮のあまり被害者に抱きついたのは、被害者の魅力的な服装や態度に挑発されたからであり、違法なかん淫の目的はどこにもなかった、という弁護人の主張が説得力をもつようでは、検察官は二の足を踏むだろう。

　日本の検察官は、供述調書の証明力によって無罪率を低下させることを「精密司法」として自負してきた。そのため裁判員裁判の導入を機に、性犯罪でも起訴率が絞られていったという[5]。前述の女性に対する暴力に関する専門調査会報告書の資料10のうち「起訴・不起訴の状況（強姦致死傷・強制わいせつ致死傷）」によると、その起訴率低下の理由は「嫌疑不十分」の増加である。そして検察官によって嫌疑不十分、または裁判官によって無罪と判断される場合の多くで疑われてきたのが被害者供述である。それゆえ、検察官の立場からは、「被害者から信用性の高い供述を得ることが、性犯罪捜査では最も重要である」と指摘される[6]。そのための検察官研修を継続してほしいと思う。しかし、強かん罪の犯意は、信用性の高い被害者供述が得られるとしても、そこから直ちに「ある」と判断できるものではない。性暴力の構造性を問題にする立場からは、かん淫の目的が落ちる理由と「落ち度」論の関係を整理することが重要である。

第3章　性犯罪の類型上の諸問題

「落ち度」論が用いられた裁判例を一つ紹介しよう。那覇地判H16・7・8 LEX/DB28105104では、米海兵隊少佐による強かん未遂の公訴事実に対し、弁護人が被害者の同意を主張したところ、強かん罪の犯意とその行為が否定され、口淫要求の暴行（「被告人が被害者の頭部を押さえるなどして自分の方に引き寄せた行為」）の限度で強制わいせつ未遂罪が成立するとされた。裁判官らは次のように考えた。「被告人のいわゆるペッティング行為に対しても被害者が『やめて。』と言ってこれを拒んだり、陰部を触られそうになった際、これを拒否し、車から外へ出たというのであるから、それについてある程度の嫌悪感、拒否感を抱いていたともみられ、この意味では被害者には積極的に被告人の行為に応じる意思があったとまでは認定できないものである。しかしながら、男女間の性的な行為という、事の性質上、消極的にはこれを受け入れるという同意の存在、あるいは、被告人が被害者にはこの同意があると認識していた可能性が否定できないのであって（いったん被害者が車から外に出た後車に戻り被告人を自車に乗せ、会話をしたということから、被告人が被害者の拒否が一種のゲームであると考えたというのは、不自然ではない。）」、それゆえ強かん罪の犯意を認めることができない、と。被告人と被害者は、米軍の将校と基地内将校クラブに派遣された従業員の関係であり、面識はなかった。閉店後に送ってほしいと車に乗り込んできた将校から不快な性的誘いをうけて、被害者が自車の運転席から離れて降りることは、性的な駆け引きの行為であるとみなしうるとして、消極的な同意の存在、あるいは被告人によるその誤信の可能性が推認されている。つまり、被害者は不同意の意思を表明する行為をしたが、その同じ行為が消極的な同意を表すと受けとめられた。これは「合理的な疑い」であるとされた。「落ち度」論によれば、被告人や裁判官をこのように疑わせる理由は、被害者の落ち度にある。

さらに同判決は次のように続ける。「被告人が二度にわたって被害者の車に乗り込んで、被害者の意思に反してまで姦淫しようとしていたとすれば、たとえ被害者が激しく抵抗したとしても、現役軍人である被告人と小柄な女性である被害者との体力差を考える限り、夜間人影のない路上において、密室である車内での姦淫行為の遂行は困難ではなかったと考えられる。よって、被告人としては、被害者が真に拒否する状況で暴行脅迫を加え性交を持とうとまでは考

えていなかったことが推認できる」と。被告人に真の犯意があったならば強かんを遂げたのだから、真の犯意がなかったか、真の拒否がなかったかのどちらかであるという論理が通るのであれば、否認する被告人に対して有罪判決を書くことはできない。被害者が携帯電話で警察に通報しようとすると、欲求不満の被告人はいらだち紛れにそれを川に投げ捨てて損壊しているので、口淫要求の限度でその目的を遂げなかったという犯罪事実が残されたのだろう。

　しかし、強かん罪の犯意は「ない」とされ、強かん未遂罪は成立しなかった。それは被害者供述が信用されなかったからであるというより、被告人のかん淫の目的それ自体（つまり彼女と性交したいと思ったこと）には不合理はない、と考えられたからである。このように「落ち度」論は機能する。つまり、それは被害者にも被害に遭う理由や責任があるとするだけではなく、被害者が落ち度のない女性ではないとみなされると被疑事実に合理的な疑いが差し挟まれ、被害者は刑法的な保護の対象から外される。旧い性規範では、貞操義務を基準にして落ち度の有無が区別され、落ち度のない女性でなければ価値的に劣るとされていた。それゆえ貞操義務のないところでは違法判断の前提となる被害がそもそも認識されることが難しかった[7]。そこではかん淫とは「男女間の、倫理にそむいた肉体関係」であるから、被害者が落ち度の有無の線引きを逃れようとすれば、十分な抗拒を示さねばならず、さもなければかん淫の目的は強かん罪の犯意ではなく、その被害は認知されにくく、そして検察官は訴追をためらい、あるいは裁判官が被害者の不同意を疑う。こうして強かん罪の被害と行為が不可視化されてきた。上述の事案は米軍犯罪であり、また被害者はフィリピン国籍である（日本の女性ではなく沖縄の女性でもない）から、「落ち度」論の本音では、この被害は「実質的に重要ではない」のだろうか[8]。こうして「軍隊の暴力性」が平時の性暴力に紛れて潜在化する。

　このように、かん淫の罪は「落ち度」論によってその犯意が否定されるようにできている。犯意が落ちる理由は被害者にあるとされる。犯意が否定され、犯罪行為が「ない」とされる。したがって、被害者供述は（それが「ある」と述べるのだから）信用されない。この逆ではないと考えられる。そうすると強かん（未遂）致傷から強制わいせつ致傷への「罪名落ち」には「落ち度」論の効果があるとみなければならない。

ところが、性犯罪の裁判員裁判では、量刑判断は重罰化の傾向にあり、「罪名落ち」があるとしても、それが性犯罪の被害の軽視につながっているとは考えられていない。それどころか裁判官にも従来の量刑が「軽すぎた」とする認識があり、また被害者は「自分たちの苦しみは、裁判官ではなく、裁判員には理解してもらえるのではないか」という思いをもち、そして裁判員は「被害について真剣に考えたうえで判決を出した」ときに司法参加の意義を覚えるという。もちろん重罰化は起訴率が絞り込まれて「罪名落ち」がある中で(つまり落ち度の有無の線引きをした上で)現れている統計的な傾向であると考えられる。したがって、ここから直ちに裁判員の被害認識の方法が裁判官のそれと違って優れていると評価することはできない。性犯罪が裁判員裁判の対象とされることに対する被害者の懸念が表明されており、司法参加する国民に対して被害者の性的プライバシーを保護する方法が検討されなければならない。

その上で、しかし裁判員が被害認識の難しくない事案で「被害について真剣に」向き合えば、従来の刑事司法の被害認識の方法が変化することが考えられる。例えば横浜地判H22・11・19LEX/DB25470356は、6歳の女児に対する強制わいせつ致傷事件であるが、「犯行の結果」を次のように記している。

> 本件犯行により被害者が被った被害結果は甚大である。すなわち、執ような辱めを受け、顔面打撲傷を負わされた身体的被害もさることながら、精神的被害は正に深刻である。(改行)被害者は当時6歳であり、本件被害を受けている最中に失禁し、解放されて自宅へ戻った際には、被告人からわいせつ行為をされた恐怖や、所持していたはさみで殺されるのではないかとの恐怖で泣いていた。また、被害者の母によれば、事件後には夜一人では寝られなくなり、被告人に似た男性を見ると恐怖感を訴えるようにもなったという。(改行)被害者の年齢からすれば、本件被害の記憶が消えることはないであろうと思われる。被害者が成長し、自分が受けた行為の意味を徐々に理解していくにつれ、本件が被害者の人格形成に与えるであろう悪影響は計り知れない。

これは精神医学的な知見に支えられた被害認識である。そこではかん淫の行為やその目的が被害を重くするとは論じられない。性暴力の被害に遭ったことを考え抜こうとしている小林美佳が、彼女の元に届いた2994人の「性暴力被害者の声」を整理しているが、その58％の人が被害を誰にも話さず、また85％の人がどこにも届け出ずに、事件に「ふたをして」「ひとり葛藤する」という心に

重くのしかかるような被害の現れ方がある。[12]性暴力の被害は潜在化しており、その被害認識は困難であった。このことが現在では性暴力の被害の内容として認識されるようになってきた。構造性のある性暴力が加えられると被害者は沈黙させられる。準戦時性暴力の被害も、単なるかん淫の行為として潜在化していく。裁判員にとって、性犯罪の違法性を理解することは容易ではないと指摘されているが、[13]裁判員に対してかん淫の目的の有無で罪の重さを量り、これを違法評価の対象にしてきた従来の刑法学の説明が繰り返されるべきであるとは思えない。そこに「落ち度」論の陥穽が見える。

3　かん淫の目的

　裁判員裁判で強かん罪の犯意の有無が争われた致傷罪の事例を検討してみよう。致傷罪に注目するのは、性犯罪の致傷結果が生じたのであれば、暴行等が用いられたのであり、被告人は単なるかん淫の目的では行為しなかったと考えられるからである。つまり「違法なかん淫」(性器間挿入と記す)の目的を取り出せるからである。これは強かん罪の犯意の一部であり、もしこれが取り出せないと強かんの行為は「ない」とされるのだった。

　大阪高判H23・5・19判夕1363号208頁では、被告人は「事務所兼当時の被告人方において、モデルの募集に応募してきた被害女性(当時17歳)に対し、無理やり姦淫しようと考え、『服を脱げ』、『静かにしとけよ』、『静かにしとかな切るぞ』などと脅しながら、カミソリを喉元に突き付け、左腕に2回切り付けるなどの暴行」をして、被害者のTシャツを脱がせたが、被害者が逃走したので目的を遂げなかった。強制わいせつ致傷の被疑事実で逮捕されたが、性器間挿入の目的で犯行に及んだ旨の検察官調書が作成され、被告人は公判前整理手続で否認に転じたが、裁判員裁判は「あわよくばセックスしたいとの欲望」があったとして強かん(未遂)致傷罪を認めた(懲役3年8月)。控訴審で被告人は「事実をすべて認めるに至り」、また、その他の被告人に有利な諸事情が加味され、懲役3年4月の有罪判決が確定した。

　長崎地判H24・4・19LEX/DB25481099では、被告人は、友人のYと、ナンパしたA(当時17歳)及びBの計4人で、深夜にカラオケ店で「カラオケの採点

ゲームの罰ゲームとしてテキーラを飲むなどしていたところ、前記Yがいやがる前記Bに対してわいせつ行為を始めたことに触発され、前記Aを強いて姦淫しようと企て、同日午前6時ころから同日午前6時45分ころまでの間、同室内において、同人に対し、断続的に、いきなりその身体に覆い被さったり、乳房を揉んだり、下着の中に手を差し入れて陰部に指を挿入するなどの暴行」を加えた。しかしAが「抵抗したことなどから」その目的を遂げなかった。被告人は「わいせつ行為を開始した当初は姦淫行為に及ぶ意図はなかった」と述べたが、裁判体は「被告人が現実に行ったわいせつ行為の態様、わいせつ行為に至った経緯及び被告人が当公判廷で『自分の欲望のまま行動した』旨述べていることなどからして、『何がなんでも強姦してやろう』という強度のものではないにせよ、当初から強姦の犯意があったもの」と認めた。また、性器間挿入がない点について、「これは被告人の意思によって中止した結果とは評価しない」とされた。ただし示談が成立しており、Aが寛大な刑を求めたことなどが考慮され、強かん（未遂）致傷罪で懲役3年執行猶予5年の刑に処された。

　さらに長崎地判H24・6・8LEX/DB25482099では、被告人は女性の下着を窃取する目的で被害者宅に侵入し、入浴中の被害者に対し、性器間挿入の目的で、台所にあった出刃包丁を示しながら脅迫したが、被害者が「包丁を左手で押し返すなどして抵抗したため」、その目的を遂げなかった。被害者はその左手を負傷した。裁判体は「強姦の犯意は突発的に生じたもので、計画性はない。また、被告人は、暴行を加えてまで姦淫を遂げようとは考えておらず、被害者に抵抗されてすぐに逃走したことからすると、強姦の犯意は強固とまでは認められない」と判断した（住居侵入、窃盗、強かん致傷の科刑上一罪で懲役5年）。

　このように強かん罪の犯意の有無は、検察官が立証を試み、弁護人が争えば審理される。ここで問題にしたいのは、その性器間挿入の目的の有無と被害認識の関係であり、これらの未遂致傷罪で、性器間挿入の行為はないが、その目的があったとされたことは、量刑判断に有意な影響を与えうるかである。「強度のものではない」あるいは「強固とまでは認められない」強かん罪の犯意の認定は、被告人の行為による被害を重くする要素として理解できるか。つまり性器間挿入の目的は主観的違法要素であり、少なくとも未遂致傷罪では、その分だけ強制わいせつの行為よりも違法性が高められるか。

図 5　強かん致傷罪と強制わいせつ致傷罪の犯意

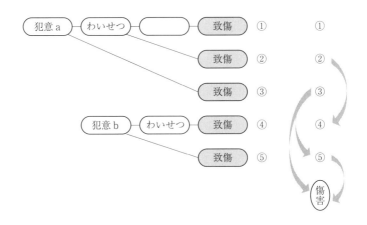

　一般的に強かん罪の犯意は次のような場合に認められる。第一に共犯者との意思疎通において性器間挿入の目的が明らかにされているとき、第二に被告人が特にかん淫を除いた上でわいせつな行為を指向しておらず、以前にも強かんの行為をしているとき、第三に被告人において生理的・心理的にかん淫がたまたま難しくなっていたとき（勃起不全や被害者の月経）、第四に強かんの行為に着手したとする被告人の一応の反省があるときである。上記の三例は、第四に分類されるだろう。しかし、被告人の反省があるとはいえ、性器間挿入の目的は強弱の度合いのあるものであり、また、しばしば法廷で争われるが、それは段階的に強まり、犯行の中途から明確に目的化されることがあるという性質のものであると理解されている。つまり被告人が、暴行等の手段を用いて性犯罪に着手したとき、はじめに漠然とした性的な行為の目的があり、次第に性器間挿入の行為を具体的に意欲し、実行に移すことがある。しかし、その挿入を実現するに至らなかったとき、それにもかかわらず、はじめから弱い性器間挿入の目的があったと自認するかぎりで反省がみられるとはいえるが、その犯罪行為の違法性を高めているのは、その弱い意思である、という論理は説得力をもつだろうか。それはむしろ認めにくく、見落とされやすいものなのではなかろうか。
　図 5 は強かん致傷罪と強制わいせつ致傷罪の諸形態を示している。性器間挿入がない場合、犯意 a（強かん罪の犯意）が立証されると②の強かん（未遂）致傷

第 3 章　性犯罪の類型上の諸問題

図 6　性犯罪の範囲

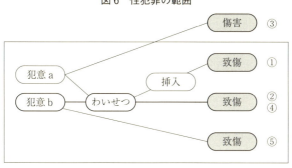

罪になる。犯意 a が立証されず、犯意 b（強制わいせつ罪の犯意）に解消されるとき、②→④、③→⑤と罪が落ちる。犯意そのものが否定されると、③と⑤は、ただの傷害罪（または過失傷害罪）になる。では、③は⑤に落ちるか、それとも傷害罪になるか、という問題がある。理論的には③は、まず⑤に落ちると期待できる。

　しかし図 6 は、かん淫の目的と行為が類型的に不安定な位置にあり、必ずしも③が⑤に落ちないことを示している。かん淫の目的も行為も、それぞれ広義のわいせつの目的と行為に含まれるのであれば、性犯罪の基本型は④の強制わいせつ致傷である。そこで図 7 は、法益侵害を表すために被害者の不同意を示し、強制わいせつ罪がその基本類型であることを明らかにしている。

　では、図 6 で犯意 a が立証されないと、③が性犯罪から外れることを具体的に見てみよう。神戸地姫路支判 H24・10・22LEX/DB25483420 では、強かん致傷の公訴事実に対し、その犯意が否定され、被告人は、自車の助手席に乗せていた被害者 A の「腹部及び顔面を手拳で数回殴打するなどの暴行」を加えて通院加療約 3 週間の傷害を負わせたので傷害罪であるとされた（懲役 2 年執行猶予 5 年）。A によれば、被告人は強かんをしようとしていた。被告人の警察官調書にも、その目的を「一応認める供述」があった。しかし、公判廷で被告人は、A が下車しようとしたことに「カッとなって思わず A を殴り、これに A が騒ぎ始めたことから静かにさせるために口を塞ぎ、さらに殴るなどの暴行を加えた」と述べた。つまり性犯罪の目的はなかったと翻した。これに対して裁判体は「A が見ず知らずの被告人にレイプされるのではないかという恐怖を抱い

図7　基本類型としての強制わいせつ罪

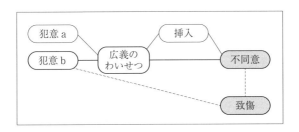

たというのもその状況に照らして当然というべきであって」「その行動状況等からすると、被告人に強かんないしわいせつ目的等何らかの意図があったのではないか」と疑った。しかし、強かん罪の犯意が「間違いなくあったと認定するのが困難である」。その理由はこうである。被告人が「性的な行為、すなわち、わいせつな意図をうかがわせるような行為ないし姦淫に結び付くような行為に及んだとは認めることができない。被告人が、Aに卑猥な言辞を弄したこともなく、また、Aに性的な行為を要求したりしたということも全く認められない」。

同様の理由で、検察官における強かん罪の犯意の推認は杜撰であると厳しく指摘していたのは京都地判H18・8・25LEX/DB28115360である。被害者はベランダから侵入した被告人によってベッドの上に押し倒され、馬乗りになって暴行を加えられたが、隙を見てその股間を蹴って戸外に逃げ出した。裁判官らは「強姦の犯意が存在したとの相当の疑いはあるものの」「そもそも住居侵入及び暴行の目的は、本件においても様々なものを想定することができ」「これを殺人、暴行（傷害）、強盗、強制わいせつ、強姦に限定して」「そのうち強姦以外のものに該当するとは考え難いことをもって」「強姦の犯意を推認するというのは、証拠の不足を合理的ともいい難い推論によって補おうとするものであって、このような消去法的な認定方法は、推論に推論を重ねるなどする余り、事実認定を誤るおそれがあるといわざるを得ず、採用することはできない」と断じた。というのは、「被告人が性的な行為や性的発言に一切及んでいないという強姦の犯意認定に疑念を抱かせる事情も存する」からである。

行為の目的を慎重に認定しようとする、この二例の判断方法には首肯できる

ものがある。後者では、被告人が窓を開けようとしたのに対し、これに気付いた被害者が閉めようとしたが、「力負けして、開けられてしまい」、その勢いのまま、被告人によれば無我夢中で、暴行が加えられている。したがって検察官は、これを直ちに強かんの行為の着手である、つまり住居侵入時から強かんの行為が始まっており、単にのぞき見や犯行の下見などの意図に出たものではない、とみなすことが十分に合理的であることを立証せねばならなかった。しかし、そのためには被告人の真摯な自白が必要である。

つまり、図5で②が④に落ちるのは、基本的に④のわいせつな行為が共有されているからであり、これに対して③はそれを欠くので、性犯罪から外れていくといえるだろう。強かんの行為は暴行または脅迫とかん淫からなるが、その前段の暴行または脅迫においてわいせつな行為のあること（例えば入浴中の女性に刃物を示して接近すること）が、潜在的な性器間挿入の目的、つまり弱い犯意の認められる前提になる。いいかえれば、強かんの危険性の違法判断（被害認識）の根拠は、そのわいせつな行為であって被告人の意思そのものではない。もちろん性器間挿入の前に、特に共犯事件では、わいせつな行為の前提なく、いわば強い犯意が現れて、強かん未遂罪が認められることはある。それは性器間挿入の行為が急迫しているということである。この急迫性がなければ、わいせつな行為の先にある性器間挿入の目的を、わいせつな行為の存在なくして認識することは難しいということになる。

そうすると、そもそも③が性犯罪から外れるのは、③の犯罪事実をわいせつな性犯罪（強制わいせつとしての強かんの未遂罪）として捉えようとしているからである、という逆説にはまっていることを考えねばならない。つまり③が性犯罪から外れ、ただの傷害罪になるのは、まさしく図7でわいせつな行為が基本にあるからである。すなわち強制わいせつの中に強かんが含まれると考えられているからである。なぜなら、後者の事案の被告人の行為が、国連のいう「女性に対する暴力」にあたることは否定できないと思われるのであり、さらに性的な意味の行為がなかったとすることも疑問が残るからである[16]。

というのは、前述の那覇地判H16・7・8と同様に、後者の京都地判H18・8・25で強かん罪の犯意が否定されたのは、むしろ裁判官らの次のような思い込みに主な理由があったからである。「被害者の腹部への馬乗りは、その際

に、身長約175センチメートル、体重63、4キログラムと比較的大柄な男性である被告人が、体重を掛けて同女の身体を押さえ付けることにより、学生時代にスポーツ（バレーボール）の経験があるとはいえ、身長約153センチメートルと小柄な女性である同女の身体の動きをかなりの程度抑圧することが可能な体勢であると考えられるところ、もし、被告人が強姦の前提行為として腹部に馬乗りになったのであれば、その際に強姦の目的達成をより確実なものとするため、同女に徹底的な暴行を加えてその反抗を完全に抑圧することも可能であったのに、いずれの際にも、片手で首を強く絞める以上の暴行には及んでおらず、そのため同女がいずれも自力で脱しているのであって、これらのことは、腹部への馬乗りが、強姦の前提行為ではなかったと見る余地を残しているのである」と。

しかし、被告人は男性であり、深夜に豆球のついたワンルームマンションの一室に侵入すると、そこには長袖のＴシャツとショーツの服装の女性がおり、被告人はベッドの上でその女性を制圧するように暴行を加えたのである。「夜中に侵入していきなり押し倒してきたので、強姦する目的だと思った」と被害者が述べるのは当然であり、また、被害者にそのように感じさせるおそれのあることは被告人にも理解されていたと思われる。たしかにその行為は、わいせつな行為ではないと解しうるが（判例・少数説）、しかし性的な意味を了解させる行為であり、女性に対する性暴力である。

正確を期していえば、ここには二つの問題がある。第一にわいせつ性の基準で性暴力の行為は把握しきれないことである。第二に強かん罪の犯意が疑われてしまえば性暴力の被害が潜在化することである。これが③が⑤に落ちないことの問題である。第一の問題は、わいせつ性の基準では性器間挿入の目的の有無をつかみきれなかったことを指しており、それはおそらく強制わいせつの中に強かんが含まれるとする解釈論の弊害なのである。それゆえ、これを解決するために、図7を図8に修正してみる。つまり広義のわいせつな行為を狭義のそれとかん淫に分けて切り離し、そして後者をいわば本質型として位置づけ直す。というのは強かん罪の犯意が否定されて③が性犯罪から外れるのは、性犯罪を「わいせつな行為の罪」であるとするからであって、むしろより本質的に、かん淫を性犯罪の中核に据え直すならば、その犯意が見逃されることはな

第3章 性犯罪の類型上の諸問題

図8 「かん淫の罪」

いだろう。図8は、性犯罪とは基本的に「かん淫の罪」であると構成し、強かん罪の重大さを表示している。

しかし、この修正の試みの結果は明らかに否定的である。なぜなら第二の問題があるからである。裁判官らは、強かんの行為の可能性を反対に否定するから、犯罪事実の中にある性的な意味を見過ごしてしまった。つまり、性器間挿入の前に、その着手後にはじめて発現する目的性の弱い契機を、違法なかん淫の可能性の印として探すから、性的な違法性が消えた。そもそも違法なかん淫の目的は、単なるかん淫の目的の存在を示唆するだけで疑いを差し挟むことができた。強かん罪の暴行は、被害者に「徹底的な暴行を加えてその反抗を完全に抑圧すること」を要しないはずであるが、裁判官らは、被告人が「目的達成をより確実なものとするため」、そこまでの暴行（「片手で首を強く絞める以上の暴行」）には及んでいない、として違法なかん淫の目的を否定した。それはもっと強く現れるべきなのだろう。しかし、探さねばならないのは弱い契機であるから、それはもうピントが合わないのである。

図8を描き直したのが図9である。下に向かう矢印は「かん淫の罪」の目的を表し、線分ＡＢは強かん未遂または強制わいせつ既遂を意味する。上下に罪を重ねて侵害利益の価値に優劣が置かれており、行為が目的的に下降するほど被害は深刻である。頂点にかん淫があり、わいせつな行為の裾野を拡げる逆三角形がえられる。性器間挿入の目的は、いわゆる目的犯の目的とは異なっている。例えば略取・誘拐罪における営利やわいせつの目的は、それらの目的的な略取・誘拐を非目的的な行為から異質化するという行為の個別化機能をもっている。しかし、逆三角形で示された「かん淫の罪」における目的は、その目的的な本質が性器間挿入の着手後に現れ出る。強かん未遂と強制わいせつ既遂の区別は、その隠された本質を、性器間挿入の手前で読み取るか、読み取らない

81

図9 「かん淫の罪」の類型図

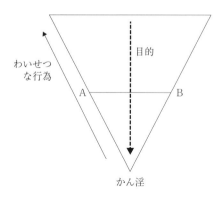

かという問題になる。手前で読み取れたとき、それはかん淫の「違法な目的」である。そうでなければ強制わいせつ罪の犯意である。しかし、この区別は対応する二つの犯罪事実を類型的に欠いている。

それゆえ性器間挿入の目的を探せば、わいせつな行為が見当たらない。それは腕を撃たれた身体傷害の犯罪事実で、殺人の目的を認めれば、傷害罪の行為がなくなるのと同じである。しかし、殺人未遂と傷害既遂は類型的に区別されている。なぜなら生命の法益があっての身体の法益であり、また前者は後者よりも価値があるが、前者から独立した価値が後者にあり、単純な身体の傷害として腕を撃つことができるからである。その痛みや腕が使えなくなることなどが被害である。それは傷害を目的にする傷害行為である。しかし、このような殺人未遂と傷害既遂の区別を「かん淫の罪」に認めることができない。強かん未遂と強制わいせつ既遂は同じ法益を同じ程度に侵害する一つの犯罪事実である。前者には後者の法益侵害の内容を超えるものが認められないから、前者の「違法な目的」は余剰である。

さて、犯意落ちの説明が長くなったが、この類型的な余剰は、かん淫の罪を重くするはずの「違法な目的」である。しかし反対に、これを探そうとすると性暴力の被害が見失われる。一般的にいえば、これは犯罪事実（法益侵害またはその危険）の予定されていないところに犯意をみることはできない、というだけのことである。つまり違法なかん淫がないのに、かん淫の「違法な目的」を

探そうとすることは空回りせざるをえない。それは「かん淫の罪」として性犯罪を構成する理論上の余剰である。しかし、わざわざそれが置かれている。

　もちろん現実的には、かん淫をするための行為とわいせつな行為は、不意を突いてかん淫することはできないし、また、かん淫の目的で男性の外見をもつ者に暴行を加えることはしないのだから、目的的にも区別できる。それは二つの異なりうる事実である。しかし他方で、男性が射精の性的欲求を満たすために性的な行為をする場合や女性に対して挿入行為を試みる場合は、かん淫とわいせつな行為の二つの目的は互換的であり、あるいは未分化である。そのため性器間挿入の客体になる女性には、刑法的に何の行為の被害に遭うかが分かりにくい。つまり、犯意を落とす「落ち度」論に対して脆弱である。これが余剰の機能、すなわち「かん淫の罪」の「＋α」としての「違法な目的」の意味である。「かん淫の罪」は、わいせつな行為を認めなければ、「違法な目的」を疑うことで暴行や脅迫に変えられる。そのように類型的に仕組まれている。

　したがって本章冒頭の事件が「違法な目的」のない強制わいせつ致傷罪として審理されたのは、被害者供述に基づき、わいせつな行為が認められたからである。弁護人がその被害者供述の信用性を争わなかったのは、米軍犯罪に対する厳しい世論があるからであり、おそらく政治的に得策ではないと考えたのである。そして、これは検察官も理解している。しかし他方で検察官が「違法な目的」の立証を試みなかったのは、それは落とせるものだからである。違法なかん淫の目的を被告人に認めないのであれば、何のために被告人は被害者宅に侵入するのかと問いたくなる。それは単なるかん淫であり、それ自体は合理的であると推認するのが「落ち度」論である。被告人は室内に侵入し、室外で暴行を用いてわいせつな行為をした。これが被告人の罪であり、室内で何をしようとしたかは不問に付された。室外で不正な性行為をしているのだから、室内侵入も同様の目的であると思われるが、被害者の抗拒がこれを阻んだ。この未遂の性暴力が、類型的に捨象された。こうして性暴力の被害（室内に「引っ張り込まれたら終わりだ」と被害者が把握した可能的な現実性）が潜在化した。米軍犯罪で強制わいせつ致傷への「罪名落ち」があったのは、平時の性暴力で「違法な目的」が落とされているからであり、それは性犯罪が「かん淫の罪」として構成され、被害を不可視にできるものとして類型化されているからである。致傷

結果がなければ、違法性がきれいに消えるだろう。そのために働くのが「落ち度」論である。残されるのは単なるかん淫の事実である。性暴力の構造性の土台には「かん淫の罪」があると思われる。

　以上の考察は、性暴力の被害認識と「かん淫の罪」(狭義の性犯罪) の間に類型的な齟齬があることを少なくとも明らかにした。その理由は図9の逆三角形にあった。つまり強制わいせつの中に強かんがあるが、後者が本質型であると考えることである。かん通罪の削除前は、強かん罪と暴行等の手段を用いないかん通罪に共通する性的な利益が想定されており、それは強制わいせつ罪の法益と同じではなかった。「かん淫」と「わいせつ」は二つの異なる概念であったと思われる。現在はこの二つの行為が暴行等を手段として性的自由を侵害すると解釈されるようになった。そのため「違法な目的」の余剰 (「落ち度」論の陥穽) が目に付くようになった。しかし、ここに不思議がある。それは、性暴力の被害回復のために「かん淫の罪」の類型を全体的に再編成する必要のあることがこうして理解できたが、この犯罪類型と性的自由の解釈論は矛盾しなかったのだろうか、という疑問である。いや、矛盾があるから、理論上の余剰を指摘できたのである。

4　カナダ刑法の性犯罪

　そこで、さしあたりこの余剰を取り除くために、性的自由の解釈論で、性犯罪類型を改正すると、どうなるかを少し考えてみよう。序論で紹介した二つの性的暴行罪の方法が使えるだろう。犯罪の行為を捉え直すか、結果を捉え直すかである。まず、後者の方法で性犯罪を改正したのがカナダ刑法である。

　「かん淫の罪」の問題がかん淫の罪 (強かん罪) を本質型とするところにあり、そのため、かん淫の目的の余剰がでるのであれば、その一つの解決方法はかん淫の行為を特別扱いしないことである。つまり性犯罪類型の考え方を図7に戻し、そこからかん淫の目的と行為を取り除くことである。そうすると性犯罪は、挿入行為の有無で違法性の程度を軽重に段階づけないものになる。カナダ刑法はこれを採用した。そして前掲の国連立法ハンドブックがこれを高く評価した。その理由は、性的挿入行為を強かんとして重視する犯罪類型は「女性た

ちが経験してきた性暴力のすべてを網羅するものではなく、また被害者が被った性暴力の影響を表すものでもない」からである[17]。つまり被挿入の被害がなければ被害が軽いのではないという趣旨であると思われる。ただし、日本でもそうであるが、比較法的には挿入行為を重視する二段階構成が依然として有力である。また、カナダ刑法の性犯罪類型にも問題がないわけではない。

　カナダでは1983年に強かん（rape）とわいせつ暴行（indecent assault）の罪が廃止され、性的暴行（sexual assault）の罪が新設された。暴行罪には基本類型の他に二つの加重類型（武器使用型と致死傷型）があり（カナダ刑法266条～268条）、性的暴行罪もこれに倣う（同271条～273条）[18]。しかし、暴行の概念について法律上の定義があるものの[19]、性的暴行については解釈に委ねられ、カナダ最高裁は1987年のチェイス事件で「性的な性質の事情の下で（in circumstances in a sexual nature）なされた」暴行であり、「被害者の性的統合性（sexual integrity）を侵害する」ものがそれに当たると述べた。それは「触れられた身体の部位、その身体接触の性質、それがなされた状況、行為に伴う言葉やジェスチャー、または有形力を行使したか否かにかかわらず、脅迫をしたかどうか等のその他のあらゆる行為事情」を考慮して判断される（R. v. Chase, [1987] 2 S.C.R. 293）。これは、女性（15歳）の胸をつかんだという被告人の行為が、男性のひげ（同様に二次性徴である）をつかむようなものであり、「性的でない」とする控訴審の判断を翻すにあたり、打ち出された考え方である。

　あらゆる性的暴行は性的統合性を侵害する。これは性犯罪の被害を軽視しないということである。しかし問題は、カナダでは基本的に暴行は「不同意」の有形力の行使をいうので、性的暴行罪の犯罪結果としても性的な「不同意」の事実が立証されねばならない[20]。「不同意」が意思に反することをいうのであれば、これと「性的統合性」の侵害の関係が問われる。一般的には「意思」よりも「統合性」の価値の程度が高いといえるが、性的な「不同意」が「統合性」の次元の価値侵害を意味するとしても、具体的な量刑の判断では、例えば女性の胸をつかむことと挿入行為をすることでは違いが出てくるだろう。つまりカナダの性的暴行罪は、広範に行為を拾いすぎる類型であるように思われる。実際に加重類型を含む三類型の適用対象は、以前の強かん罪とわいせつ暴行罪のそれと重なり、その大半が基本類型である単純な性的暴行罪に該当する[21]。そして、

その法定刑の上限は10年であるが、改正前の強かん罪のそれは無期である[22]。そのためカナダでは強かん罪の「実質的な格下げ」があったと評価される[23]。非挿入に対して挿入を特別視する二段階構成を維持すれば、挿入の犯罪事実が適示されねばならない。そのことで挿入される被害の相対的な重さを認識してきたのであり、カナダ刑法では、そのような重さの標準が失われているように見える。しかも性的暴行罪の限界（性的な不同意の有無）を問うことは、暴行罪の限界（不同意の暴行か否か）を論ずるよりもおそらく困難である[24]。

ただし、カナダ刑法でも、次の限度で二段階構成が採用されている。それは16歳未満の者に対する性的接触罪（触れる行為の禁止）（カナダ刑法151条）と性的接触勧誘等罪（触れさせるための行為の禁止）（同152条）であり[25]、前者では暴行ではなく単なる性的な接触の行為、後者では接触させるための勧誘等の行為が、性的な違法行為として、その裾野を拡げる形で犯罪類型化されている。これらはもっぱら行為客体の観点から、刑法的に禁止される性的な行為の範囲を拡張したものである。つまり、例えば子どもの「性」の保護の観点を加味して性的統合性の侵害を認めるということであり、価値侵害の程度を量る補助的なスケールが導入されたのだといえる。一般的な人の「性」から子どもの「性」を特別に取り出し、その行為客体に即して価値侵害の事実を可視化した。これは工夫された価値判断の方法であると思われる。

しかし、カナダの性犯罪類型に対する疑問は、性的統合性の侵害の程度に応じて性的暴行の行為が細分化されていないことである。そして、これを問題であると述べるのであれば、挿入行為を特別視する二段階構成で、挿入行為が性的自由や性的統合性の価値を大きく侵害する理由を示さねばならない。しかし日本では、かん淫の行為についてその説明が与えられなかった。「かん淫の罪」の類型は、性的自由の解釈論では解釈し切れなかったのである。それゆえ強かん罪を単に削除する方法を紹介したのである。もう一つの方法で、この課題に取り組んでみよう。

「かん淫の罪」の類型は、図8でかん淫の目的を拾い上げるため、広義のわいせつな行為を狭義のそれとかん淫に二分し、そして後者を特別視したところで暗礁に乗り上げたのだった。それゆえ、もっとも単純にかん淫の行為を刑法の関心から外せば、狭義のわいせつな行為が残る。そして、まず、これを非挿

入の性的な行為に限定する。これが性犯罪である。次に、挿入行為は内部的身体を害すると考える。つまり被挿入の罪は、基本類型の性的自由侵害に加えて別の法益侵害を上乗せする加重類型である。例えば、はじめに性的な行為を体に加えられて性的自由が侵害され、次に①ボールを喉の奥まで押し込まれ、または②肛門や膣に陰茎を挿入される。後者の①②は内部的身体の害する点で同じであるとみなす。これで、その未遂を性犯罪として捉える必要がなくなる。

しかし、これでは②の被害に性的な価値侵害を認めないのだから、それならばフーコーのように、刑法で性的自由を保障するのは、やめておこうという気にさせられる。そこで、序論で紹介した議論、すなわち暴力的に挿入されるならばそれだけ多く従わされるという考え方を採り入れ、②にも性的自由侵害があるとする。つまり体に届くまでの性的な暴力性と体の中への性的な暴力性のそれぞれに対して「意思の自由」が不同意を表明する。つまり二個の性的な暴力の行為がそこにあるとする。ただし、後者の暴力性が大きく、後者でこそ、被害者が性的に従わされる、ということではない。なぜなら、これは暴力の構造性の理論とは一線を画する非構造的な性的自由の理論だからである。それは純然たる個人の好悪に基づく不同意の理論である。被挿入の罪は、性的な行為に対する「意思の自由」の二度の不同意があるという点で重いのである。二度目の不同意に対して刑を加重すれば足りるので、その未遂罪は不要である。こうして挿入行為を特別視する二段階構成が維持される。また、「かん淫の違法な目的」も取り除かれたので、このような改正案を導く理論を性的暴行の客観説と呼ぶことにしよう。

しかし、「かん淫の罪」には強制わいせつ罪の問題もあるので、この提案の当否を論じる前に、前述の第一の問題（わいせつ性の基準）について検討する。

5 わいせつな行為

現在の性犯罪は違法なかん淫とわいせつな行為による性的な利益の侵害罪である。前者がない場合の性犯罪の被害認識は、被告人の行為のわいせつ性の有無に左右される。そうすると、前掲の図6で⑤の強制わいせつ（未遂）致傷が性犯罪の範囲にとどまりうるのも、強制わいせつの犯意を理由とするのではな

く、被告人の行為のわいせつ性によることになる。性犯罪類型の外枠を考えるために、わいせつ性の判断方法の問題点を明らかにしておかねばならない。

　強制わいせつの行為も、暴行または脅迫とわいせつな行為からなるので、後者がないとき、どのようにわいせつ性を認め、未遂罪を認定するかは問われねばならない。しかし、ここでの暴行は、強かんの行為のそれとは異なり、「力の大小強弱を問わない」（大判 T13・10・22 刑集 3 巻 749 頁）とされ、他人の体に触れる行為がわいせつな暴行でありうるとされる（着衣の上から女性の臀部を手のひらでなで回す行為について名古屋高判 H15・6・2 判時 1834 号 161 頁）。したがって強制わいせつ罪では、わいせつな行為の裾野は十分に広く、性暴力の行為がわいせつではないとされて不可視化されることはないだろうと思われる。

　しかし、そのため、強制わいせつと準強制わいせつを区別する理由もなくなってしまった。例えば大阪地判 H11・7・13 判タ 1038 号 299 頁では、睡眠中の被害者の「乳房に直接手で触れ、同室内にあったハサミで同女のパンティを切り裂いて陰部を露出させる」ことはわいせつな行為であるが、睡眠中の被害者の「陰部に触れようとして」「ズボンとパンティを一緒に掴んで膝の辺りまで引きずり下ろす暴行を加えた」こと、また「着衣の上から乳房に手で触れ、同女着用のTシャツを胸の辺りまでめくり上げた」こと、さらに「着衣の上から乳房に手を当て軽く揉むなどした」ことは準強制わいせつ未遂であるとされた。睡眠中の被害者の着衣の上から乳房を触ればわいせつ未遂であるが、睡眠中ではない被害者に対してはそれがわいせつな暴行になり、既遂であるという解釈論は場当たり的であり、よく理解できない。しかし、この点はおくが、着衣の上から触るわいせつ未遂で、その犯意ではなく、行為のわいせつ性を理由にして未遂罪が適用されていることは明らかである。つまり、これらでは、わいせつな行為の手段である暴行や抗拒不能に乗じることなどにおいて、すでにわいせつな行為が顕在している。この場合は、そのわいせつな行為を被害者が望まなかったことをいえば、性犯罪が認められる。

　その上で、これとは別の問題がある。それは反対に、わいせつな行為が暴行や脅迫において潜在している場合である。一見するとわいせつではないその暴行や脅迫において、わいせつ性を認めることができなければ、その行為は性犯罪の未遂ではなくなる。このような場合に、どのように性的な違法性が把握さ

れるかを問わねばならない。

　静岡地判 H24・5・18LEX/DB25481701 では、被告人は、第一に、ホテルの一室でホテル従業員に対し「暴行脅迫を加えて、その反抗を抑圧した上、キスをし、着衣の上から陰部を触り、同女を強姦しようとしたが、同女が激しく抵抗したためその目的を遂げず」、同女に加療約5日間の傷害を負わせ、第二に、深夜の路上で通行人の女性に対し「いきなりその身体を背後から抱え、転倒した同女の両腕をつかんで」「通路に引きずり込み、『黙れ』と語気鋭く言った上、同女の身体を足蹴にするなどの暴行脅迫を加え、強いてわいせつな行為をしようとしたが、同女が抵抗したため、その目的を遂げず」、同女に全治約10日間の傷害を負わせ、第三に、その15分後にJRの駅エレベーター内で女性に対し「いきなりその口を手でふさいだ上、その場に引き倒して、抵抗する同女の身体を押さえつけ、着衣の中に手を入れてその胸を揉み、陰部に指を挿入するなどし、もって強いてわいせつな行為をし」、同女に全治約1週間の傷害を負わせた。三つの致傷罪でいずれも犯意は争点になっていないが、第二の犯行は強制わいせつの未遂である。そして、それだけをみれば強制わいせつ罪の犯意があるとは断言できない。しかし、15分後の第三の犯行があるので、被告人の自白を聞かなくても、第二の犯行のわいせつ性は合理的な疑いを入れずに認められる。近接した時間と場所の類似した状況下で、同一人が類似の行為をしたときに、その行為の意味が異なることは経験則に反するといえる。

　同様に金沢地判 H24・9・5LEX/DB25482699 でも、暴行のわいせつ性が肯定されている。被告人は日没後に通行人の女性を騙して「空き地に連れ込み」「同女に対し、背後からいきなりその口を手でふさぎ、その場にしゃがみこませる暴行を加えた上、『騒ぐな。静かにしろ。殺されたいんか。』などと言って脅迫」したが、「同女に抵抗されたため、その目的を遂げず」、その際、全治約7日間の傷害を負わせた。その犯行目的について、裁判員裁判は次のように判断した。「被害者が見ず知らずの女子高校生であることや、その時間帯と場所、同女を空き地内に連れ込んだ状況、暴行、脅迫の態様等に照らすと、被告人の目的としては、被害者に対するわいせつ行為以外には想定し難いところであるから、特段の事情がない限り、被告人には、被害者に対して暴行、脅迫を加えた時点において、わいせつ目的があったものと強く推認することができる」と。

これに対して東京高判H19・3・26LEX/DB25365660では、団地内遊歩道で被害者に対し暴行と脅迫を加え、百数十メートルの距離がある公園の方まで連行しようとした被告人の目的は「わいせつ行為にあった疑いが濃厚ではある」が、「人気のない公園の方までわざわざ連行しようとしていたことからすれば、結果的に団地内でわいせつ行為自体に及ぶのはちゅうちょしていたことが窺われる」として、強制わいせつ罪の実行の着手が否定された。この二例のうち前者では空き地に連れ込んだ後の暴行等のわいせつ性、後者では公園に連行する前の暴行等のわいせつ性が問われた。そして前者では、その行為のなされたその場の諸状況から総合的に、そのわいせつ性が肯定されたといえる。

　このような判断方法は次の場合にも用いられる。Aの口唇がBの顔面に触れたとする。この記述からはAの暴行とも、わいせつな行為とも判然としない。しかし東京地判S56・4・30判時1028号145頁では、男性である被告人が女性にキスをしようとして目的を遂げなかったが、強制わいせつ未遂罪であるとされた。弁護人によれば、頬に接吻しようとする行為は「現代の社会風俗にあっては単に親愛の情の表現であってわいせつ性はない」。まさしくその通りであり、キスをすることは、ただの挨拶である場合もあるので、それだけでは性的な行為であるともいえない。しかし「接吻行為は、それが唇を対象とされなくともその行われたときの当事者の意思感情、行為のなされた状況や経緯等として」、その法益を「不当に侵害する態様でなされたときは、親子、兄弟あるいは相思相愛の男女同士が親愛の情の表現としてなされた場合などとは異なって」「わいせつな行為に該当することがある」。この総合的な判断方法によれば、被告人は、午前5時50分頃に顔見知りの女性と出会ったため、待ちかまえ、同人が傍らを通り過ぎようとしたとき、いきなりその両肩をつかんで抱き寄せたものの、抵抗されて口づけできず、さらに路地の方へ引っ張り込もうとしたが、同人が大声をあげたため手を離した、というのであるから、これは「わいせつ性を十分具有している」。もちろん被告人としては、キスをしようとしただけであるかもしれない。しかし、傍らを通り過ぎようとする者の両肩をいきなりつかんで抱き寄せる行為は暴行である。そしてこれが親愛の情を表現するのは親しい間柄である場合にかぎられる。被告人と被害者が顔見知り程度の関係であるならば、その暴行は、むしろ親愛の情の表現行為に名を借りたハ

ラスメントまたは衝動的な性的な行為であると考えるのが自然である。

　つまり、他人に暴行を加えることも、キスをすることも、そこにわいせつ性の意味があると了解できるとき、強制わいせつの行為に着手したとされ、未遂罪が適用されている。さらに同じことが、他人の体を触る行為についてもいえる。体に触れることは、それ自体で性的である、あるいはわいせつな行為であるとはいえず、まして暴行ではない。しかし、その行為のなされた場の状況次第で、それがわいせつな触る暴行になる。着衣の上からか、下からか、あるいは性的な部位に触れたか否かなどが、それだけでわいせつな行為の存否を決めるのではない。刑法176条の強制わいせつの行為は「暴行または脅迫を用いてわいせつな行為」をすることであると書かれている。そのため、暴行とわいせつな行為の二つを混同する解釈は好ましくない。しかし、そこで問われているのは、その被告人の犯罪行為にわいせつ性の規範的意味があるか否かである。いいかえれば、そこに性的な価値侵害の意味が了解されるか否か、すなわち違法な犯罪事実（法益侵害またはその危険）の有無である。

　もちろん、わいせつな行為自体は違法ではないという建前がある。それゆえキスや触ることも暴行であると解釈した上で、そこにわいせつ性の意味を了解し、そして性的な違法行為であると評価する。暴行はわいせつ性の意味がなくても違法であるが、キスや触ることは、わいせつ性の意味の了解をまって、はじめて違法な行為であると評価可能になる。この違いが両者にある。しかし、これを乗り越えてしまうところに、実はわいせつな触る暴行という解釈の問題、つまりわいせつな行為の概念の問題がある。それは暴行とキスや触る行為に潜在する性的な違法行為を明るみに出すことができるが、逆にいえば、わいせつ性のレンズで、キスや触る行為を違法な性的行為に染め上げてしまう。わいせつでない性的な行為はない、と強弁することはできる。しかし一般的には所与の性的な行為がわいせつか否かの評価をするのであって、その逆ではない。ところが刑法176条のわいせつ性の基準は、性的でも違法でもないキスや触る行為を違法な性的行為に変えてしまう。

　規範的構成要件要素とは、そのようなものである。Aの口唇がBの顔面に触れた。この無味乾燥な出来事を性的に違法であると評価するために、わいせつ性の基準が用いられている。しかし、強制わいせつの行為は「6月以上10年以

下の懲役に処せられる」のであるから、その程度に違法な性的行為であってはじめて性的である上に刑法的に「わいせつな行為」であると評価することが望ましい。単なる親愛の情の表現行為をわいせつ性のレンズで見れば、性的であり、すなわちわいせつであった、という結論の先取りは許されない。

　大阪高判 H19・3・28LEX/DB25451664 は、被害者供述の信用性を否定した強制わいせつ未遂の無罪事例であるが、その誤りがどこにあったかを説明しよう。公訴事実によると、被告人は駅構内の女子トイレで、被害者の「両腕を自己の両手でつかむなどの暴行を加えた上、同女の顔に自己の顔を近づけて同女に接吻しようとしたが、同女が抵抗したため、その目的を遂げなかった」。つまり被告人は、第一に暴行を加え、第二にわいせつな行為をしようとした。しかし被告人によれば、そもそも女子トイレに入ったのは「間違って」したことであり、被害者の腕をつかんだのは「よろけて」したことである。つまり第一の暴行を否定する主張である。控訴審は、この被告人供述は「いささか不自然」であり、むしろ被害者供述に分があるとした。つまり被害者が「女子トイレですよ」と声をかけたのに、その男性は出ていく気配がないので、「男の横を通り過ぎてトイレから出ようとしたら、いきなり両手で両腕を強くつかまれた」という事実が認められるとした。しかし第二に、「被告人はあごを前に出して、15ないし20センチメートルの距離まで顔を近づけてきた」という被害者の供述部分は、当時の被告人が「酒臭強い」状態にあったことに「全く気づいていないとする」内容であり信用できないとされた。したがって「被告人の行為が強いて被害者にキスをしようとした行為である」とはいえない。つまり被告人の暴行にわいせつ性は認められない、と。

　では、被告人の行為は何をしようとしたものだったのか、という疑問が浮かぶ。その合理的な代案が示されることもなく、被害者が経験したと述べる出来事が否定されたのでは被害者は納得できないだろう。しかし、刑訴法的には被告人の行為に暴行罪を超える嫌疑を抱くのはもはや理由がない。なぜなら、被告人はキスをするために顔を近づけなかったのだから、わいせつな行為をしようとしたとはいえない。被害者は性犯罪の被害を届け出たが、そのような犯罪事実は認められなかった。この他に問うべきことはない。わいせつ性のレンズで、キスは違法であるか否かを問おうとした結果がこれである。

第3章　性犯罪の類型上の諸問題

　キスの行為（ここでは「あごを前に出して」「顔を近づけてきた」というキスのための行為）が、問われるべき性的な刑法上の行為であるならば、あらゆる機会にわいせつ性の有無の評価を下してよいだろう。しかし、わいせつでないキスはない、あるいはキスは定型的にわいせつである、と考えないのであれば、最初にその行為は、性的である、とみなされるのでなければ、違法であるかを問われないはずである。女子トイレで、見知らぬ男性が暴行を加えて女性にキスをしたならば、それは違法な性的行為であると思われる。それは「見知らぬ男性」の「女性」に対する「女子トイレ」での行為であるから、性的であると意味づけられる。では、女子トイレで見知らぬ男性が女性の体に接触するのは、性的で違法な触る行為であると考えられないだろうか。あるいは、その両腕をいきなり強くつかむのは、性的な暴行であると考えられないだろうか。このように被告人の行為を問う余地が残されているから、顔を接近させなかったとしても、彼は何をしようとしたかを、さらに明らかにしたいと考えるのである。
　女子トイレは男性に対して排他的な空間であるから、女子トイレに立ち入り、出て行こうとしない男性が、出て行こうとする女性の両腕を強くつかむことは「女性に対する暴力」であると考えられる。そしてトイレは人の体の性的器官が露出される場所であるから、それは性的な意味を帯びる。それゆえ被害者は性暴力の被害に遭ったと感じたと思われる。しかし、わいせつ性のレンズにはこの行為の輪郭が映らなかった。「わいせつな行為」と「性暴力」は概念的に異なり、性犯罪の範囲をわいせつ性の基準で縁取ろうとすると、ここでも性暴力の被害が不可視化された。
　もちろん女子トイレに立ち入り、出て行こうとしなかった被告人の行為が、すでにわいせつであると考えるならば、わいせつな行為を用いて暴行をしたので、それはわいせつな暴行である、またはその未遂である、と拡張的に解釈できないことはない。しかし、このようにわいせつな行為が性犯罪の外縁部に散らばり、その範囲を縁取る機能を与えられるのであれば、前述のとおり、まず、その境界にある行為は、必ずしも性的な意味のものではないことに注意を払わねばならない。他人にキスをすることやその体に触れることは、それ自体で性的な行為ではなく、むしろ日常的・慣習的に繰り返されている相互行為である。また、それが性的な目的で行われるときも、相手方にその意味が了解さ

れており、事前の同意があるならば、それは日常的・慣習的な相互行為であり続ける。したがって、これをわいせつであると評価することはできない。つまり、一般的にキスや体に触れる行為がわいせつであるかと問うべきではない。同様に女子トイレに男性が立ち入ったからといって、男女別トイレの正当性を疑うこともできるのであるから、直ちにわいせつであると評価する必要はない。ただし、その行為のなされた場の諸状況を総合的に考慮すれば、わいせつ性の意味、厳密にいいかえれば、性的な不正の意味を肯定できる場合がある。

しかし次に、そのわいせつ性の認められる行為は、どれ程の違法性をもつかを考えねばならない。例えば初対面であるのに、ラテン気質の男性が頬を差し向けて近づいてきたならば、原則として接近を拒めばよいのであり、事前の同意がなかったからわいせつなキスの行為であると考える必要はない。この程度の「法の不知」には寛容であってよい。また、正当な理由もなく女子トイレから出て行かなかった前述の被告人の行為は、たしかに被害者の意思に反していたが、これだけでは軽犯罪法1条23号（のぞき見）や同32号（禁止場所への立ち入り）に相当する程度の行為であるにすぎない。しかし、立ち去ろうとする被害者の両腕をつかむ暴行を加えたので、性犯罪の容疑で訴追されねばならなかったのだろう。

そして第三に、性的な違法性の判断基準がわいせつ性であってよいかを問題にせねばならない。わいせつ性の評価それ自体から、違法性を導くことは、もともとできないのである。例えば性的な盗撮は、わいせつな行為であるといえるが、暴行ではないので、これをわいせつな暴行であるとは解釈できない。しかしそれは窃視よりも重大な被害を与える。被害者が特定される盗撮映像による性的なプライバシー侵害の程度は大きく、暴力的かつ性的に被害者は踏み込まれている。それは性暴力の行為であると考えられる。しかし、そこに強制わいせつの行為を探しても見つからないのである。

6　業務上性暴力

強制わいせつ未遂罪の事例を引いて暴行や接触の行為とわいせつ性の関係を検討した。もう一つの「わいせつな行為」の問題は既遂罪で議論されてきた。

第3章　性犯罪の類型上の諸問題

　それは性的な行為のわいせつ性の有無の判断方法、正確には、わいせつ性のレンズで見れば、その行為は性的に違法であるか、という問題である。

　最判S45・1・29刑集24巻1号1頁は、報復目的で被害者を裸にして写真撮影した被告人の行為について、「犯人の性欲を刺激興奮させまたは満足させるという性的意図のもとに行われること」が必要であり、わいせつな行為にあたらないとした。わいせつとは、判例によれば①性欲を興奮・刺激させ②性的羞恥心を害し③善良な性的道義観念に反するものをいう。被告人は、この三要件のうち①に該当する性的意図をもたなかった。しかし、その後の東京地判S62・9・16判時1294号143頁は、「自らを男性として性的に刺激、興奮させる性的意味を有した行為であることを認識しながら」、被害者の全裸写真を撮影したとしてわいせつな行為を認めた。①の要件が要求するのは、被告人による性欲充足という被告人の性的意図ではなく、性欲充足の効果があるという性的意味の認識を被告人がもつことであるとされた。

　現在の多数説は後者を支持し、性的自由侵害の性的事実またはその意味の認識があるならば、そこに性欲充足に関する性的意味の認識も含まれると考える。つまり強制わいせつ罪では判例のわいせつ三要件を用いず、被害者の意思を問い、その性的自由が侵害されたならば、わいせつな行為があるとする。これは法益侵害説のいわゆる客観的な方法であり、報復目的で裸体を撮影された被害者に性的自由侵害の犯罪結果があることは自明であるとされる。しかし少数説（わいせつ目的説）は、被写体の同意がある場合でも、特に撮影者がわいせつな目的を抱くならば、その性的な撮影はわいせつな行為でありうるとする。なぜなら、それを被写体が望まないだろうといえるからであり、それは報復目的の裸体の撮影が望まれないのと同じであり、結局、客観説の方法は、行為者の性的な加害目的に対する被害者の意思を問うているにすぎないからである。そして少数説によれば、強制わいせつ罪における性的な加害目的（刑法学では超過的内心傾向と呼ばれる）は報復目的を含まない。

　しかし、入浴中の女性に刃物を示して接近し、あるいはベッドの上で下着姿の女性に暴力をふるうのは、その行為のなされた場の諸状況を総合的に考慮するから、性的に違法であると認められた。それは行為者の抱く加害目的を問う主観的な方法ではない。しかし、客観説の方法でもない。被害者は、㈦行為者

の加害目的を了解する前に、(イ)性的な意味の行為が、今、この場で加えられたことを認識し、(ウ)今、この場で私はそれを望まないと意識する。ただし被害者の(イ)の認識と(ウ)の意識がなくても、被害者の代わりに(イ)を認識する観察者は、その場の諸状況から、(ウ)にある価値侵害を把握することができる。したがって被害者または観察者の(イ)の認識が、性犯罪の違法認識の出発点である。

これに対して客観説は、理論的に(イ)の意義を認めない。この点でそれは前述の性的暴行の客観説と同じである。つまり、強制わいせつの行為は性的自由侵害の目的で性的自由を侵害する。犯意があり、犯罪結果がある。犯意によって後者の違法性の評価は原則として左右されない。ただし、行為者の犯意を被害者が知らないとき、被害者の(ウ)の意識はない。それゆえ、被害者の(イ)の認識も要求されない。もちろん行為者が犯意をもって(イ)の行為をしたならば、(ウ)の法益侵害があることは客観的に自明であるとされる。つまり被害者の(イ)の認識がなくても、行為者の犯意があれば、法益侵害がある。こうして客観説では、被害者の不同意が大切にされているようで、実はそうではなく、わいせつ目的説と同様に、行為者に対して(ア)の目的の有無が問われるという点が興味深い。なぜならそれは被害者の(ウ)の意識がないとき、観察者の(イ)の認識も消されてしまうからである。わいせつ性のレンズで見る観察者には(イ)の行為が見えなくなるのである。

東京地立川支判H24・10・12LEX/DB25483394は、その加害目的が争われ、被害者供述の信用性を否定した準強制わいせつの無罪事例であるが、その誤りがどこにあるかを説明しよう。「療術院」を営む被告人は、椎間板ヘルニアの症状のある通院女性Aの性器に指を挿入した。その複数回の行為は「わいせつ目的」ではなく、「正当な療術の施術として」行われており、わいせつな行為に当たらないとされた。この「わいせつ目的」は前述の性的意図であり、少数説は無罪の結論を支持することができる。

他方でAは「正当な施術と誤信して抗拒不能の状態」にあったとされた。正当であるとされて行われた施術をAが正当であると受けとめたのであれば、Aの「誤信」は、法益侵害の客観事実を前提にするのでなければ述べうることではない。つまり判決はAの不同意を全面否定していない。それはAの事後的なふり返りの不同意で示された法益侵害である。なぜなら、そう考えることで、

Aは錯誤に陥ったので従わされたと述べうるからである。Aの錯誤とは、それは意に反しない、という誤信のことである。そうすると、「止めてほしい」と伝えたとするA供述の信用性は、否定して構わないことになる。なぜなら被告人の行為時にAは不同意を意識しないからである。これはAの立場で(イ)が認識されず、(ウ)の価値侵害が、今、そこで把握されなかったという趣旨である。それゆえAは不同意の意思を表明することのできない抗拒不能の状態にあったと捉えられる。もちろん、そのような者に対して「正当である」とみなして施術をした行為者に、性的な犯意があるとすることはできない。しかし、仮に被告人に性的自由侵害の目的があり、Aが欺かれたのであれば、そこに「意思の自由」の侵害がある。つまりAの心理的な抗拒不能に犯罪結果がある。これが客観説の理解する法益侵害である。それゆえ「わいせつ目的」の有無が争われる。

ところが実際には、「H大学医学部附属病院医師I」が、証人として出廷し、「女性の椎間板ヘルニアの患者に対し、膣内に指を挿入して治療したという報告はなく、そのような治療方法はあり得ない」と述べた。また、「J療術師協会理事長G及びF療術師会会長であるK」が、「療術の技法として、椎間板ヘルニアの女性患者の膣内に指を挿入するなどというものはなく、療術師がそのような行為をすることは許されない」と述べた。つまり専門的にも、一般的にも、被告人の行為は性的に違法であるという趣旨である。これが(イ)の行為を認識した実際の観察者の価値判断である。

しかし判決は、「療術は、その性質上、医学的に有効性が証明できないことがらについて、これを補充するものとして受け入れられているという面があることも否定できず、医学的に証明できないことから、直ちに、療術の施術としてあり得ないものとまではいえない」とし、また、そのような療術の技法を教える研修会もあったことを指摘した。そしてA供述の信用性を否定し、Aの不同意の意思表明はなかったとみなした。そうすると被告人はAの同意を得て「正当な療術の施術」をしたのではないか、と疑うことができる。したがって「わいせつ目的」は合理的に立証されず、それはわいせつな行為には当たらない、という結論になる。こうして観察者の立場で見えた性的な行為の違法性、すなわち性暴力の被害が不可視化される。わいせつ性のレンズで見たとき、性的に違法な行為が消え、指が膣内に入る、という客観事実が残った。はたして

椎間板ヘルニアの患者は、療術としてありえない施術であると証明不能であるならば、その性的な行為（その性的な意味）に目をつぶらねばならないのか。

たしかに他人の体の性的部位を扱う医療行為は業務として正当化される。それは性的羞恥心を患者に与える性的な意味のある行為であるが、患者はそれを理解した上で、健康回復等の価値を優先させ、医療行為に同意する。例えば京都地判 H18・12・18LEX/DB28135092 では、臨床検査技師である被告人による女性患者に対する会陰走査（超音波検査）のわいせつ性が問われたが、その医学的な必要性が認められないことはないとされ、検査器具が不必要に操作されたとする被害者供述が否定されて無罪になった。そこでは性的な行為を加えることの医学的な正当性が、患者の同意を条件にして最初に認められている。しかし「療術の施術」は、同様にA供述の信用性が争われたが、被告人の業務行為の正当性が正面から疑われた。なぜなら観察者の立場でそれは性的に違法であると判断できたからである。これを正当であると被告人が特別に誤信した、ということはありえないことではなく、また被告人はそのようにAを誤信させえたかもしれない。しかし、両者の誤信の前に、それは性的な行為であり、違法であるという一般的な了解があった。

しかし判決は、A供述の信用性を否定し、証明不能の「療術の施術」としての正当性を導き、その目的の加害性を否定した。あえてAにおける性的自由侵害を否定しないが、結論は無罪である。これに対して客観説は、被告人には加害目的があり、欺かれたAが心理的に抗拒不能であったから法益侵害があると考える。しかし被告人は加害目的を認めておらず、被告人がAを欺いたとは断定できない。Aの抗拒不能（不同意の表明不能）は、被告人からすれば（Aの同意があったとみなしているので）、客観説の誤信である。それゆえ、これを被告人と争うために、客観説はA供述の信用性を肯定し、Aは「止めてほしい」と伝えたが、加害目的を有する被告人は聞き入れず、それ以上の抗拒は困難であったと主張せざるをえない。このように抗拒不能の意義を具体的に問い直すとき、ようやく被害者の(イ)の認識に言及せざるをえない。しかし、Aにとって性的な行為が加えられたことは違法認識の出発点なのである。客観説がA供述を引いて被告人の加害目的の有無を争わざるをえないのは、(イ)の行為に対する観察者の違法判断を共有できていないから、客観的に違法でも主観的に責任を問えな

いからである。それゆえ客観説のレンズには(イ)の性的な行為が映らない。つまり、わいせつ性のレンズで見る観察者（裁判官）と同じなのである。

　前述のとおり、性犯罪の外縁部で「わいせつな行為」は、それ自体でつねに性的ではない行為（例えば体を触る、キスをする、撮影するなど）を性的に違法であると意味づける機能を有した。これに対し、ここでは、すでに性的な意味をもつが、正当化されている行為（医療行為、身体検査、モデル撮影、身体的介助など）の正当性をいわば阻却して違法であると意味づけうるかが問われている。その正当化の条件は、医療行為でいえば、優越的利益と医学的適正性であり、さらに患者の同意である。これらは、その業務行為の性的な意味を社会的に抑えこむ覆いの役割をはたしている。つまり、それは制度的に正当化されている。[26] しかし、この性的な行為がその覆いをはみ出せば、行為者の性的な目的が露見したとみなされる。そのとき性的な違法行為が現れる。露見したとみなされる性的な目的は、業務行為にかこつけて性的な行為を加える意思である。

　これを業務上性暴力と呼ぶことができる。それは単に人の体を扱うだけの客観的な行為がはじめに正当化され、次に被告人の主観的な「わいせつ目的」（または性的自由侵害の目的）が示されることで、違法な「わいせつな行為」として意味づけられる、というものではない。業務者がする、はじめから性的な意味のある行為は、被害者の一応の同意を得ている。それゆえ業務者は正当な範囲をはみ出して性的に行為するために暴行や脅迫を要しない。つまり被害者はつけ込まれやすい状態に置かれており、はじめから抗拒は困難である。業務者はこれに乗じ、これを認識しながら、あえて正当性を装い、正当な範囲をはみ出す。これは関係的な地位利用の性暴力の一例である。つまり構造性のある性暴力であり、社会的に追認するほかない性的な行為が支配と従属の構造を具現したのである。しかし業務者は性的加害の目的はなかったと述べる用意がある。こうして当事者間の供述が対立する。体のどこがどのように触られたか、といったことが争点になると、犯罪事実の認定は困難である。

　それでも、この「療術の施術」のように、専門的にも、一般的にも、性的な違法行為であると了解できる場合がある。それは膣内に指を挿入すれば椎間板ヘルニアの症状が治まるのだろうかという一般的な疑問を解く専門的な回答が与えられていないからであると思われる。これは被害者が抱く疑問でもある。

というより、その性的な違法行為は、これを受けとめる被害者がはじめに正当ではないと疑問視できなければ、ほとんど顕在化しない。しかし顕在化した被害は、事後的なふり返りによる不同意であったとしても、観察者の立場で認識できる。それゆえ業務上の観点から、その正当性が審査されねばならない。正当性の阻却されないことが、業務行為としてそれが行われる理由である。

したがって業務者は、事前にこのような疑問を抱かせないために、インフォームド・コンセントを得ておくべきである。それは性暴力の構造性を抑え込むための最低限の保障である。つまり、性的な意味のある業務行為は、業務上の遵守事項を明確に示し、行為の適正性の範囲を絞り込んでおくべきである。医学的有効性の証明できない療術の性的な施術ならば、なおさら十分な説明と明確な同意が必要であり、これがなければ正当性は阻却されると考えるべきである。同様に前述の京都地判H18・12・18では、下腹部や背部の痛みがあって受診した患者に対し、その担当医からの事前の指示も、また担当医への事後の報告もなく、検査技師によって会陰走査が実施された。その医療行為は患者の同意を得ていたかが、まず、疑わしい点である。次に、それは性的な意味を覆う適正性の諸要件を充足していたか、という観点から、その正当性が審査されねばならなかった。

さて、客観説は通説であるが、その論理には問題があることが分かった。それは一言でいえば、非構造的な性的自由の理論は性的な行為の不正を見逃すということである。性暴力の行為は原則として正当化されない、という原則論がそこにはないのである。正当業務行為の正当性が阻却されて性暴力の行為になったとき、これを正当化できる理由はどこにもない。では、はじめに正当化されていない性的な行為は、正当化を要するか否か、という問いに対し、それは適正性等を要件として制度的に正当化されるものではない、と答える必要がある。性行為における同意は、業務行為に対する同意とは違うのである。むしろ性の解放後の現代社会で、制度的な正当化（家長の同意等）の縛りを解かれたところに性的な行為の自由がある。それは飲食や睡眠などと比べれば、個人的ではなく、対人的な欲求行為であるが、しかし私的かつ親密に行われることが多く、法的介入は好まれない。それは前述のキスをする、触る等の行為と同様に、相互に性的な意味の了解と承認があり、社会的・文化的に事前の同意があ

ることで、正当化を要しない日常的・慣習的な相互行為として営まれる。例えば現代では恋人間の性行為は、制度的に正当化されるのではなく、恋人同士であることを理由に行われる。それは相利的な相互行為だからである。しかし性的な業務行為は、その暴力性を抑え込まなければ、協力的な関係を築けない。したがって、これらの同意は比較にならない。前者の同意は刑法的な正当化事由ではなく、性行為の相利的な価値が享受されていることを意味する。この価値を侵害すれば、正当化できない。人の奴隷化や人身売買が正当化できないのと同じである。

ところが刑法学の構成要件論は、この二つの同意の違いを次のように説明する。医療行為に対する同意は違法性を阻却するが、性犯罪における被害者の同意は構成要件該当性を否定する、と。つまり、その同意の有無を疑えば、そもそも違法性の推定機能が働かない。「かん淫の罪」の類型は価値的に中立であるとされる。ちなみに、これに対して本章の3の考察が示唆したのは、性暴力の構造性の土台にあるのが「かん淫の罪」の類型であるということであった。

それゆえ、仮にこの刑法理論を前提にして同意の意義、つまり性的な「意思の自由」の価値を強調し、この意味の性的自由を、例えば18歳以上の者に対して制度的に保障すべきであると考えるならば、18歳未満の者に対する性的な行為を法的に禁止し、反対に18歳以上の者に対する性的な行為は、その者の同意によって価値づけられ、正当化される、と考えることができる。その上で例えば16歳以上の者に婚姻を認めるならば、その夫婦間の性行為を例外的に正当化することもできる。心身両面で十分な性的成長があって対人的に性行為をするときに人間は性的に「自由」であると考えるならば、性的な「意思の自由」の権利を刑法的に保護することも一つの方法だろう。このように客観説は考えている。それゆえ、制度的な正当化を要する医療行為に対する患者の同意のように、性的な行為における同意も明確に表明されるべきである、と提案することができる。

しかし、このように考えるとき、反面で、相手方の同意があれば、性的で暴力的な行為といえども簡単に正当化されてしまう。そのため同意の有無が法的に争われ、被害者供述の信用性が争われる。「かん淫の罪」の類型上の問題が、被害者の同意の有無の問題として表面化する。犯罪の成否は、被害者側で

問われる。もちろん被害者には「意思の自由」がある。しかし、その性的な「自由」の価値が何であるかは、まだ十分な説明を聞かされていない。

7　被害者供述の信用性

　本章の3と5で、かん淫の目的を探そうとすればわいせつな行為が見つからず、また、わいせつな行為を探そうとしても、性暴力の行為が見つからないことを述べた。そして6で被害者供述の信用性が争われ、性暴力の行為が正当化されてしまう現実があることを見た。これらは現在の性犯罪(「かん淫の罪」の類型)と性暴力の範囲が異なることを説明したのであるが、次のように述べれば整合的である。性犯罪における被害者の落ち度とは、違法な性的行為の違法阻却事由であり、それゆえ性暴力の行為が性犯罪類型に該当しなくなる、と。

　かん淫の罪は、「違法な目的」を疑えば、単なる暴行や脅迫または犯意なきかん淫の行為が残る。わいせつな行為の罪は、「わいせつ目的」を疑えば、単なる暴行や脅迫、あるいは単なる身体接触、または犯意なきわいせつな行為が残る。性暴力の被害は「ある」が、性犯罪の違法行為は「ない」。それゆえ「落ち度」論は、落ち度を求めて被害者供述を俎上に載せる。

　しかし、と前述の客観説(非構造的な性的暴行の客観説)は述べるだろう。落ち度の有無は、もとより主観的な問題ではない。犯意の有無が落ち度に依存するとしても、落ち度の有無と行為の違法性(性的自由侵害の有無)は別問題である。被害者供述を審査し、もし客観事実と符合しないところがあるのであれば、その信用性は低下する。疑わしい供述に基づいて犯罪事実を合理的に立証することはできない。これは事実認定の一般論である、と。しかし、そうではないのである。性暴力の被害があるのに、被害者供述が真偽の分析の対象になり、違法な性的行為が「ない」とされてきた。その諸事例を検討してみよう。

　名古屋地判H23・11・14LEX/DB25481756は、強かん致傷の公訴事実に対して強制わいせつ致傷の犯罪事実を認めた。被害者(当時66歳)は「レビー小体型認知症に罹患しているため、公判廷に召喚することができず、反対尋問による弾劾ができない」ので、その供述調書は次の限度で「十分な信用性を有する」とみなされた。すなわち「被告人が被害者を押し倒すなどしてパンツ等を脱が

し、陰部を指で触るなどのわいせつな行為に及んだ限りにおいて、客観的証拠や状況と符合する」と。なお、致傷結果は加療約10日間を要する小陰唇裂傷である。被告人が控訴し、被害者の同意があったなどと争ったが、名古屋高判H24・5・14LEX/DB25481755は、被害者供述に虚偽の契機は「およそ見当たらない」として棄却した。かん淫の行為を認定しなかった原審の証拠評価は、「別の理由から被害者供述の信用性がかなり減殺されていることを前提としたもの」であり、その前提も含め、二重に誤りがあった、と。原審の裁判体は、被害者供述には「別の理由」の「不自然さ」があるから、わいせつな行為の限度で事実認定したが、高裁判決によれば、その不自然さを仮に認めるとしても、それは被告人の性行為の内容を左右するものではなく、したがって、かん淫をわいせつな行為に縮小認定する理由にはならない。つまり原審の縮小認定は、裁判体の「落ち度」論の表れたものとはいえないが（認知症に対する認識不足があり）、被害者供述の信用性が争われたことの効果であり、そのため被害者供述の内容の一部（かん淫があったという部分）が減殺された。それはかん淫の罪の認定自体を放棄した格好になっている。それゆえ、高裁判決の立場がそうであるが、被害者供述の信用性を認めた上で、性器間挿入があったと認定されるべきであった、と考えるのは正論であるように見える。しかし原審の裁判体は、かん淫の争点化をともかく回避した。

　次に大阪高判H23・8・31LEX/DB25473560では、被告人は、取引先の社員である被害者Aに対し、「自己が仕事上優位な立場にあることを利用し」「嫌がる同女の両肩を押さえ、その着衣を脱がせ、両手で同女の両足を押し広げるなどの暴行を加えた上、その陰部を舐め、膣及び肛門の中に手指を挿入するなどのわいせつな行為」をして傷害を負わせた。原審の裁判体は、ホテルの一室にAを連れ込み、退出させない監禁罪を認めたが、これが無罪になった。弁護人は控訴趣意で次のように事実誤認を主張していた。A供述には「誇張傾向がみられる」ので、「信用性には多大な疑問がある」。「Aは、被告人とホテルに入り性的な行為をすることについて、乗り気ではなかったとしても、消極的な承諾はしていたと考えるのが相当」である、と。弁護人のいう誇張とは、例えば被害に遭ったAが、職場の上司に「レイプ」された、と伝えたことである。なぜならかん淫はなかったからである。しかし、原審はこう述べていた。「仮

に、Aが『レイプ』と言ったとしても、肛門や膣に指を何度も差し入れられるというような極めて恥辱的で精神的苦痛の著しい性的暴行を、Aが『レイプ』と表現したことをもって、Aが殊更に被害を誇張して訴えたとまではいえない」と。それでも弁護人としては、かん淫とわいせつな行為の混同を問題にせざるをえなかった。前者は類型的に罪の重い挿入行為であり、後者はそれよりも軽い挿入行為である。しかし、そのような理解は、被害者や裁判員のものではなかった。かん淫がないことは特筆すべきことではなく、おそらく、挿入されるならば被害は重いとみなされていた。「かん淫の罪」の類型の犯罪行為の切り分け方が適切ではないから、被害者供述の信用性が疑われ、一切の違法行為がないとする弁護人の主張を支えていた。

　さらに大阪地判Ｈ22・3・25LEX/DB25470374では、被告人は、人通りのない深夜の路上で被害者にカッターナイフを突きつけ、わいせつな行為をした上で、さらに路地に連行して強かんし、そして現金を奪った。弁護人は、被告人に真摯な反省を求め、また被害者にもそれが伝わるような情状弁護の方法を試みた。それゆえ「被害者調書には同意した」。しかし、その上で被害者供述の信用性を疑い、かん淫があったか否かを「徹底的に争った」。公判で被告人は「被害者の膣内に陰茎を挿入しようとしたが出来なかった」と述べた。その理由は、弁護人によれば、「被告人と被害者の位置関係等からして」「挿入行為ができる体勢になかった」からである。被害者の供述調書には、「私には子どもがいるし、セックスの経験もあり、犯人の陰茎が膣内に入ってきた感触を確かに感じたので、陰茎が膣内に入ったことがすぐに分かった。犯人は、一度膣内に陰茎を入れたが」「腰を一度も振ることなく陰茎を抜き、その後、口淫させて口の中に射精した」と記載されていた。裁判体は弁護人の主張を認めず、「陰茎の一部であれば膣内に挿入することは可能であった」と考えた。しかし、もしこうして事実が歪められてしまうのであれば、やるせないことである。「量刑の理由」(懲役7年6月)の中で次のように「犯行の悪質さ」が説明されている。被告人は「被害者が恐怖のあまり抵抗できないのに乗じて、暗くて細い路地に連れて行き、被害者の下半身を裸にさせる、陰茎を口淫させる、被害者の乳房を揉み、陰茎を膣内に挿入する、その後、再度、陰茎を口淫させ、被害者の口の中に射精するなどした上、現金を奪っている」と。

ここでもかん淫を特別視する理由は見いだせない。しかし、仮にそれを「わいせつな挿入行為」であると類型的に捉えるとしても、挿入行為の内容が関心の対象になるかぎり、かん淫の有無が争われる。被害者はカッターナイフを突き付けられ、従わされ、そして口淫が二度、かん淫が一度あり、二度目の口淫で射精があった。このような場合、二度の口淫の間に陰茎が膣内に挿入されたことを明らかにすること、逆にこれを否定することで、被害認識（違法評価）が異なってくるだろうか。「意思の自由」の不同意の数が違うとはいえるだろう。それならば被害者が一つ一つの不同意について、その行為の内容を述べていくことで被害は重くなる。しかし、それは被告人に争う手掛かりを与えるようなものである。なぜなら性犯罪の被害者は虚偽供述をする特別な理由があるとされ、弁護人は「否認の方針をとるかぎり、被害者を徹底的に弾劾しなければならない」と考えられているからである。こうなると性犯罪の弁護活動は、被害者を強く非難するものになり、被害者にとっては耐えがたいものになる。弁護人も良心に苛まれると思われる。

例えば最決H21・4・13LEX/DB25450834は強かん未遂の全面否認事件である。逮捕された10人の少年のうち4人が少年審判で自白を翻したことから逆送され、第一審第三回公判で、供述の矛盾を指摘された被害者が、事件のあった日付を修正した。少年らは新たな犯行日のアリバイ等をあらためて主張したが、認められず有罪になった。弁護人は上告趣意書で被害者が「悪質」であることを強調した。なぜなら被害者は虚偽の犯行日に別の男性と「遅くまで遊んでいてこれを隠蔽するため」、その日に被害に遭ったと親に弁明したのであり、それは「虚偽レイプに典型的な事情」である、と。

しかし、問題はそこにあるのだろうか。被害者は、別の男性のことで、落ち度を指摘されて犯罪事実がないとされているのではないから、別の男性のことは問題ではないはずである。そうではなく、10人の少年の自白調書が一様に犯行期日を間違えていたことは「拙劣な捜査の結果」（第一審）である。同様に被害者に対する事情聴取の中で虚偽のある供述調書が作成されたのであり、なぜそうなるのか、と踏み込まねばならない。その理由は、まず、はじめから信用性の担保される供述録取の専門的な方法が採用されていないからである。次に、痴漢事件に即して次のように指摘されている。性犯罪の被害者供述には「定型

的な理解のパタン」が入り込みやすい。加害者の「悪性」と被害者の「無垢性」を強調するように調書が作成される、と。[31]

　この「無垢性」は、落ち度の裏返しである。例えば東京高判H17・12・5高刑速（平17）号227頁では、強制わいせつの被害者が、原審公判で捜査段階の供述内容が「実際より誇張した虚偽のものであることを告白」した。交際相手の「気を引くため」、被害内容を誇張して伝えたところ、同人から被害申告を勧められて後に引けなくなったが、内心忸怩たる思いを抱いていたという。実際には被害者は、深夜の路上で声をかけられ、立ち塞がった被告人から、「着衣の上から乳房を弄ばれた」ので、これ以上の難を逃れるため電話番号を教えた。これに対して被告人は、被害者をナンパしようと思い、声をかけ、電話番号を聞けたので喜びのあまり、その「背中や腰を軽く2、3回抱擁した」にすぎないと述べた。それなのに被害者はスカートの下に手を入れられ、陰部を触られたなどと「架空の犯罪事実を捏造した」と。

　このように原審で、三つの事実が語られ、いわば中間の事実が認められた。控訴審は、被害者が自己の非を認め、自発的に虚偽を訂正したことから、その内容に更なる虚偽はないと判断した。その事実上の争点は、被告人と被害者が携帯電話の番号を交換した理由をどう説明するかにあった。控訴審は「被害者が被告人に所携の携帯電話の番号を教えた事実は、そうせざるを得ない事情があった」からであり、「被告人から逃れるための方便であったと考えるほかない」と理解した。はじめから交際相手と捜査機関がこう理解してくれる、と被害者が考えることができたならば、つまり「落ち度」論に対する防御の必要がなければ（見知らぬ男性に電話番号を教えたことで責められるおそれがなければ）、事実が誇張されて述べられることはおそらくなかったのである。[32]

　同様に次の大阪地判H14・12・13LEX/DB25420639は、保護者から被害届のあった児童買春の無罪事例であるが、裁判官は被害者供述の信用性を否定して次のように述べた。「不安定な生活状況、満たされない精神状態にあった被害者が、寂しさを埋め合わせるために男性との出会いを求めてテレクラに電話をかけ、そこで知り合い性交渉を持った被告人に対して疑似恋愛感情を抱いて対価のない男女関係を続けた、との弁護人の指摘もそれなりに真実味を帯びて」いる、と。弁護人によれば、当時14歳の被害者にとって「家出期間中にナンパ

されたという弁解は、必然的なもの」であった。なぜなら、被告人の性行為は、被害者からすると、被告人のナンパによるものであり、もともと被害者の望んだことではなかったとふり返ることで、はじめて理解されうる被害として説明されるからである。つまり被害者は、保護者や警察に伝わるように、それを述べた。そこに被害はないとする自己決定論の見解があるが、中学生に対する大人の性行為は、対償の有無を問わず、一種の虐待であるという指摘がある。[33] 弁護人によれば、被害者は被告人との関係を「援助交際だと決めつける刑事に迎合して」「恋愛感情を否定する供述をしていた」。そのため弁護人の尋問に対し、被害者は「しょせんは中学生のガキですよ、やっぱ」と開き直るかのような態度を示した。これは、なかなか認識されない被害を結局は伝えきれなかったという被害者の残念な気持ちを表しているだろう。[34]

このように被害者供述は、その被害の重大さが聞き手に伝わるように、いわば粉飾されることで「定型的な理解のパタン」に収まる。それは迎合的な語りであるといえるが、語らされたものでもある。被害者は落ち度なき女性であると描かれることで違法な性行為の客体になる。つまり性暴力の被害は、被害者から事情を聴取するとき、それを犯罪事実として立証するために、増幅される可能性がある。そこに不正確さが入り込む。これが弁護人にとっては格好の弾劾対象になる。弁護人が被害者供述に矛盾や虚偽を指摘することは、落ち度なき犯罪事実に対する反証になり、違法阻却の合理的な疑いを抱かせる。すなわち供述の虚偽が「落ち度」になる。被告人が「ない」とするものを被害者は「ある」と述べている。仮に被告人の供述にある虚偽が黙過されるならば、徒に両者の供述は対立・矛盾する。それは事件の真相を闇に葬ることである。しかし、それは被害者に「落ち度」があるからであると弁護人が述べる。一般論として虚偽は曝かれるべきである。しかし「かん淫の罪」の類型では、被告人が犯意を否認し、弁護人が犯罪事実を争う。どちらも「かん淫の罪」を「ない」とする「落ち度」論の方法である。弁護人としては「かん淫の罪」を認めるわけにはいかないのであるが、しかし、性暴力の被害をなかったものにするわけにもいかないのである。したがって、このような対立は「かん淫の罪」の類型を改正することで解消されねばならない。では、それは性的暴行の客観説の提案に従うということだろうか。

前橋地高崎支判H15・2・7判時1911号167頁は準強かんの無罪事例である。被害者が交際相手に相談したことから立件された。被告人は、18歳の被害者を助手席に乗車させ、援助交際を持ちかけ、そしてウーロン茶に睡眠薬を混入して飲ませ、車内で性行為をした。被害者によれば力が抜けて被告人を払いのけることができなかったが、被告人によれば被害者の意識は明瞭であり、同意があった。判決は、前者の信用性が低いとして被害者の抗拒不能を認めなかった。しかし、被害者の供述によれば、自宅に戻った被害者は「トイレに行き、被告人に膣内で精子を出されたことが分かり、性交した実感が沸き、性交されたことと中出しされたことにむかついてきた」。この点について被告人は次のように述べた。「自分はパイプカットしている」「精子が出ない」と被害者に嘘を言った。なぜなら被害者が「以前に妊娠したことがあるから心配であるなどと被告人に説明した」からである。「性交後」、「中出ししていないよね」と尋ねられ、「出すわけないじゃん」と答えた、と。判決によれば、このように避妊が話題になっているということは、「意思に反する性交であったことに疑問を抱かせる」。しかし、被害者は「妊娠して後始末で苦労したことがあった」（被害者の公判供述）ので、睡眠薬を飲まされて膣内に射精されたことを問題にしたのだろう。そこにリプロダクティブ・ライツを害する性暴力の被害があると思われるが、被害者供述が「かん淫の罪」を虚偽構成したとされ、この性暴力の被害と行為が潜在化する。性的暴行の客観説は、これまで通りの解釈論（「かん淫の罪」の解釈論）で抗拒不能の意義を考え直すか、あるいは膣内射精の行為に対する「意思の自由」の不同意があると論じることになるだろう。

　同様に最判H23・7・25集刑304号139頁でも、被疑事実は強かんであるが、被告人によれば、それは対価の支払いを条件に女性Aの同意を得て手淫をしてもらい、射精をしたにすぎない。最高裁（多数意見）はA供述の信用性を疑い、無罪であると判断したが、補足意見（須藤正彦）によれば、「Aはその意に反して、かつ何らの対価もなしに被告人から手やコートの袖口に精液を掛けられたものであり、その後始末を余儀なくされた。このことから、Aは強い屈辱感、不快感を味わわされたことは明らかで、この点だけからでも、Aが抱いた被害感情は相当強かった」と考えられるという。しかし、この一節は、A供述に意図的な虚偽がないとすることはできない、と考える理由になりうることとして

述べられた。もちろん被告人がAの意思に反して加えた性行為があったからといって、直ちに強かん罪の犯罪結果があることにはならない。しかし、その性暴力の被害が、まさしく増幅されて犯罪事実を虚偽構成したとされ、そしてAに対する性暴力の行為を認めない理由になるようでは、刑事裁判は、被害者らから信頼されない。

したがって、第一に被害者供述の信用性の判断方法が適切であったかを事案毎に再検討しなければならない。しかし第二に、上述のとおり、それは諸刃の剣であり、弁護人は同じ方法で犯罪事実に疑いを差し挟もうとしている。被害者供述に「落ち度」を求めれば性暴力の被害を潜在化させることができる。それが「かん淫の罪」の類型の問題である。「落ち度」が違法阻却事由になり、性暴力の行為が性犯罪類型に該当しない。

そして第三に、これは解釈論的には、被害者の不同意がないとされることなのだから、性的暴行の客観説は、被害者供述の信用性を確実に担保する方法を採用できるのであればともかく（ただしそれは刑訴法の原則と抵触する方法であってはならない）、これからも、不同意はないとする「落ち度」論と闘い続けなければならない。しかし、不同意の数だけ、その有無を争うという解釈論は、「かん淫の罪」の類型と闘う方法ではあるが、新しい性犯罪類型のための論理ではないのかもしれない。

そこで、先ほどの最高裁の事例で、それでも性暴力の被害があったのであれば、どのような性的に不正な行為が、そこに認められるかを確かめておきたい。「かん淫の罪」を解釈してきた性的自由の論理で、性暴力の被害を認識できるだろうか。Xが対価の支払いを条件にYの同意を得て手淫をしてもらい、射精をしたが、Yはその意思に反して精液をかけられ、Xは逃走した。性的自由の解釈論は、まず、射精の行為がYの意思に反する結果を生じたことを問題にすることができる（故意または過失）。次に、対価の支払いの約束が履行されなかった点を捉え、これを欺罔により抗拒不能にさせたわいせつな行為であると解釈することができる[36]。これらは性的な非挿入の行為類型に該当する。

後者の場合、もし欺罔がなければ、Xが手淫をしてもらって射精をする、あるいはYが手淫をして射精させる、という二人の行為は不正ではない。しかし欺罔があることによって、この互恵的な相互行為が、Yの意思に反する、Xに

よる性的に不正な行為であると捉えられる。これは、一見すると、はじめから対価の支払いの約束がなく、XがYの意思に反して行為する場合と同じである。しかし、実際には対価の支払いの約束があったので、XとYは、二人で行為をしたのであるが、事後の支払いがなかったので、これを約束の時点に遡り、Yの意思に反することが起きたと捉え返している。

そしてXが射精し、Yが精液をかけられたことが、もう一つの不同意であるから、ここには二つの性的に不正な行為があることになる。ただし、なぜそういうことになったのか、その事実は分からない。Yに手淫をしてもらうというのは、XがYの体を利用して射精することであるから、おそらくXが、その行為の途中で、Yの制御できない有形力を行使したため、Yの意思に反して精液がYにかかったのだろう。つまりXの行為は、途中から、暴行を伴い、Yの体に加えられたのだろう。

では、これは抗拒不能に乗じた性的な行為か、暴行を用いた性的な行為か。性的自由侵害の観点からすれば、はじめからAの意思に反する不正な行為があったと捉えれば済むので、Xの暴行を拾い上げる必要がない。もちろん実際には二人の行為が、Xの暴行によって、Yの意思に反するものになったのだから、暴行時までの準強制わいせつと暴行後の強制わいせつの二罪があるように見える。しかし、暴行を受けとめたYの立場で考えれば、そのときYは、まだXの不払いの有無を予見できないのだから、今から暴行を用いる性的な行為がはじまり、そして今までの二人の性的な行為は準強制わいせつの被害になる、とは認識できない。Yにとっての問題は、今、ここで、暴行を伴って性的な行為が加えられることである。たとえ事後に支払いがあったとしても、暴行の用いられたことが見過ごされるならば、Yに対する性暴力の被害が潜在化する。それゆえ暴行を用いたわいせつな行為（精液をかける故意犯の行為）があると論じたほうがよいだろう。

というのも、対価の支払いの約束をして手淫をした二人がいる場合に、不払いを理由にする性犯罪が認められるかは、見解が分かれるところである。わいせつな行為をする自由があり、また、そのような性売買が違法ではないのであれば、それは基本的には性的利益ではなく財産的利益の問題であると思われる。その性的な行為の良し悪しが問われているのではないからである。もちろ

ん、わいせつな行為をする自由の概念は論争的であり、「落ち度」論は、これまで性犯罪の客体である女性に対してその自由を認めてこなかった。そのため、わいせつな行為をする二人の間で行使された暴行や脅迫への注目が阻まれてきた。最高裁の無罪判決の論理は、これをなぞるものであったと思われる。それを打開する論理として、まさしく抗拒不能に乗じる性犯罪の方法が提案されている、ということではある。

　しかし、性的な価値侵害は、実際には、暴行を伴って性的な行為が加えられるときに認められる。対価の不払いではなく、性的な行為における暴力に対する不同意を認めることが重要であると思われる。問題は、これを、Xが暴行を用いて精液をかけたことで、Yの「意思の自由」が侵害された、と捉えるか、あるいは、Xが暴行を用いたことで、二人の性的な行為が、Yに対する性暴力の行為になり、Yが性的に従わされた、と捉えるかである。前者に対して、再び「落ち度」論が、その程度のことは、手淫の約束の中に織り込まれている、つまりYの同意があるとみなすだろう。性的暴行の客観説からすれば、どの程度の性的自由の侵害も一つの不同意であるにすぎないので、この反論は当たらないともいえる。しかし、その程度のこと、という認識に欠けているのは、性暴力の構造性の理論である。そしてこの点で性的暴行の客観説と「落ち度」論は同じであり、いずれにせよ、実は性的自由の価値が軽視されているのである。

1) 森川恭剛「米軍犯罪と裁判員裁判」琉球大学編『普遍への牽引力』沖縄タイムス社、2012年、176頁以下、山本英政『米兵犯罪と日米密約』明石書店、2015年、164頁以下。
2) 沖縄タイムス2012年7月22日（法務省の検察統計年報をもとにした共同通信の指摘）、中川孝博「事実認定」法律時報84巻9号、2012年、37頁。
3) これらに対し、新潟地判H24・5・24LEX/DB25481761では、「殴ったり凶器を用いたりせずに、各被害者の乳房を直接あるいは着衣の上から短時間だけ触るといった犯行態様」の3件の強制わいせつ致傷の犯罪事実について、被告人の動機は「自らの低身長を若い女性に何度も中傷されたなどと感じて抱え込んだ強い劣等感と、その弱みを見せまいとする葛藤が招いた日常生活上のストレスが、若い女性の胸を触りたいという性欲という形をとってあらわれたもの」であると説明されている。
4) 性犯罪捜査研究会編『性犯罪被害者対応ハンドブック（再訂版）』立花書房、2008年、60頁。事件当日に警察署で被害を届け出た被害者の一人も「事実と嘘がめちゃくちゃだった。聞いて助けてほしい気持ちと知られたくない話したくない思い出したくない気持ちが交じり、中途半端な証言になってしまっていた。…自分にさえ、夢だと言い聞か

せていたのだから」と記している（小林美佳『性犯罪にあうということ』朝日新聞社、2008年、31頁）。
5） 平井佐和子「性暴力犯罪と裁判員裁判」西南学院大学法学論叢42巻3・4号、2010年、241頁。
6） 田中嘉寿子『性犯罪・児童虐待捜査ハンドブック』立花書房、2014年、45頁、164頁以下。
7） 角田由紀子『性の法律学』有斐閣、1991年、164頁以下、第二東京弁護士会司法改革推進二弁本部ジェンダー部会司法におけるジェンダー問題諮問会議編『司法におけるジェンダー・バイアス（改訂版）』明石書店、2009年、123頁以下。
8） 弁護人は1953年の「密約」に言及し、次の主張を行っていた。「法務省刑事局が各高等検察庁及び地方検察庁の長に宛てた通達によれば、合衆国軍隊の構成員、軍属又は合衆国の軍法に服するそれらの家族の犯した犯罪については、日本側において諸般の事情を勘案し実質的に重要であると認める事件についてのみ第一次裁判権を有するのが適当である、一般の標準に従い起訴猶予の処分を相当とするような事案、その他諸般の事情を考慮し、実質的にみて、日本側において起訴を必要とする程度に重要であるとは認められない事案は重要でないとみて差し支えないとされており、この通達による限り、本件は不起訴とすべき事案であるから、本件起訴は検察官の著しい裁量権の逸脱がある」。
9） 平山真理「ジェンダーと裁判員制度」ジェンダー法学会編『講座ジェンダーと法　第3巻』日本加除出版、2012年、111頁以下。ただし6人の裁判員の性別がすべて男性であることは問題視されている（113頁以下、同「裁判員裁判と性犯罪」立命館法学327・328号、2009年、677頁以下）。量刑分布について日本弁護士連合会裁判員本部編『裁判員裁判の量刑』現代人文社、2012年、440頁以下、前述の女性に対する暴力に関する専門調査会報告書（2012）資料10のうち第17回裁判員制度の運用等に関する有識者懇談会配付資料4。
10） 「私が加害者に何をされたのか」を裁判員が知ることは、「加害者が増えてしまう」ことだとされる（小林美佳『性犯罪とたたかうということ』朝日新聞社、2010年、66頁）。なお、現在の裁判員制度は憲法違反のデパートであると指摘されている（小幡清剛『コモンズとしての裁判員裁判』萌書房、2013年、183頁以下）。しかし、制度改革は必要であるが、裁判員が裁判官の権力行使を監視する必要もある（関良徳「裁判員制度は廃止すべきか？」瀧川裕英編『問いかける法哲学』法律文化社、2016年、186頁以下）。これに対して制度導入前に沖縄総領事ケビン・メアは裁判員の反米感情に懸念を表明し、裁判官による制御の必要性を指摘していた（Hiroshi Fukurai, "Okinawa's Citizen Judge Panels vs. U.S. Military Hegemony: WikiLeaks' Secret U.S. Cable Document on the Lay Adjudication of American Soldier Criminal Cases in Japan's Saiban-in Trials", *International Journal of Okinawan Studies*, 4(2), 2013, pp.13-30.）。
11） 宮地尚子「性暴力とPTSD」ジュリスト1237号、2003年、156頁以下、同編『性的支配と歴史』大月書店、2008年、17頁以下、NPO法人レジリエンス編集・発行『つながる話す　ともに歩む』2012年、48頁以下。
12） 小林・前掲『性犯罪被害とたたかうということ』86頁以下。内閣府男女共同参画局による「男女間における暴力に関する調査報告書」（2012年）でも、異性から無理やりに性交された被害（女性）の67.9％が、誰にも打ち明けられていない（52頁）。

第 3 章　性犯罪の類型上の諸問題

13)　司法研修所編『裁判員裁判における量刑評議の在り方について』法曹会、2012年、9頁。
14)　金沢地判H24・7・27LEX/DB25482412では、バス停留所建物前において、バスを待っていた被告人が、一方的に好意を抱いていた被害女性と2人きりになったことから、「強いて同女を姦淫しようと企て、同女に対し、その背後から抱き付いて同建物出入口まで引きずり」「叫び声を上げていた同女の口を塞いで、同女の右頬をコンクリート床面に接着させ、さらに、同女のスカートをまくり上げ、パンツを太もも付近まで引き下げるなどの暴行」を加えたが、「同女の叫び声を聞いて駆け付けた同女の妹に発見されたため」目的を遂げなかった（強かん未遂致傷罪、懲役3年保護観察付執行猶予5年）。被告人は「中度精神遅滞による心神耗弱の状態」で犯行に及んだとされ、犯意は争点になっていない。もし自白調書が犯意認定の根拠であれば、調書作成過程を問うべきだった。
15)　青木孝之『刑事司法改革と裁判員裁判』日本評論社、2013年、330頁以下。
16)　前者の神戸地姫路支判H24・10・22では、自転車で通行中の被害者に車を接触させた被告人が、飲酒運転の発覚を恐れ、被害者を自車に乗せて病院に連れて行こうとした、というのが被告人の説明であるから、これを認めるのであれば、性暴力の行為があったと認定することは難しいと思われる。
17)　国連経済社会局女性の地位向上部『女性に対する暴力に関する立法ハンドブック』ヒューマンライツ・ナウ訳、信山社、2011年、37頁以下（英語のテキストはhttp://www.un.org/womenwatch/daw/vaw/v-handbook.htm）。性暴力は性的暴行とセクシュアル・ハラスメントに分けられているが、性的暴行について「レイプとわいせつな (indecent) 暴行を包括的な性的暴行に置き換え、被害の程度に応じて段階づける」ことを提案し、性器挿入 (penetration) の立証を不要とすべきであるとする。犯罪の段階づけとは、武器使用や致傷結果等を加重要件とするという趣旨である。仏・独・英・米等の諸外国の立法例について法務総合研究所・研究部報告38「諸外国における性犯罪の実情と対策に関する研究」2008年、刑事比較法研究グループ「特集・性犯罪規定の比較法的研究」刑事法ジャーナル45号2105頁4頁以下（後者でカナダも紹介されている）。深町晋也「オーストリア刑法における性犯罪規定」立教法務研究9巻、2016年、17頁以下。
18)　Maria Los, "The struggle to redefine rape in the early 1980s", in Julian V. Roberts and Renate M. Mohr, eds., *Confronting Sexual Assault: A Decade of Legal and Social Change*, University of Toronto Press, 1994, pp. 26-30.
19)　暴行とは「(a)他人の同意なく、その者に対し、直接的または間接的に、意図的に有形力 (force) を行使する」こと、「(b)自己の目的を遂げさせる現在の能力を有し、またはその能力を有すると他人をして合理的に信じさせる者が、行為または姿勢 (gesture) によって、他人に力を行使しようと試み、またはそうすると脅迫する」こと、「(c)武器またはその模造品を公然と装着または携帯し、他人に声をかけ (accost) もしくは妨害行為をし (impede)、または何かしらの要求をする (beg)」ことをいい（カナダ刑法265条1項）、性的暴行罪の「暴行」も同義である（同条2項）。また、次の理由で告訴人 (complainant) が服従しまたは抵抗しないとき、同意がないとされる。「(ア)告訴人またはその他の者に対して力が行使されるとき(イ)告訴人またはその他の者に対して脅迫または力の行使の恐れがあるとき(ウ)欺罔 (fraud) があるとき(エ)権力の行使 (exercise of authority) があると

き」(同条3項)。ただし同意に関する被告人の誤信について次のように規定されている。「被告人が、公訴事実の主題である当該行動に対する告訴人の同意があると誤信したと主張するとき、裁判官は、十分な証拠があり、陪審員からみて、その証拠が抗弁になるならば、被告人の誤信の誠実さ (honesty) を左右する要素に関するあらゆる証拠に鑑み、その誤信の合理的理由の有無を判断するように、陪審員に説示するものとする」(同条4項)。

20) 1992年の追加条項によれば「同意」とは「当該性的振舞い (sexual activity) に従事するという告訴人の自発的な合意 (voluntary agreement)」を意味し (カナダ刑法273.1条1項)、次の場合に同意がないとされる。「(ア)告訴人ではない者の言葉または行動 (words and conduct) で合意が表明されるとき(イ)告訴人が当該振舞いに同意不能である (incapable) とき(ウ)被告人が委託 (trust) または権力 (power or authority) の地位を濫用し、当該振舞いに従事するように、告訴人に勧める (induce) とき(エ)告訴人が、言葉または行動で、当該振舞いに従事する合意のないことを表明するとき(オ)性的振舞いに従事することに同意した告訴人が、言葉または行動で、当該振舞いを続ける合意のないことを表明するとき」(同条2項)。以上は非制限的な列挙である (同条3項)。また、同意に関する被告人の誤信は、次の場合に抗弁にならない。「(ア)被告人の誤信が、自己の①自招による薬物使用によるとき、または②過失 (recklessness) もしくは意図的な軽視 (willful blindness) によるとき(イ)被告人が、告訴人の同意を確認する (ascertain) ために、その当時に自己の知りえた状況の範囲で、合理的な段階 (reasonable steps) を踏まなかったとき」(273.2条)。

21) Julian V. Roberts and Michelle G. Grossman, "Changing definitions of sexual assault: an analysis of police statistics", in Roberts and Mohr, eds., *op. cit.*, pp. 63-8. 例えば1990年の警察統計では性的暴行の96%が基本類型に分類される。近年も同様の傾向を示しており、2009年の警察統計では性犯罪の91%が性的暴行の基本類型にあたり、加重二類型にあたるのは3%以下である (Maire Sinh, ed., *Measuring Violence Against Women: Statistical Trends*, Statistical Canada Catalogue no. 85-002-X, 2013, p. 29.)。

22) 1983年の法改正までの経緯について紙谷雅子「『強姦』から『性的暴行』へ(1)(2)」学習院大学法学部研究年報30号、1995年、75頁以下、学習院大学法学会雑誌32巻1号、1996年、69頁以下。

23) Jennifer Temkin, *Rape and the Legal Process, Second ed.*, Oxford University Press, 2002, pp. 162, 178.

24) カナダ刑法265条3項(ウ)の欺罔と性的同意の関係が特に困難視されている (Christine Boyle, "The judicial construction of sexual assault offences", in Roberts and Mohr, eds., *op. cit.*, pp. 143-6.)。

25) 同様に性的搾取罪は、16歳以上18歳未満の者と障がい者に対し、その監護者等が前二条の行為をすることを禁止する (カナダ刑法153条、153.1条1項、後者は1998年追加)。

26) 社会学では「巧妙な装置」の制度化が認められると論じられている。それは患者をして服従させるという非対称化の関係性の権力作用である。そこでは「巧妙」で不当な「身体規則」がノルムになっている (岡原正幸「コンフリクトへの自由」安積純子、他『生の

技法（第3版）』生活書院、2012年、199頁以下）。しかし、規範的（法的）な議論は、医療行為が制度的に正当化される条件を模索してきた。医師と患者は対等ではないので、対等な関係に近づけて医療行為を認める必要があるからである。

27) 弁護人は被害者供述が「大げさ」であり、捜査が「ひどいものだった」と報告している（山本了宣「目撃者は実はいなかった」季刊刑事弁護69号、2012年、5頁以下）。

28) 小橋るり「性犯罪事件の情状弁護」法学セミナー672号、2010年、134頁以下、同「性犯罪事件における情状弁護」自由と正義62巻3号、2011年、58頁以下。

29) 後藤貞人「性犯罪における情状弁護」季刊刑事弁護35号、2003年、84頁。

30) 指宿信「性犯罪における手続的問題点」季刊刑事弁護35号、2003年、50頁。他の6人の共犯者のうち1人も保護処分終了後にその取消しを申立てたが棄却された（最決H23・12・19刑集65巻9号1661頁）。

31) 浜田寿美男「痴漢事件の被害者供述をどう読むか」秋山賢三、他編『痴漢冤罪の弁護』現代人文社、2004年、70頁以下。

32) 被害者が交際相手や夫、または親に性犯罪の被害に遭ったと伝えたことで被害申告に至ったが、その被害内容に誇張があったとされ、その結果、被害者供述の信用性が否定され、被告人が無罪になった近年の裁判例として横浜地判H24・9・27LEX/DB25482901、東京地判H21・10・8LEX/DB25463736、前橋地判H20・1・17LEX/DB28145252、東京地判H15・6・26LEX/DB28085771、大津地判H15・1・17LEX/DB25420642等がある。また、虚偽告訴罪の成立例として仙台高判H16・1・29LEX/DB28091127がある。他方で宇都宮地判H24・7・3LEX/DB25482295では、被害者は、テレクラで知り合ったばかりの被告人と「話だけするつもりでホテルに行った」と述べた。しかし裁判員裁判は、両手首をひもで後ろ手に縛ることについて「黙示的な同意があった」としながらも、被告人は、被害者が「それを解くように求めても応じなかったばかりか、これに逆上し」、さらに「その両手首、上半身、両足首などをガムテープで縛り付けるとともに、その顔面等を両手拳で約10回殴打するなどの暴行」を加えて性器挿入し、傷害を負わせたと認定した。

33) 宗岡嗣郎、清水純「誤解される『自己決定権』」論座48号、1999年、75頁。なお「淫行」処罰条例に関する最判S60・10・23刑集39巻6号413頁の反対意見（谷口正孝）によれば、16歳未満の「年少少年」対する性交または性交類似行為は違法である。

34) 秋田真志「少女供述の信用性」季刊刑事弁護35号、2003年、72頁以下。「買春、麻薬、ないし非行に抵抗した子どもの生活に共通の指標は、大人による無条件の受容にしか過ぎなかった」と報告されている（ロジャー・J・R・レヴェスク『子どもの性的虐待と国際人権』萩原重夫訳、明石書店、2001年、134頁）。

35) 「無謀な最高裁判決」であると批判的に検討されている（杉田聡編『逃げられない性犯罪被害者』青弓社、2013年）。

36) 川本哲郎「準強姦罪における『抗拒不能』について」井田良、他編『川端博先生古稀記念論文集（下巻）』成文堂、2014年、63頁以下。

第4章　被害者の不同意

1　暴行または脅迫

　日本では強かんとは、かん淫を強いることであった。かん淫の語を用いなければ、それは不同意の性交を強いることである。議論が分かれたのは、その違法性の実質が「強いること」と「不同意」のどちらにあるかである。国連立法ハンドブックは、このどちらかを広く解釈する方法を勧めていた（つまり「強制状況」を広く定義するか、または「一義的で自発的な同意」がなければ犯罪であるとする）。それゆえ「有形力の行使（force）」や「暴力（violence）」が性犯罪の成立要件であってはならない、と。これは性犯罪の数ある手段の行為の中で暴行と脅迫がその十分な条件であってはならないという意味である。日本の強かん罪では「強いること」が狭く解釈されてきたので、それは「不同意」を徴表する程度で足りると解釈するのは合理的であったと思われる。

　これに対して序論では「強いること」は従わせることであり、被害者の性的従属にその犯罪結果があると述べた。また、「不同意」は被害者の不同意の行為があること、またはないことであり、それは性行為の相利性の侵害を意味すると把握した。では、この意味の性暴力における暴力性は、従来の暴行または脅迫の要件とどこが違うのだろうか。これを次の三点から説明したい。第一に、性暴力の手段の行為としての暴行または脅迫の意義、第二に、被害者が従わされて行為するとき、不同意の行為があるならばともかく、これがない（または再現できない）場合に不同意を徴表する暴行または脅迫を認める必要はないこと、第三に、性暴力の未遂犯の判断基準と暴行または脅迫の関係である。前章で三点目に関連して論じたのは、わいせつではない暴行が用いられた場合に強かん未遂罪は認められないとしても、しかし性暴力の行為の着手を認めうる場合があることである。

一点目から述べる。強盗は、暴行または脅迫を手段として財物を奪う。強かんの行為も暴行または脅迫の手段と性器間挿入の二つからなる。両者の比較は、暴行または脅迫を手段として、被害者の意思を抑圧し、被害者をして従属の行為をさせる、すなわち強盗では財物を手放す作為・不作為の行為をさせ（強盗罪は交付罪ではなく盗取罪であるが、被害者は知らぬ間に財物を奪われるのではない）、また強かんでは性的に従わせて意のままに行為させる、と理解するならば有意義である。ここでの暴力性は、被害者を従わせる手段の行為にある（手段の暴力性）。同様に性暴力の被害者も従わされる。性暴力にも、この暴力性がある。

ただし、強かんにおける「行為させる」を「児童に淫行をさせる」（児童福祉法34条1項6号）のように、強いられた被害者が性的に行為すると理解できるかは一つの問題であるといわねばならない（最決H10・11・2刑集52巻8号505頁では被告人の面前で児童が器具を用いて自慰行為をしている）。例えば児童買春・児童ポルノ禁止法では、児童買春の性的な行為態様が①性交・性交類似行為または②児童の性器等を触ること、もしくは③児童に自己の性器等を触らせることであるとされ、これらを児童に対する「性交等」と呼んでいる。③では児童が行為者（被告人）の性器等を触る（つまり性的に行為する）が、その犯罪行為の主体はもちろん被告人であり、侵害客体は「児童の権利」である。児童福祉法上の性犯罪でも同様であると思われる。これらでは被告人は暴行等を用いないが、性的に行為する被害者が行為客体である。しかし、強かんでは、被告人が暴行等を用いるので、従わされる被害者は、被告人の性器間挿入の行為の客体であり、その暴行等がなければ、そのかん淫は二人の行為である。強盗では、被害者は暴行または脅迫の行為客体であり、それゆえ、従わされる被害者は財物を手放す行為をするが、強かんでは、被害者は淫らなことをするのでなければ、何をさせられるのか。これが理解されていなかった。つまり刑法的には分からない。基本的に強盗は、その財物を行為客体として、これを強取する財産犯であるから、被害者の行為選択の是非は問われない。交付罪である恐喝でもそうである。しかし、強かんでは性的客体は単なる「もの」ではなく動く体である。被害者は淫らなことをやめ、そして「もの」になることはできないのである。したがって行為客体の行為選択の是非が問われ、性犯罪は恐喝相当の行為類型を

欠いているのに、被告人の暴行または脅迫は、かなり強力でなければならないと解されてきた[1]。すなわち、淫らなことをするのでなければ、抗拒の行為をせよ、と暗に命令されてきた。

　これに対して性暴力の被害者は従わされて性的に行為するが、相利的に性行為をしない。この意味で行為客体である。ここから二点目に入るが、そして性暴力の行為を加えて被害者を従わせるために、行為者は暴行や脅迫を必ずしも要しない。したがって性暴力の暴力性とは、手段の暴力性そのものではない。同様に18歳未満の者に対する淫行は、暴行と脅迫を要しない性犯罪であるが、「単に自己の性的欲望を満足させるための対象として扱っているとしか認められないような」行為は、性暴力であると思われる。このような場合の行為客体は、必ずしも強制されていないが、その性的な「自由」は、侵害されると考えてきた。それゆえ従来から、暴行または脅迫を用いないが、「強いる」罪に準ずる性犯罪を認めてきた。準強かん罪や準強制わいせつ罪がそれである。そうすると、手段の暴力性とは、被害者の意思を抑圧し、従わせて行為させるところに認められるが、そのことに性的な意味を認める必要はない、ということになる。つまり、性的な価値の侵害という観点からは、性犯罪に正・準を区別する理由がないのである。

　性的に暴力的であるとは、性的な意味で行為することでなければならないが、暴行または脅迫の手段を用いるから暴力的なのではない、ということになる。準強かんを含む広義の強かんでは、再び財産罪と比較するならば、強盗と恐喝だけでなく、昏酔強盗や詐欺に相当する行為が、総じて暴力的であるとみなされるだろう。それだけ性犯罪は被害者の意思の自由／不自由、つまり「不同意」に敏感である。なぜなら被害者は財物を手放したか否かではなく、自己の体との関係を問題にせねばならない。その体には性的機能があり、性的な意味を生々しく帯びるが、必ずしも自律的にそれを制御できない。そのような性的身体を客体にする他者の行為に対して私の「意思の自由」は、同意／不同意の選択の自由をもつ。しかし性犯罪の行為は、この自由を侵害するのであり、そこに暴力性がある（「不同意」の選択を奪う不同意の暴力性）。

　しかし「強いること」の観点からすれば、やはり暴行または脅迫を用いる強かんが真正であり、準強かんは不真正である。「不同意」の観点から正・準を

第 4 章　被害者の不同意

逆転し、強かんは暴行または脅迫を用いるので準性的暴行罪であるとするわけにはいかない。性犯罪を性的に暴力的な行為として類型化するとき、単純に手段の暴力性の意義を稀薄し、性的な意味では不要であるとするわけにはいかないのである。強かん罪の実行の着手時期が争われた事例を検討し、手段と不同意の暴力性の関係を考えてみよう。

　被告人らは通行人の女性をダンプカーの運転席に引きずり込み負傷させ、そこから数キロメートル離れた場所まで車を走行させ、そして性器間挿入をした。被害者を車内に引きずり込む行為において、強かんの手段としての暴行を認めうるかが争点であり、最高裁はこれを肯定した。つまり被告人は強かんの行為に着手して被害者を負傷させたので、強かん致傷罪である（最判S45・7・28刑集24巻7号585頁）。その理由は、被告人らが性器間挿入の目的をもって被害者を車内に引きずり込んでおり、その「段階においてすでに強姦に至る客観的な危険性が明らかに認められる」からである。しかし上告趣意は、引きずり込む行為は強かん罪の犯意を欠いて行われたから、傷害罪の暴行であるにすぎず、犯罪事実は傷害罪と強かん罪の二つに分割されると説いた。実行の着手時期に関する客観的危険説は、この併合罪説を支持するだろう。なぜなら暴行と性器間挿入の二つの行為は、場所的に離れたところで行われたので、前者の行為時に被害者が強かんをされる客観的危険性は、行為者主観を考慮しなければ認められないといえるからである。つまり議論の対立点は、被告人らの行為の目的性を考慮した上で、犯罪結果の「客観的な危険性」を判断する方法の是非である。一般的には犯罪の実行の着手時期は、犯罪結果の可能性の有無やその程度を基準にして判断されている。

　それゆえ行為論としては、行為の目的性と切り離して行為の結果の客観的危険性を判断することはできないというべきである。故意犯は、その目的を必然的に現実化して犯罪結果を生じさせる。それゆえ犯罪の行為と結果は因果的に結合するのであり、また、犯罪結果の危険性に基づいて未遂犯を認める理由がある（過失の未遂罪は認められない）。しかし、これは未遂論として、犯意が表明されれば、犯罪の実行の着手が認められるということではない。犯意を表明する行為が、どのようにして犯罪結果の可能性を高めたかを問わねばならない。2)最高裁にはこの問題意識がない。被告人らの犯意は、一方が他方のそれを「察

知し」「意思を相通じ」、二人で協力して被害者を引きずり込む行為をしたときに「ある」と認められた。現在の裁判員裁判であれば、間違いなく「察知」されたのかが問題になる事案である。前述のとおり、この暴行時に性的な意味の行為を認めえないのであれば、場所移動後にかん淫があったとはいえ、その暴行は、性犯罪から外れるのである。そして、仮にその暴行時にわいせつ目的が認められるならば、現行法上、同目的の拐取罪 (刑法225条) を適用できるのである。したがって、性器間挿入の目的が間違いなくあったかは厳密に認定されねばならなかった。

また、先例では、強かん罪の犯意をもって原動機付自転車の荷台に被害者を同乗させ、約1キロメートルを走行させた事案で監禁罪が成立している (最決S38・4・18刑集17巻3号248頁)。それゆえ、ダンプカーの車内に被害者を引きずり込み、負傷させ、そして数キロメートルの場所移動をした被告人らの行為に監禁致傷罪を認めてもよかった。問題は、被告人らが場所移動をした理由であり、また、移動中に被害者に対して何が行われたかである。しかし、この事実が認定されていない。

最高裁判例解説 (大久保太郎・昭和45年度245頁以下) は、監禁罪と強かん致傷罪の観念的競合であると指摘する。監禁致傷罪と強かん罪ではない。手段の暴力性の観点から、監禁開始の暴行時に、強かんの行為が始まっていると認めたのである。それならば、どのように被害者は車内で従わされ、どのように行為したかを認定せねばならなかった。しかし、暴行を加えられた被害者が、抗拒の行為をしないのであれば、何をしているかは関心がない。つまり刑法的に「分からない」。これは被害者がその体に被る被害を認識しようとする者の姿勢ではない。同様に、不同意の暴力性の観点から、監禁開始時の暴行により身体を拘束されたこと、これが被害者の性的身体に関する「意思の自由」の選択を奪ったかを問わねばならない。判例解説の指摘は、性犯罪と監禁罪の観念的競合を示唆した点では有意義である。つまり、相手方に対して性器間挿入をするためには、その体を拘束し、その場所で静止させねばならない。この身体拘束のための暴行または脅迫は、被害者からすれば、不同意の行為の選択を断たれる効果を有するから、性器間挿入と分離して併合罪とすることはできない。

もちろん、その観念的競合の条件は、性的な行為の目的である。しかし、前

第 4 章　被害者の不同意

章で述べたとおり、その目的は、はじめから特定されているとはかぎらない。相手方を緩やかに拘束することは、同意のある性行為をするための手段にもなりうる。反対に、性器間挿入の明確な目的をもって被害者をタクシー内に連れ込んだとしても、運転手の手前、そこで性器間挿入をすることができない場合もある。[3] したがって、被害者が拘束されたとき、直ちに性暴力の行為が始まっていたとみなすことが性急であるとされる場合があることを認めなければならない。強かんの行為であればなおさらである。しかしながら、複数人で他人を車内に引きずり込むような暴行は、別の目的が排他的に（性的目的を除外して）表明されるのでなければ、徒に他人を狭い車内に拘束するのはいかにも不合理であり、性暴力の行為の入口にあると了解できる行為態様である。被害者は性的な被害をおそれて怯えることになると思われる。それは性的な意味で従わされることである。

　つまり、性暴力における暴行や脅迫は、被害者の体の動きを制約し、従わせて行為させるために用いられる。暴力的に特に挿入行為をするためには、ほとんどその体を静止させねばならない。他人の身体を拘束する間に、その時間的な幅をもって性的な行為が加えられる。そのために用いられる暴行や脅迫は、その行為と相補的である。この意味の手段の暴力性は、性的な行為と密接一体である。したがって、まず、性暴力の行為の実行の着手は、性的な意味の了解できない暴行等において認めることはできず、また、性的な動機で暴行や脅迫をしたからといって、直ちに着手ありとすることもできない（例えば大学教員が出席日数の足りない学生に「今夜の食事に付き合うことに応じなければ単位認定しない」と強要することはハラスメントである）。先行する手段の行為が、その後に具体的に行われた性的な行為と時間的・場所的に離れているような場合は、行為の性的な目的を必然的に現実化しようとする、被告人の行為の従わせる力が、従わされる力として被害者に及び続けた、ということでなければ、その因果系列は可能性と偶然性に開かれていたのであり、二つの行為を切り離して責任を問うことができる。

　しかし、次に前述の二点目であるが、暴行または脅迫が用いられない場合も性犯罪は暴力的である。性的な行為と密接相補的な手段の行為の暴力性に加えて、被害者が不同意の選択を奪われ、従わされること、そのことが暴力的であ

る。ここから性暴力における暴行と脅迫は、被害者の体を拘束し、意思を抑圧し、その体の動きを止めさせる（つまり従わされる）程度の強制力の行使で足りると解することができる。もちろん、それならば暴行または脅迫を用いる性犯罪類型をあえて設ける必要はないようにも思われる。基本的にはそうである。しかし、さらにここから強制わいせつ罪で触るわいせつな暴行を認めたように、強かん罪で性器間挿入をもって暴行であると解釈することにはならない。それは、あくまでも「不同意」を徴表する暴行を認めようとする解釈論である。

　その上で、前述の一点目に戻るが、手段の暴力性にはもう一つの、それ固有の意義があることを認めなければならない。被害者の抗拒を著しく困難にするような強力な暴行または脅迫が用いられたならば、被害者は性的な価値侵害の被害を受けているだけではなく、その身体と「意思の自由」を大きく侵害される。暴行による致傷結果がある場合には致傷罪として刑が加重されるが、著しく畏怖させる脅迫が加えられるような場合もあるだろう。一般的には、被害者が強く抗拒すれば、これを抑え込む暴行や脅迫の程度が強まるが、しかし抗拒の程度と性的な価値侵害の軽重は正比例しないと考えられるのである。したがって財産罪で窃盗・恐喝に対して重い強盗があるように、性犯罪で暴行または脅迫の違法性を特に評価する重い罪を設けることが考えられる。その暴行または脅迫は、抗拒を著しく困難にする程度を要すると解することができる。つまり、第一に、基本類型の性暴力で、被害者の身動きの自由を封じるために暴行等の手段の行為が用いられる。第二に、人の抗拒を著しく困難する暴行または脅迫を用いる性暴力の行為は、より重い性暴力の罪に該当する。

　なお、強かん罪の暴行または脅迫の程度に関する考え方は、準強かん罪の「抗拒不能」の意義を左右してきたので付言する。例えば横浜地判H22・7・15LEX/DB25463784では、被告人の車の後部座席で酩酊状態にある被害者Aに対する性行為があった。彼らは同窓会（飲み会）で午前7時半頃まで飲酒等をしており、被告人は居酒屋前の路上に座り込み、眠ってしまったAを歩かせて駐車場に停車中の自車まで連れて行き、後部座席に乗せた後、その場に居合わせた友人らから牛丼屋に行こうと誘われたため10メートルほど一緒に歩いたが、「性交したい」と考えて引き返し、後部座席に乗り込んだ。そのときAは、小さな声で「嫌だ」「やめて」などと何度か言っているが、それ以上に「抵

抗しようとしたが」「思うように声を出すことも体を動かすこともできなかった」。しかし弁護人が「徹底的に」被害者供述の信用性を争い、この後半部分のA供述が信用できない、つまりAが抗拒不能の状態にあったことは認定できないとされた。被告人は無罪である。

判決によれば、Aは「飲酒と眠気の影響により、通常の状態に比して判断能力が一定程度低下した状態であったと認められる。被告人がそのような状態に乗じて性交に及んだことからしても、A子が被告人との性交に積極的に同意していたとは考えられない」。しかし、強かん罪の暴行または脅迫の程度に準じる抗拒不能の状態は認められなかった。しかも判決によれば、Aの抗拒不能を認識していたとする被告人の「捜査段階の自白調書の内容は、真意とかけ離れたものが録取されたもの」と考えるほかないのである。たしかに被告人は、Aの抗拒の困難に乗じて性行為を加えるために、従来の意義の暴行または脅迫を用いてAを車内に引き込む必要はなかったし、また車内で抗拒を抑え込むような暴行または脅迫の手段を用いる必要もなかったのである。それゆえ、上述の重い性暴力の罪には該当しないといえる（これを立証するために「真意とかけ離れた」自白をさせる必要もなかった）。しかしながら、それは被告人がAを従わせ、そしてAが従わされたことを否定するものではないのであり、性暴力の暴力性がないことにはならないのである。

2　同意／不同意の性的自由

性犯罪における暴行または脅迫は二階級に分けられることを述べた。しかし、この手段における暴力性は性犯罪における暴力性と同じではなかった。つまり性犯罪の違法性の実質は、不同意の暴力性にあるか、または従わせ／従わされる支配と従属の暴力性にある。前者によれば、加えられる性行為に対して被害者の「意思の自由」が不同意を選択できなかったことに性的被害がある。後者によれば、被害者が性的に従わされて行為するところに被害がある。被害者の抗拒がある場合には両者の違いは目立たない。暴行や脅迫によってそれが制圧されたならば、結果的に被害者は不同意を選択できなかったのであり、また、従わされたのである。被告人の暴行と脅迫は、不同意を徴表する強制力で

あり、また、従わせる手段の行為である。しかし、被告人の行為から目を転じ、その犯罪結果、つまり抗拒を制圧された被害者がどうなったかを認識しようとするとき、両者の違いが現れる。

　児童買春の前述の③の「触らせる」行為の客体（児童）は「触らせられる」のであって、この客体が「触る」行為の主体であるとは刑法的に把握されていない。児童は「触る」ことでもっぱら被害を受ける。児童はその行為の性的な価値を享受する主体ではないということである。児童はあくまでも「触らせられる」客体なのである。しかし、やはり児童が触るのであり、また、例えば不本意でさせられる口淫と不本意でする口淫は、別の出来事を指すこととして区別できる。男性が女性の膣に対して「させられる」口淫は「する」ものになるだろう。「させられる」は「進んでする」を意味しないが、不本意で「する」ことではありえる。不同意の暴力性の観点からは、不本意である点で区別する意義がないとはいえ、不本意に「させられる」ことの客体性と「する」ことの主体性は、有意な違いであると思われる。支配と従属の暴力性の観点からは、被害者が「従わされて」「する」ところに屈辱の被害があるといえる。そして、この行為には不作為が含まれるから、性暴力の被害者は、単に従わされる場合（意識不明の状態など）を除けば、むしろ従わされる行為を選択している。被害者が従わされて「する」こと、それは被害者の「意思の自由」によって選択された行為である。つまり被害者は消極的に同意させられている。そのように行為せざるをえないところに性暴力の被害の一つの特徴がある。

　しかし不同意の暴力性の観点からは、このような理解は間違っている。被害者は不本意に自己の体を動かし、あるいは静止させざるをえないという意味で、不同意の振る舞いをするというほかないが、違法性の実質は「不同意」にあり、「する」ことに同意しているわけではない。一般的にも同意のある性行為とは、その本人が性的な価値を享受する行為をすることを意味する。これが積極的な同意である。しかし、これに対して消極的な同意なるものがあり、それは消極的に性的な価値を享受することなのではない。まさしくこの消極的同意の概念を否定するために、性犯罪の違法性の実質は「不同意」にあるとされてきたと思われる。

　しかし、そうすると、その不同意がないこと、つまり同意は、刑法学の被害

者の同意論の考える違法阻却、すなわち個人の性的自由（sexual freedom）という利益の処分、いいかえれば性的自由の放棄を意味する、とは理解できなくなる。つまり刑法上の法益は、同意のある性行為の価値（その積極的な同意の価値）ではない（これを放棄して同意のある性行為をする意義が不明になるからである）。では、同意論はどのような意味の「性」に価値を置くのかを問わねばならない。

　不同意の暴力性の考え方では、前述のとおり、性犯罪の法益としての性的自由は、意に反する性的な行為が加えられることを拒否するという意味の消極的自由、あるいは性的な行為を選択しないという意味の不作為の自由である。これは逮捕監禁罪におけるそれ、つまり身体移動する作為に価値を見いだすような、積極的自由ではない。そして、このように二つの意味の自由を並べてみると、被害者の身動きを制する暴行または脅迫と性的な行為の密接相補的な性犯罪の行為は、実は身体的な積極的自由と性的な消極的自由を混然と侵害するものであるということが分かる。前者を奪えば後者が奪われたと推認できるし、また後者が奪われた結果の原因は前者を奪うことにあった。ここに手段の暴力性と不同意の暴力性という二つの異なる見解が、性的自由の解釈論において併用される理由がある。これらは同じ同意論の土俵にある。

　もちろん、消極的な性的自由が侵害されているならば、その反面で、誰といつどこでどのような性的な行為をするか、という肯定的な意味での自由も侵害されている。それゆえ性犯罪における性的自由とは、性的自己決定の自由であり、さらに性的自己決定権は人格的利益（autonomy）であるとも考えられている。しかし、法廷で争われてきたのは、他人の性的な行為に対する同意の有無であり、例えば同意がなければ強かんであり、同意があれば和かんである。前者であれば自己決定がなく（つまり不同意の選択の自由が奪われ）、後者であれば自己決定があった（つまり同意の選択の自由を行使した）。つまり、刑法学における性的自由は性的な行為に対する「意思の自由」の同意／不同意の選択権であり、強かん罪に即していえば、その挿入行為を認めるか否かの許諾権をいうことになる。加えられる性的な行為は様々であるが、行為客体の側で侵害の有無の問われる対象、つまり同意論の関心の対象は、それ自体で性的ではない「意思の自由」の働きである。

　さて、その許諾権とは、住居侵入罪の法益であるとされているものであり、

住居権者の自己決定の権利をいう。ただし平穏説と新住居権説の対立があり、平穏説は住居の平穏が害されることをもって住居への「侵入」であるとし、新住居権説は許諾権に反する住居への立入りがそれであるとする。後者が現在の通説であるが、しかし、常識的には財産権と性的自由を同列に扱うのが不当であるように、住居内に他人が立ち入ることに対する意思決定と、他人の性的挿入に対する意思決定を、それぞれ住居と身体内部（または人格性）への侵入として類比的に考察する方法は適当でない。前者では侵入行為に対して私が外に出ることを選択できるが、後者ではその肯定的な自由が奪われている。つまり後者は「意思の自由」の選択の問題である前に身体的な、より感覚的な問題であり、身体的に受容できないがゆえに「意思の自由」も害される、ということであると考えられる。また、許諾の有無は判断基準として明確でもない。というのは、それは不退去罪では退去要求として言語や動作により相手方に「了知」されねばならないが、相手方としては、発せられた言葉（例えば「出ていきなさい」）の意味ではなく、その言葉が発せられた状況や動作等を総合的に察知し、退出要求の行為があった、とその言語行為の意味を了解できなければ、その言葉に託された居住者の意思を了知できないからである。つまり許諾の有無は、居住者の顔色などを含め、その場が平穏であるか否かで判断される[6]。

　そして、この不退去罪との対比は、性犯罪で被害者の抗拒があった場合に相当するという点で興味深い。性犯罪では、住居の不退去（不作為）に当たる行為が違法であるとは判断されてこなかった。例えば装着されていたコンドームが外れているにもかかわらず性行為が続けられるような場合の被害者の不同意は刑法的に尊重されてきたとはいえない。被害者が不同意の意思を表明したとしても、結果的に性行為が継続されてしまえば、その受忍が選択されている、つまり消極的な同意があるとみなされ、違法であるとは考えられてこなかった。被害者の同意論は住居の利益ほどには性的利益を保護できていない。これが現実であると思われる。なぜなら、そのようなとき、性的身体と「意思の自由」の関係は混乱しており、住居と「意思の自由」の関係よりも当の本人にとって、それが複雑であるからである。身体的には受容できないが「意思の自由」は不同意を明確に表明できず、あるいは逆に「意思の自由」は不同意を選択したいが身体的には受容可能であるかもしれない。このとき、本当は「意思の自

由」の同意がなかったと被害者の述べる被害を適切に認識する方法は、許諾の有無であるかが、問われていることである。むしろ相手方の行為態様の変化を具体的に指摘し、被害者にとって「私の平穏」が害されたかをみるという、より総合的な判断方法が好ましいのではないか。また、そうでなければ被害者の心は読めなかったと弁解する被告人の誤信を防止できないのではないか。

　それゆえ、前述のとおり、性的自己決定の自由とは「意思の自由」の性的な選択権であるよりも、むしろ憲法13条の「個人の尊重」の価値、あるいは「人間の尊厳」のような、より根源的な価値を指すと考えられるようになってきた。捜査機関の被害者対応ハンドブックには「性犯罪は、個人の性的自由だけでなく、人間としての人格と尊厳を踏みにじる」とあり、また、国連立法ハンドブックにも性的暴行は「身体的統合性と性的自律性（bodily integrity and sexual autonomy）」を侵害すると定義されている[7]。これは刑法学において「生命」「身体」に次ぐとされる「自由」の法益よりも価値の高いものを指している。それは「意思の自由」の許諾の有無に依存する価値ではない[8]。

　刑法上の法益としての「自由」は、脅迫・強要の罪の侵害客体として、基本的に行為選択の自由（「意思の自由」）を意味する。その法定刑は器物損壊罪にほぼ相当するが、建造物損壊罪や窃盗罪よりも軽い。しかも、それは逮捕監禁罪において、身体の場所移動をする能力のない嬰児等を保護客体から外すような概念である。つまり嬰児も場所移動の利益を享受する主体であるが（さもなければ生育可能性が制約される）、嬰児にとってその価値は基本的に「自由」の名では保障されないと解釈されている。このような「自由」が性犯罪の侵害客体であるとする理解は、刑法学の外側では一般的ではないと思われる。

　おそらく刑法学は性的自由の概念の深い意味をよく理解しないまま、個人に対する性犯罪を「自由」に対する罪に分類したのである。これを近代法における自由や自律性の価値の刑法学における冷遇の一例とみれば、それはそれで興味深い法哲学的なテーマであると思われるが、ここでは性的自由が「自由」の名の下で刑法的に過小評価されてきたことを問題にしている。それは近代自然法論においても不可譲の自然権であったはずのものであり、また、より伝統的な自然法論でいえば各人に帰属する権利（jus）であり、現代においてそれは、「性的権利」「性的人権」と呼ぶことができる価値であり、この意味の「性」は「自

由」から区別されねばならない法益である。ただし、リベラリズムの見解では、これが再び究極的には自由にためにある価値であるとされる。

　しかし、性犯罪の法益が「意思の自由」の同意／不同意の選択権ではなく、性的人権であり、前者よりも高次元の価値であるならば、再びそれは個人が任意に放棄できるような価値ではない。それは、同意殺人罪において生命の価値がそうであるように、被害者の同意論でその処分を説明することのできるものではない。個人の意のままにならない点に、かえって尊さのある価値である。

　では、この価値と「不同意」の関係はどうなるのか。性暴力の行為は個人の性的身体に対して加えられる。この性的身体と「意思の自由」の関係は、前述のとおり、人を困惑させることがある。しかし、同意のある性行為の相に照らせば、何が不正なそれであるかが見えてくる。あるいは尊厳のある性行為の相に照らされて性犯罪の行為が明らかになる。他方で、これを「自由」の有無として説明しようとすると、それは被害者が挿入行為を許諾するか否かの問題であるとされてしまった。

　では、それは尊厳の有無の問題だろうか。しかし尊厳なるものは、任意に処分できないものであるが、同時に性的人権を侵害されることでなくなるものでもなく、被害者はそのまま尊厳のある人である。尊厳は傷つけられるが、それは「意思の自由」が不同意を選択したということではなく、また身体の傷害のように目で認識できることでもない。それはともかく被害者の不同意であると考えるとしても、もはや「意思の自由」の同意／不同意が問題なのではないから、それは「意思の自由」の同意（許諾）と、コインの表裏の関係にあるようなことではない。つまり被害者の同意と被害者の不同意は、Aと非Aの関係にあるのではない。被害者の不同意はもっと実践的な（政治的な）概念である。

3　ポリティカルな被害者の不同意

　夫婦間レイプについて、婚姻関係が実質的に破綻している場合に強かん罪が成立するとされる（広島高松江支判S62・6・18高刑集40巻1号71頁）。学説では、婚姻関係は「個別の性行為についての妻の同意義務（逆にいえば、夫の妻に対する性交権）を当然に基礎付けるものではない」とされ、理論的に夫婦間レイプの成

立範囲がより拡げられている。なぜなら「夫婦間の性行為も一回ごとの相互の具体的な同意によって行われるべきであるし、妻が夫を告訴するような夫婦関係では刑法の介入による弊害もない」からである。東京高判H19・9・26判タ1268号345頁がこれを次のように敷衍している。「いかなる男女関係においても、性行為を暴行脅迫により強制できるものではなく、そのことは、女性の自己決定権を保護するという観点からも重要である。いわゆるDVの実態がある場合には強姦罪の成立も視野に入れなければならない。もっとも、こう解すると、通常の婚姻関係が維持されているなかで、例えば、偶々妻が気が乗らないという理由だけで性行為を拒否したときにも、夫に刑が重い強姦罪が成立することになり、刑法の謙抑性の観点から問題があるという批判もあり得ようが、そのような場合に、そのことが妻から訴えられるということも考えにくく、あくまで理論的な問題にとどまるともいえる」と。

　つまり、被告人は婚姻関係が実質的に破綻しているときに強かんの行為をしたので妻が告訴し、そして強かん罪が認められた。これを逆さにすると、妻が夫を強かん罪で訴えたのだから、実質的に婚姻関係は破綻していた。つまり夫のかん淫に対して妻の不同意があるならば、婚姻関係は維持できない。被害者の不同意が実践的な（政治的な）概念であるというのはこの意味である。被害者である妻は、どのようなときに夫を訴えるか、その判断をすることができる。それは一回ごとの性行為に対する同意／不同意の選択ではなく、むしろ婚姻関係を解消するか否かの大きな判断である。DVと夫婦間レイプの関連を認めるとき、被害者の不同意は個別の性行為に対してあるのではなく、夫婦間の人間関係を全体的に左右する抗拒の意思表明である。

　『人形の家』（イプセン）で、いつも優しく小鳥のように可愛がられた妻が、夫に対する義務ではなく、自己に対する義務を優先させ、また、夫と同じ一人の人間になるために、荷物をまとめて家を出る。仮にそれまでの性行為は、妻の義務として応じていたのであれば、個別の性行為について一回ごとに同意／不同意を選択すべきであった、と考えるのは一つの反省の方法である。それが近代リベラリズムの結論である。理論的には、夫に対する義務のために不同意を選択できなかったことがあるのであれば、その性行為については性犯罪が成立する。

　これに対して2014年に日本でも大ヒットしたディズニー映画『アナと雪の女

王』の終盤で、クリストフから「キスしたい気分だ」と伝えられたアナは「いいわよ」と応諾している。それからキスをしている。この同意のあることが重要である。ただし、いつまでもこのように二人でキスをすべきであるかは恋人間の問題である。日常的・慣習的に暗黙のルールに従い、その意味で一回ごとではない事前の同意の下に、二人がキスをすることは構わないと思われる。気が乗らないときは、一方の働きかけに対して他方が「やめて」といえばよい。これは性行為全般についていえることであり、「やめて」といえば性行為が加えられること、または続けられることを不可能にできるのであれば、つまり一方が他方の不同意のサインに応じることができれば、「一回ごとの相互の具体的な同意」を条件として性行為がはじめられたのではなかったとしても、その明確な同意のない性的な働きかけが、犯罪行為（未遂犯または既遂犯）になることはないだろう。

　性的に親密ではない関係における性行為と性的に親密な関係におけるそれは、その一回の行為のもつ意味に違いがある。一人一人の個人と個人が出会うとき、または対立するとき、相互の同意を条件にして法的に関係をつくるところまではリベラリズムの論理の対象範囲である。しかし、人形の家におけるヘルメルとノラの性行為の正／不正を審査する基準が、一回ごとのノラの同意の有無であるのは、性行為における二人の利害の対立を前提にする場合であるから、半ば結論が先取りされている。しかし、妻の義務ではなく自己の義務に従う、つまり個人として自立し、そして同じ一人の人間になるために、ノラは家を出る。そうであればノラの不同意を基準にするもう一つの判断方法は、二人が同じ人間としての関係をつくりえていなかったのは、性行為を含めてのことなのかどうかである。

　同様に、親密ではない関係における性暴力と親密な関係におけるDVとしてのそれは、意味が同じではないが、しかし、たしかに同じ被害者の不同意という基準で、不正の判断をする。後者では不同意の意思が長らく抑圧されているのであるから、一回ごとの同意／不同意の意思表明の意義が軽視されるべきではない、というのは間違っていない。しかし、前述の東京高判からの引用文を読み返してみると、「通常の婚姻関係が維持されているなかで、例えば、偶々妻が気が乗らないという理由だけで性行為を拒否したとき」には、「妻から訴

えられるということも考えにくく」、強かん罪は成立しないだろう、と書いてある。これはDVが認められない場合の話である。つまり刑法177条の暴行または脅迫は用いられなかったが、「偶々妻が気が乗らない」場合に、性犯罪が成立しないという趣旨である。なぜなら妻が訴えないからであるという。しかし、この考え方には問題があると思う。なぜなら妻の身動きを制する程度の暴行や脅迫を夫が加えているかもしれないからである。これは顕在化していないDVがある状況、あるいは同じ一人の人間同士としての夫婦関係がうまくつくられていない状況である。この問題に対して東京高判は、一回ごとの同意／不同意の選択の意義を強調することは理論的にはともかく、実践的ではないと述べたのである。

　DV防止法が配偶者間の暴力をDVとして禁止し、夫による性犯罪の行為が性的なDVであると捉えられるようになり、刑法学の関心も個別の傷害や強かんの行為よりも、DVに対する刑事介入の方法に向けられるようになった。基本的には親密な関係における暴力は、当事者支援の観点から、親密圏の価値を侵害する行為として法的に問題すべきであると考えられる。[10]この意味で前述の東京高判の考え方は理解できる。しかし、離婚後に被害者が傷害罪や強かん罪で告訴することはできるし、また、一回ごとの同意の必要性を論じても、それだけでは配偶者間等の親密な関係における性暴力がDVとして顕在化することにはならないのである（実践的ではない）。それゆえ、理論的にも、被害者の不同意の意義を再考せねばならない。

　性暴力の連続体の理論は、女性の経験において「同意のあるレイプ」があるとしても、その両側にそれぞれ強かんの被害と同意のある性行為の経験に連なる諸経験があり、性暴力に対する「女性の不同意」の基準点が、その一本の連続線上で位置を移動させることができるとした。性的自由とはフェミニズムの概念に他ならないという理解である。この理論によって、親密な関係における性暴力の被害者が、過去をふり返り、あのときに不同意があったと気づくとき、実はその過去において同意していたのではないと理解することができるようになった。これは親密な関係の中で性暴力が顕在化しにくいこと、なぜならそのとき被害者はその関係的な価値の中にあり、それを優先させているため、性的人権の侵害を認識できていないかもしれないが、しかし、やがてそれは

「女性の不同意」に照らされて被害として認識されることを意味する。児童虐待としての性暴力でも、このような被害者のふり返りが必要になる。ここからDVや児童虐待の違法性を周知させ、「女性の不同意」の位置を実践的に（政治的に）動かして性暴力の被害の潜在化を防止することが必要であるとされる。[11]

　しかし同意のある性行為と性暴力は、一本の線上にあるのではなく、あくまでも二本の線として区別されねばならないとする見解がある。両者が連続しているならば、私（被害者）の経験はそのどこに位置するだろうか。一方で「女性の不同意」が実践的に（政治的に）性暴力の範囲を拡げようとするが、他方で性暴力の行為者は被害者の不同意の基準点を逆方向にずらそうとしている。そのせめぎ合いの中で被害者には混乱が起きてしまうという。したがって被害者自身がその感情を整理しなければならない。一方に「心地よさ・愛情・好意・親密さ・安心感、安全感・信頼感」をおき、他方に「恐怖・無力感・混乱・搾取された感覚・『自分』という感覚の喪失、自尊心の低下、罪悪感、恥、自責」をおき、その経験が後者の「性暴力の線」のほうに分類されたとき、「加害者が何と言おうと」、それは前者の「健全な性行為の線」にスライドしない。[12]

　このように「女性の不同意」に支えられた被害者の不同意が、性暴力の被害を顕在化させる。性犯罪は、加えられた性的行為に対して被害者の不同意が認められたときには成立せねばならない。ただし、被害者による経験の振り分けの判断は、犯罪行為時になされるとはかぎらない。むしろそれはふり返りの不同意である。つまり行為者からすると、行為時に不同意が表明されていないのであり、あるいは事前に同意が表明されたのである。しかし、それは被害の有無を左右しない。したがって性暴力の行為の事前の経過は、被害者の不同意の契機を探すために顧みるのであり、その逆（同意の契機を探すため）ではない。違法判断の方法は、どのように親密な関係が変容し、その中で性行為がどのように行われ、繰り返されたかを具体的に、丁寧に認定することになるだろう。

　それでも性暴力の行為者は関係の変容をよく理解できないで行為に及んだ。親密な被害者に対して性行為をすることが許される、それは私の気分を害したあなたに対する報いであり正しい、などとどこかで考えているのかもしれない。行為者なりの不同意の基準点があり、それは被害者と親密であればそれだけ被害者を深く傷つけるところに設定される。しかし被害者は、暴力的になっ

図10 不同意の基準点／ふりかえりの不同意

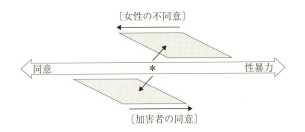

ている関係の外に出ようとするとき、不同意の意思をもつことができる（図10）。

このふり返りの不同意は、被害者の不同意の意思の表明であり、性的人権侵害の顕在化である。ふり返りの不同意は、強いていえば生命の価値侵害における心停止または脳死の判定に相当し、被害者の不同意はその医学的な死の概念（客観事実の記述）であり、性的人権侵害は生命侵害、つまり違法性の内容である。このうち行為者は、不同意の表明がなく、被害者の不同意のあることが理解できなかったと述べる。しかし、問われねばならないのは、行為の違法性の認識の有無、つまりその行為の意味（価値侵害）を理解できていたかである。

4 不同意の行為

被害者の不同意に対し、被告人としては同意があったと認識したのであれば、犯罪の故意がなく性犯罪は成立しない、と論じられてきた。同意の誤信には被害者の年齢に関する錯誤が含まれる。日本では13歳未満の者に対する性的な行為は禁止されており、その「13歳」は同意年齢であり、13歳未満の者は性的な行為の意味に関する判断能力を備えていないので、その「意思の自由」の選択の内容を問うことなく、不同意が法的に擬制される。したがって、誤信による故意の阻却の抗弁は、被告人としては性的な行為をしていることの認識があるが、これに対する被害者の法的に有効な同意があると思い込んでいた、という場合になされる主張である。

前述のとおり、日本の強かん罪では和かんであるか否かが争われ、被害者の

不同意は暴行または脅迫に対する一定程度以上の抗拒の行為によって表明されねばならないと解釈されてきたので、同意の誤信の主張はそれほど多く見られない。しかし、ここでの論点は、被害者の不同意があるのに、被告人が同意ありと違法阻却を主張することは、もはや抗弁にならないことである。なぜなら、それは被告人において、被害者の不同意の基準点がずれていたということであり、これは勝れて被告人の側の事情であり、被告人の思い込みである。つまり、同意があったという主張と、あると誤信したという主張は区別されない。例えば法定年齢未満の者の「意思の自由」の同意があり、法的に有効な同意がある（13歳以上である）と誤信した場合、被害者のふり返りの不同意があることを理論上の前提にするならば、はじめから被告人は、その年少者を見て、有効な同意を推認するなどということをしてはならなかったのである。つまり、同意できる年齢が擬制されることで、一般的に同意の推認（同意が「あった」にせよ、「あると思った」にせよ）という、被害者からすれば容認できない被告人の主張が可能になっている。そこに問題がある。

　事実の錯誤（故意の阻却）は、行為者が法益侵害を否定していたときに認められる。つまり被告人が、相手方に対して前述の「恐怖・無力感」等々の感情を事後的にも喚起するような行為は一切していない、と誤信したのも仕方がない、という事実のあったことが示されねばならない。それは性的人権侵害がなかったと主張することであるから、「意思の自由」の同意があって、また、ふり返りの不同意なるものがあるとは思っていなかったにせよ、それだけでは足りない。それだけでは同意のある性行為があったことにはならないのである。

　年齢の錯誤による責任阻却を簡単に認めるわけにはいかないのも、性的人権侵害の事実が認められるからである。刑法が「13歳」の年齢を明記するのは、性的な行為の相手方が年少者であると知覚したならば、行為者はその年齢に注意を払うべきであるという趣旨である。なぜなら年少者に対する性的な行為が性的人権を侵害するという事実上の前提があるからである。この意味の犯罪事実のあることが理論上の前提になるとき、相手方が13歳未満の者であることを認識せず、漫然と「意思の自由」の同意という偶然にゆだねて行為したことについて例外的に過失責任を問うことが可能になる。つまり、この意味の「13歳」は実践的な（政治的な）被害者の不同意の年齢であるというほかない。

第4章　被害者の不同意

　しかし、不同意の暴力性の観点から、一回ごとの同意／不同意の選択の意義を強調するとき、他人と性的に行為をする者の行為規範として、相手方の意思の確認をすることが求められる。そして、この確認を怠るか、相手方の意思を読み間違うとき、または13歳未満の者が十分な判断能力を備えていたとき、同意があると思った、またはあったと主張して故意責任を否定する被告人に対し、過失責任を問うべきであると論じる者がいる。たしかに、性的な価値について十分に理解する年少者の同意がある例外的な場合につねに性的人権侵害があるとはいえない。それは行為者が、ふり返りの不同意はなく、性的人権侵害はない、と断言できないのと同じである。しかし、その同意能力の個別審査は事実上困難であり、また、性的プライバーの観点からもそのような法的介入は好ましくないと思われる。それゆえ刑法は「13歳」の年齢を明示し、13歳未満の者であることの認識があるならば、事実上の個人の能力の有無・程度を問わず、また、性的人権侵害の事実の立証を要さず、形式的に故意犯を認める。この点で異論はでない。そうであれば、法律的には同意能力があるとされる13歳以上の者の不同意がある場合に、性的人権侵害の認識の有無を問うことなく、同意があると思ったと主張する被告人に対し、過失責任を問うのは合理的だろうか。

　性犯罪の過失犯は、被害者の不同意のある被告人の行為が、被告人にとっては同意を得たものである、という二重基準を是正しようとする方法である。過失責任が認められるとき、二重基準の誤りが示される。被告人は二重基準（「女性の不同意」よりも同意の範囲を広げる被告人なりの不同意の基準点）に従って性的に行為するので不同意を見逃したが、それは危険な行為なのであり、被害者の不同意を回避するためには二重基準に拠らないで、相手方の意思を確認してから性的に行為すべきである。この注意義務が性的な行為者に課されている。しかし被告人は不注意に行為した。被害者の同意／不同意ではなく、この被告人の危険な行為こそが審理の対象である。こうして男性の性的な行為が私的領域から引き出され、刑事司法が二重基準を裁く。それは被害者の「落ち度」論に対する「被告人の落ち度」論である。しかし、これは被告人の個人的なことを政治的な土俵に上げることなのか、それとも政治的なことを被告人の軽率さや鈍感さに閉じ込めてしまうことなのか。それは法廷に二重基準を持ち込むことに

はならないだろうか。

　被告人が被害者の不同意を認識していなかったと述べるとき、被告人としては罪の意識もなく、ただの性行為をしているだけであると勘違いをしていたのかもしれない。しかし、被害者にとって、被告人の勘違いがあるか否かは、実に意味のない違いである。被害者は性的人権を侵害されている。被告人は性的に違法な行為をしており、これに対して被害者の不同意がある。被害者にとって、被告人は故意犯であれ、過失犯であれ、性犯罪の行為者である。理論的な関心から性犯罪の故意行為と過失行為を区別しても、被害者からすれば被告人の行為とその結果に変わるところはない。一般的に故意行為と過失行為は、結果は同じであるが、行為の意味が違う。例えば故意の傷害と過失致傷では人の傷害の結果は変わらないが、行為の意味が違う。

　交通事故を起こして人を負傷させたとき、運転者はもちろん被害者からしても、不注意な運転行為が犯罪結果の原因である。過失犯の犯罪結果は、行為者にとって目的的に偶然であるから、被告人としては、犯罪結果を目的としないで別の目的をもって何らかの行為をしていたはずである。それが運転行為である。このことを被害者も理解しており、運転者に犯意があるとは考えない。それは不注意な運転行為でしかない。危険運転でさえ、暴行罪や傷害罪の故意行為であるとはみなされない。

　これに対して性犯罪では、行為者としては、同意の範囲を広げているから、被害者の不同意を目的としているとはいえないが、では、何の行為をしていたかと問えば、それは行為者なりの性行為である。それはいわば脳死を人の死とは認めないというような理屈である。しかし、性犯罪ではふり返りの不同意によって行為時の法益侵害が顕在化する。それが犯罪結果である。その原因は行為者なりの性行為であり、それ以外ではない。したがって被告人が性行為をして被害者の不同意がよく見えなかったと述べるとき、それだけでは犯罪結果を目的としていなかった、ということにはならない。

　なぜなら、と強調しなければならないが、被害者からすれば、それは犯罪結果を生じさせる可能性のある性行為であり、そのように行為を意味づけているのは被告人にほかならないからである。仮にこれを過失行為であると理解するのであれば、性行為とは相手方の同意の確認を条件にして許される、そもそも

第4章　被害者の不同意

危険な行為であり、故意の性犯罪は度を超して危険な行為（相手方の抗拒を著しく困難にする程度の暴行等を用いる場合）であると考えねばならない。たしかに性行為で不同意の二重基準が衝突しうる、という意味の危険がある。それは例えば恋愛をすれば失恋をして傷つく、あるいは人を信頼すれば裏切られて傷つく危険がある、ということとは違う。性行為の危険とは、赤信号の意味を理解しないで運転するような者がいるということである。しかし、性行為が恋愛の入口付近にあるとみれば、不同意の二重基準の危険に近づいたのは恋愛をしようとしたからである。つまり、これらの危険は事実上重なるので、被告人は被害者の言動のほうに同意を誤信させる理由があったと考え、また、被害者もその誤解を招きかねない振る舞いをしたかもしれないと自責の念に苛まれる。

　こうして性犯罪の過失責任論は、被害者の行為に特別な意味をもたせてしまう。これが被害者にとって、大きな意味の違いを生んでしまう。被告人が、被告人なりの性行為をし、被害者が性的人権を侵害された。被告人からすれば、その彼なりの性行為の理由は、被害者の行為にあり、そこに被害者の過ちがあった。理論的には彼の性行為の危険が現実化する理由は彼の不注意にあるが、彼に注意義務が課されるのは、一般的に被害者が過つ（危険に近づく）と考えられるからである。

　しかし、そうではない。被告人なりの性行為が性的人権を侵害した。被告人としては、彼なりの不同意の基準点をもっているので、同意を当て込んで行為している。つまり被告人は、被害者の体が私の手の届く範囲にあるのは偶然ではなく、被害者の同意があるからであり、それならば、さらにその身動きを制して性行為をすることができると踏んでいる。彼なりの性行為の危険は、この思い込みにある。なぜなら、そのために不同意が見えなくなるからである。

　被告人は、被害者が不同意の意思を表明していない、その意味が読み取れなかった、その意味はその場に表れていなかったと述べるが、これに対して被害者は単に従わされただけでなく、不同意の意思の表れる行為を選択したと考えられる。被害者が不同意のある行為をしたか、同意のある行為をしたか、これは被害者自身にとってまったく違う。不同意の行為があるとき、被告人は性的人権を侵害し、同意があるとき、性的人権侵害はない。被害者としては前者であるのに、被告人の不注意の理由を説明しようとすれば、被害者自身の行為の

意味を反転させねばならない。しかし、これらは混同できない別々の出来事であり、前者のとき、被害者の不同意の行為と被告人の性的人権侵害の行為があり、後者のとき、そこには二人の同意のある性行為がある。前者では、二人の意思が齟齬する二つの行為があり、後者では、同意のある一つの性行為がある。不同意の行為があれば、後者ではない。

　1970年代のフェミニズムは次のように考えていた。「暴力の行使またはその脅しのある性交は決して『性交』(sexual intercourse) ではない。私たちにとって『性交』とは『共感的な性的関係』(consensual sexual relations) をいうからである」と。ここからレイプの有無は、被害者の意に反していたか否かではなく、被告人の行為の暴力性によって判断されるとされ、次にように敷衍された。「レイプは、財産罪においてそうであるように、身体的な力の行使またはその脅しのあるかぎり、被害者において同意があることを決して想定させない」と。それゆえ、この意味でレイプを性的な行為（つまり性的同意によって違法阻却される行為）から暴力的な行為であると書き換えるとき、「従来のような同意に関する議論の余地はなくなる」と考えられていた。そこでは被害者の落ち度が問われることはなく、したがって、その落ち度に基づく「被告人の落ち度」を過失犯として問題にする余地はなかったと思われる。「同意のある」「共感的」(consensual) とは共振的・共鳴的であり、「意思の自由」の同意があるという意味ではなかったと考えられる。

　被告人が性的人権を侵害したとき、被害者は不同意の行為をした。これは被告人の行為による結果である。つまり被害者の不同意は、そのような質料をもって実際に存在していた。性暴力の行為は被害者を従わせる。従わされて行為選択をする被害者は、同時に作為または不作為の行為で、不同意の意思を表明することができる。被告人なりの目的的な行為は、目的適合的に被害者をして行為させるだけでなく、被害者の「意思の自由」が被害者をして不同意の行為をさせる。そこに性的人権侵害の犯罪事実があるから、被害者は不同意の行為をする。

　ただし、被告人としては、被害者の不同意の行為が、やはり見えなかったと述べる。それゆえ、被告人なりの行為をすれば、性的人権を侵害すること、これが行為規範の名宛人らに理解できるように、性犯罪の行為を記述しなければ

ならない。つまり性暴力の行為がどのようにして性的人権を侵害するのか、性的人権侵害とは具体的には何のことなのかを明らかにせねばならない。そうすれば同意の錯誤はもはや法律の錯誤（刑法38条3項）である。

1） 強かん罪の暴行または脅迫は、相手方の抗拒を著しく困難にする程度を要するとされてきた（1949年の最高裁判例）。現在の通説もこれを支持する。被害者が恐怖等により抵抗困難だったとき、「著しく困難にする」程度の暴行があったと事実認定することができるとされる（斉藤豊治「ジェンダーと刑罰論」法律時報78巻3号、2006年、54頁以下、松宮孝明「性犯罪における構成要件論的弁護」季刊刑事弁護35号、2003年、43頁以下）。しかし、それならば強かん罪は狭義の暴行を要すると考える必要はないと思われるし、また、事実認定上、「著しく困難にする」と「困難にする」の区別が無視されるかも疑問である。しかも場合によっては「相対的に強度の暴行・脅迫が必要」であるとも論じられている。それは例えば13歳以上の同年齢の子どもの間で「火遊び」感覚で性的関係があったときである（斉藤55頁）。相対的に弱い暴行・脅迫が用いられるとき、抵抗が「著しく」困難ではないのに、「火遊び」感覚で抵抗をしない場合があるという趣旨であれば、そのような解釈論が、被害者の「落ち度」論を許している（谷田川知恵「性暴力と刑法」ジェンダー法学会編・前掲書187頁）。ちなみに大阪地判H20・6・27LEX/DB28145357は次のように述べて強かん罪を否定した。「被告人の行為は、前日に知り合ったばかりの14歳の中学生に公道上に停めた自動車内で性交するという社会的には不相当な行為であり、人間として深く反省すべき点があるのは明らかであるが、刑法上の強姦罪の成否という観点からは、被告人がDに対してその反抗を著しく困難にする暴行を加えたとは認められず、また、強姦の故意があったとも認めることはできない」「被告人は、Dが拒否的な態度を示しつつも、最終的には大きな抵抗もないことから、自己との性交を消極的ながら受け入れていたと誤信していた疑いは払拭できない」、と。被害者が「拒否的な態度」を示したが、被告人は「いいんじゃない」などと言いながら性行為を加えたとされているので、同意の誤信の合理性は認められないだろう（神山千之「強姦事件の審理における被害者の供述の取扱い」刑事法ジャーナル30号、2011年、80頁）。
2） 京都地判S43・11・26判時543号91頁、大阪地判S45・6・11判タ259号319頁は強かん未遂罪の否定例である。
3） 大阪地判S61・3・11判タ615号125頁。ただし大津地判H20・1・17判タ1261号349頁のような事件もある（これについて和田俊憲「鉄道における強姦罪と公然性」慶應法学31号、2015年、255頁以下）。
4） 畑裕士「被告人の自白の信用性を否定した事例」季刊刑事弁護64号、2010年、101頁以下。
5） 刑法178条の罪と致死傷の加重結果の関係について、準強制わいせつの行為をした者が、わいせつな行為を行う意思の喪失後、逃走するために被害者に暴行を加えて傷害を負わせた場合について、その暴行は「準強制わいせつ行為に随伴するものといえる」という理由で強制わいせつ致傷罪が成立するとされた（最決H20・1・22刑集62巻1号1頁）。同様に、電車内で強制わいせつの行為を終了した直後、被害者に腕をつかまれた

ため、車外に逃走しようとし、これを振り払う暴行により傷害を負わせたとして強制わいせつ致傷罪が認められた（東京高判H12・2・21判時1740号107頁）。しかし、逃走のための暴行は、性暴力の行為のために行われる基本類型のものではないので、その暴行の違法性は、性的利益侵害ではなく、身体侵害の観点から説明するほかない。
6）「住居の平穏」とは、建造物のそれと異なり、根底的にはいわゆる「ホーム」の価値を意味する（Iris Marion Young, *Intersecting Voices: Dilemmas of Gender, Political Philosophy, and Policy*, Princeton University Press, 1997, pp. 134-64.岡野八代編『自由への問い7 家族』岩波書店、2010年、51頁以下）。居住者の意に反するような他者の立ち入りは、他者と親密な関係の築かれるべき時空間にいわば土足で上がることである。つまり住居「侵入」とは、居住者がそこで他者と過ごすにあたり平穏の保障されるべき場所を乱すことである。住居では「意思の自由」よりも「平穏」の価値が尊ばれると考える。
7）性犯罪捜査研究会編・前掲書4頁、国連経済社会局女性の地位向上部・前掲書37頁。
8）行為論において「意思の自由」は重要であり、人間の道徳世界の基盤であるが、個人の利益としては「生命」「身体」「性」に次ぐと考えられる。
9）山口厚『刑法各論（第2版）』有斐閣、2010年、109頁、平川宗信『刑法各論』有斐閣、1995年、201頁。
10）森川恭剛「親密圏の刑罰」石塚伸一、他編『近代刑法の現代的論点』社会評論社、2014年、415頁以下。
11）リズ・ケリー「性暴力の連続体」ジャルナ・ハマー、メアリー・メイナード『ジェンダーと暴力』堤かなめ監訳、明石書店、2001年、83頁以下、森川恭剛「規範のゆがみと強姦罪の解釈」琉大法学68号、2002年、45頁以下。付言すれば、ふり返りの不同意、つまり性的人権侵害の顕在化までの不可避的なタイムラグが、公訴時効の停止の理由であると考えられる。
12）中島幸子『性暴力　その後を生きる』NPO法人レジリエンス、2011年、21頁以下。
13）アメリカでは無過失責任論も議論されている（フランシス・オルセン『法の性別』寺尾美子編訳、東京大学出版会、2009年、235頁以下）。
14）Lorenne Clark and Debra Lewis, *Rape: The Price of Coercive Sexuality*, Women's Educational Press, Toronto, 1977, p. 164.

第5章　性暴力の行為

1　「不同意なし」の被害

　最判H21・4・14刑集63巻4号331頁は電車内の痴漢の行為の無罪事例である。痴漢に遭ったと訴えて被害者が、下車するときに被告人のネクタイをつかんだ。被告人は大学の男性教員であり、被害者は女子高生である。現行犯の逮捕行為のこの部分だけを切り取るならば痛快である。しかし裁判所の判断は無罪であるから、そこには人違いがあったことになる。つまり当事者間に利害の対立はなかったが、被告人は訴追され、そして被告人を犯人視する被害者供述は信用できないとされた。被害者は痴漢の被害に遭い、犯人は被告人であるとみなした。被告人が犯人でなければ被害そのものが否定されかねないので、被害者は、痴漢をしたのは彼であると述べたが、その点で誤認があったとされた。
　痴漢事件に関する近年の無罪判決は数十件に及び、被害者供述の信用性の判断基準について研究が進められてきた。それは冤罪を許さないことを課題にして被害者供述の虚偽性を審査しようとしてきたといえる。被害者は「虚偽へと傾きかねない強い動機状況」にあり、その供述は「犯行中のその手をつかんで、放さなかった」と虚偽構成される「可能性が大なり小なりある」。それゆえ「被害女性本人の想像能力を超えた被害態様があると認められた場合にのみ、その信用性を認めるべきである」と。しかし、まず、被害の有無と被告人の犯人性の区別は重要であるとされており、次に、冤罪の原因はむしろ捜査段階にあるとも指摘されている。被告人が犯人である、と被害者が述べざるをえなかったのは、何よりも被害に遭ったことを伝えるためであり、仮に犯人性が疑われたとしても、それは直ちに被害の体験を疑わせるものではない。被害者は何者かが犯人である考えるほかないのであり、そこに誤認の可能性があるが、他方で痴漢事件は「現行犯逮捕なければ犯罪なし」といえる状況があり、被害

の顕在化が必要である[4]。それゆえ、国際基準では性暴力の被害者供述は補強証拠を要しないが[5]、別人による犯行の可能性を排除しないのであれば、供述心理学による供述分析は、より厳密に被害者供述の誤りの部分を特定できなければならない[6]。女性に対する痴漢は性暴力であり、差別行為であるから、被害者供述を弾劾するだけでは、学術的な方法論として倫理的に問題がある。

　痴漢が、暴行や脅迫を用いない性暴力の行為であるというのは次の意味である。痴漢の被害は着衣の上からである場合とその下にまで及ぶ場合があり、迷惑防止条例違反や強制わいせつの罪に問われている。後者では、前述のとおり、わいせつな行為そのものを指して暴行であると解釈されている。しかし、一般的には触ることや撫でることは暴力的な行為ではないので、これには反対論があるところであり、それによれば痴漢の行為は暴行または脅迫を用いない準強制わいせつの行為である[7]。つまり、被害者は抗拒不能の状態にあり、行為者はその機会に乗じてわいせつな行為をする。その「乗じる」行為において、強制力を行使する場合に準じる強制性が認められるという。それゆえ、痴漢の行為者が被害者に逮捕される痛快さは、抗拒できなかった被害者が立場を逆転させ、状況を一変させるところにあるといえる。それは逮捕行為であり、犯行に対する抗拒ではない。つまり、被害者は性的に働きかけ、従わせる行為に対し、抗拒の行為の態様で不同意の意思を表すことができなかったが、しかしその沈黙を破ることができたのであり、この逮捕行為は、たとえ誤認逮捕であったとしても責められることではない。

　暴行や脅迫を用いた性暴力の行為に対し、被害者の「意思の自由」は不同意の行為を選択することができる。しかし暴行や脅迫を用いない性暴力の行為に対し、被害者は不同意の意味を伝える行為をすることが困難になっている。痴漢の行為は被害者にとってわいせつであり、性的羞恥心を害するのでその場の他人に救助を求めることが難しく、また、体を移動させることもできない。それゆえ行為者は暴行等の手段の行為を要しない。しかし、第三者にとって被害者の不同意があること、それが抱え込まれていることは自明であるとされ、事前の同意があったと主張する者もいない。一見すると「落ち度」論が機能する余地はない。ただし被害を現認した第三者はいない。

　他方で、暴行や脅迫の方法で強制力を加えていない行為者にとって、被害者

が従わされているとは思えなくなるということがありうる。なぜなら被害者は、行為者の働きかける行為に対して不同意の行為をしないからである。被害者の不同意が巧妙に除かれており、被害者は被害を甘受している。それどころか被害者が「意思の自由」を制御されているならば（心理的抗拒不能）、被害者が進んで性行為をしていると見えることもありうる。つまり、行為者からすれば、被害者の不同意があるといえないだけではなく、この不同意がないことは、同意のあることにねじ曲げることが可能である。

　このように考えると被害者の同意／不同意は①「同意なし」②「不同意あり」③「不同意なし」④「同意あり」の四つに分けることができる。これらは排他的ではなく、抗拒不能の状態にある被害者において①③があり、また、行為者からすれば、そこにさらに④が同居する。瀬戸内寂聴の短編小説『藤壺』（講談社、2004年）がこの四つを同時に描いているので、やや長くなるがその場面を引いて議論の手がかりにしよう。

> 御帳台の中には、黒髪を枕上にひろげたまま、夢にみつづけたあのお方が無心に眠っていらっしゃるのです。源氏の君は一枚一枚、身につけたものを脱ぎ捨てながら、美しい人の可愛らしくもなまめかしい寝顔を上の空で見つづけていらっしゃいました。／これは夢としか思えず、すべてのものをはぎ取ったお姿で、人形のように可憐な寝姿の人の横へ軀をさし入れました／その時、はじめて藤壺の宮は目をおさましになり、恐怖の余り全身を硬直させました。唇がわなわな震えているものの声は出ません。／「怖がらないで下さい。お許し下さい。とうとう、ようやっと、お側に参ることが出来ました」／自分の声が出るのが源氏の君には不思議でした。薄い柔かな白絹の下着に包まれた藤壺の宮のお軀は、抱けば溶けてしまいそうな柔かさ、たおやかさ。源氏の君はこれ以上やさしく扱えないというつましさで抱きしめました。その腕から逃れようとして、かえって、源氏の君の腕にまつわられる形になり、藤壺の宮は、ようやく小さな声をあげました。／「誰か……王命婦……弁」／「誰も、王命婦も弁もまいりません。誰も居ませんので」／その声に宮は御涙をあふれさせ、全身を震わせて嗚咽する藤壺の宮をこわれ物のように抱きかかえ、源氏の君も宮に負けないほど涙をあふれさせていました。／藤壺の宮の涙は、恐れと後悔の涙であり、源氏の君の涙は、長い念願が叶えられた喜びと感謝の涙でしたけれど、涙の熱さと量は見分けもつかず、二つの涙は融けあわさり、二人の胸を濡らしていました。／…（中略）…／ある時から、抵抗することをぴたりとおやめになった藤壺の宮は、その代り、自分を死人と見なそうとしたようでした。どんなこまやかな愛撫にも、やさしい言葉にも、石になったように一切の反応を示さず、息をとめ横たわっていらっしゃるだけで

した。／どのように冷たくつらくあしらわれても、源氏の君はこの時が永遠につづいてくれるようにと願いました。／たった一度、藤壺の宮の腕が源氏の君の背に巻かれ、かすかに力がこめられたことを、見逃してはいませんでした。藤壺の宮御自身はそれにお気づきにならなかったにちがいありません。また思い出したようにしくしく泣きじゃくっている藤壺の宮が、自分の幼い妹ででもあるかのように、ひたすらいじらしくいとしく思われてくるのでした。／「これも前世からの縁とあきらめて下さい。この上は命にかえても、あなたをお守りいたします。人倫に叛いてしまったわたくしには、もはや、神も仏も、帝すらも怖じ恐れるものはありません。もう恐ろしいものなどこの世にもあの世にも何一つありません。この世、あの世をかけて、宮を御守り申し上げましょう。」

　これは現代的には強かんであると認識されて描かれている。それは光源氏のスタイル、彼なりの性行為の方法であり、ここでも藤壺の意に反して性行為を加えている。[8]しかも源氏は藤壺の涙や、その石になったような無反応さの意味を理解できていないのではない。藤壺はその不同意の意思を表す行為をしており、源氏は「冷たくつらくあしらわれている」とその意味を一応知った上で、それでも「いとしく」感じている。もちろん源氏はあからさまな暴行と脅迫を用いない。その代わりに周到に用意をして、藤壺の女房らにとりいり、むしろ藤壺から抗拒の手段を奪っている。不意に帳台の中に忍び込まれることがなければ、彼女なら拒み通すことはできるからである。この点で藤壺は不同意の行為を奪われており、③「不同意なし」の抗拒不能の状態におかれ、そして源氏の「こまやかな愛撫」を受ける。しかし「二つの涙は融けあわさり」、藤壺は源氏と後に再び過つことになる。それは「前世からの縁」であり「あきらめ」の同意があったことが示唆されている。

　現代的には強かんであるとしても、藤壺は源氏を訴えることができない。藤壺の冷淡さとは、源氏とともに「人倫」に違反すること（父帝の後妻藤壺と息子源氏の性交）は許されないということであり、この点で藤壺の苦悩は深く、また源氏も後に病気を患うなどその罪に苦しむ。ここに平安貴族と現代人に相通じるものがあるといえる。しかし、藤壺が泣きじゃくるのはむしろ世間に対する意思表示であり、かん淫の露見を恐れている。したがって源氏は心から憎まれているわけでもなく、それは二人の密事である。平安時代の性規範は男性からの性行為を拒否する権利を藤壺に保障するものではない。

第5章　性暴力の行為

　しかし近代人の感覚からすれば源氏の行為は性暴力である。その行為が藤壺の同意を得ていないことは、目をさました藤壺が、不同意の意思を表明する前に「恐怖の余り全身を硬直」させたことから了解できる。つまり源氏は藤壺の不意を突いて隣に近づいて来たのであり、それは彼女にとって意外であり、彼女の事前の同意を得ていない。したがって①「同意なし」とは、日常的・慣習的な相互行為ではないのに、相手方の事前の同意なく、相手方に対して行為が加えられたことを意味する。また、「抵抗すること」をぴたりとやめた藤壺は「自分を死人と見なそう」と行為している。これが藤壺の不同意の行為である。この作為と不作為の行為、つまり②「不同意あり」は、藤壺の体を抱きしめるという源氏の強制力の行使の結果である。

　しかし、源氏は性暴力の行為を続けるのである。抗拒不能の状態に置かれ、わずかな抗拒も抑え込まれ、藤壺が不作為の不同意の行為を選択したことは、源氏にとって「不同意なし」が「同意あり」に転じる契機である。彼は「たった一度、藤壺の宮の腕が源氏の君の背に巻かれ、かすかに力がこめられたこと」を見逃さない。それは被害者自身が気付かないほどの反応である。藤壺は泣いているが、それが源氏にはいじらしく思える。このように性暴力の行為者には、不作為の「不同意あり」が見えにくい。それゆえ「不同意なし」の被害が見えない。しかし、藤壺の不同意を奪ったのは、彼女の抗拒不能な状態をつくり出し、わずかな抗拒を抑え込んだ源氏の行為にほかならない。つまり性暴力の行為は、被害者を従わせ、被害者から抵抗の機会、つまり不服従さえも奪う。これが③「不同意なし」の被害である。そして、この「不同意なし」は、性的人権の保障されない世界では、④「同意あり」へと転じていく。

　ここに被害者の「落ち度」論の正体が明らかにされたように思われる。被害者が抗拒できない、あるいは抗拒できなくなったのに抗拒がなければ、不服従を奪われているのに服従したとされ、被害者には同意があり、「人倫」に叛いたとみなされる。「落ち度」論は「不同意なし」の被害を認めない。しかし、③から④への転化（行為者における③④の同居という基準の二重化）が許されないのは、性規範に新旧の変化が起きたからである。それゆえ痴漢の被害者供述に基づいて被害を顕在化させることは、冤罪が許されないのと同じように、重要な課題になっているのである。

2　主体と客体

　性暴力の行為による「同意なし」「不同意あり」「不同意なし」の三つの被害を区別した。第一に、暴行等の手段の行為を用いることなく、被害者の事前の同意もなく、例えば衣服を脱いで裸になり、他人の寝ている布団の中に入り込むような、性的な行為が加えられる場合である。第二に、暴行等の手段の行為を用い、被害者の身動きを抑制し、従わせ、被害者が不同意の行為をしているのに、性的な行為が加えられる場合である。第三に、身動きを抑制され、従わされる状態にある被害者に対し、不同意の行為をさせないようにして性的な行為が加えられる場合である。これらは実践的（政治的）には被害者の不同意がある場合であり、法的には性的人権の侵害がある。

　図11は、これらの侵害行為を説明する。中央の実線はAとBの二人の性的な行為が法的禁止の範囲外にあること、また、点線はそれが不正になることを表している。いいかえれば二人が同意のある性行為をしているのが実線であり、そうではないのが点線である。点線は実線からのずれであり、点線A'Oは行為者側からその理由aを説明できること、点線B'Oは被害者側からその理由bを説明できることを表す。ここから性的に不正な行為を次の三つに区別することができる。①理由aのみの場合②理由aとbの場合③理由bのみの場合である。これが前述の「同意なし」「不同意あり」「不同意なし」に対応する。

　点線A'OはBに対する行為が何らかの積極性を帯びることを意味するが、②では、それは暴行等の手段の行為が、Bを従わせて行為させるために用いられることである。しかし①では、その手段の行為がないが、Aの積極性がある。つまりAは、Bの事前の同意なく、Bとの相互行為を前提にしないで、Bに対して性的に働きかける。Aは、Bを性的に従わせて行為させようとはしていないので、BがAに対してあえて抗拒する必要はないが、Bがその行為に気付かなければ、それを終了させることもできない。

　①は序論で論じた性的に従わせる行為ではない。そうではなく、これは他人に対して性的に働きかける行為であるが、同時に日常的・慣習的に認められていない方法で他人を相手方として行為するものであり、そこに不正の意味が最

第 5 章　性暴力の行為

図11　性暴力の行為の三態様

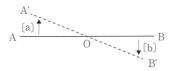

（ア）a　　　…①触る、撮るなど（同意なし）被害者の不同意の行為で犯行終了
（イ）a＋b…②暴行・脅迫あり＋不同意あり
（ウ）　b　　…③抗拒不能（暴行・脅迫なし、不同意なし）

初に与えられる。それゆえ性的な意味の行為であるか否かが争われうるが、性的な行為であるならば、被害者の不同意を疑う第三者はいない。つまり、これは第 3 章で論じた性犯罪の外縁部にある行為であり、その与える被害の比較的に小さい性暴力の行為である。その特徴は、この行為の意味を了解した被害者の選択するあらゆる行為（退ける、離れるなど）が、不正な行為を終了させることである。

　例えば他人の体を性的に撫でることやその性的な器官・部位を触ること、あるいは自己の性的な器官・部位で他人に触れることである。このとき相手方は不意を突かれている。スカートめくりの行為が類型的にはこれに当たるが、可罰的に違法であるかは見解が分かれる（ただしスカートを手で押さえる被害者に対する執拗な行為は②に該当する）。卑猥なからかいなどの性的な声かけ、あるいは自己の性器等を特定人に見せる行為も限界例である。また、性的な視線をいやらしく向ける行為を犯罪であるとすることはできないと考えるが、「人が通常衣服をつけないでいるような場所をひそかにのぞき見た」ならば軽犯罪法違反であるから、実際に衣服を着けていない人がそこにおり、その人を見たならば、刑法上の性犯罪の行為であると考えることはできる（問題は見たか否かの立証が難しい場合があることである）。しかし被害者の性的羞恥心を害する撮影の行為は、着衣の有無にかかわらず、これ以上の違法行為である。なぜなら撮影された記録は広く視聴等の用に供されるおそれがあり、実際に行為責任を追求するためにはそれを第三者が視聴する必要がある。被害者は、そのようにして性的羞恥心が害されることを受忍するほかなく、被害者自身でこの二次的な侵害行為を終了させることができないからである。

このような「視る」「触る」等の行為は、一般的には不正ではないので、行為者によって特に性的に意味づけられ、性的な行為として被害者に加えられなければ、それは不正であると了解できない。事前にその行為を予期することができれば防止可能であるが、少なくとも加えられるまで、被害者にはその行為が隠されている。それゆえ、この行為に対して公然性と私秘性が衝突するところに成立する「わいせつ」の概念を用いることができると思われる。ただし「わいせつ」とは、「性的文化環境」（人の性的羞恥心を害することなくエロチシズムの追求を可能にしている社会的法益）の侵害を指すと解する[10]。公然わいせつ罪の「わいせつな行為」がこの法益を公然と侵害し、その行為を目撃した不特定多数人の性的羞恥心を害するのに対し、ここでの行為は特定の被害者の性的羞恥心を害し、この被害者との関係で、その環境的価値が失われる。仮にその行為が親密な関係の中で、性的な意味の了解と事前の同意の下で行われるならば問題はないが、相手方において事前の同意がないのに、性的な意味の行為であるがゆえに加えられ、被害者の私的領域に踏み込むならば、それは被害者にとって不快であり、性的羞恥心を害する。つまり、それは「わいせつ」であると同時に性的なハラスメントであるから、これを「わいせつなハラスメントの行為」と呼ぶことができる。

　点線B'OはBが従わされることを表す。序論で述べた被害者の性的従属の三つの形態がそれである。すなわち性的に働きかけ、従わせる行為があり、第一に、これに対して被害者の「意思の自由」が従わされて行為を選択するが、同時に不同意の行為を選択する場合である。第二に、その不同意の行為がない、またはそれが再現できない場合である。第三に、被害者の「意思の自由」の行為選択がなく、ただ従わされる場合である。このうち②は第一の場合であり、③は第二と第三の場合である。②では、被害者は逃れようとしたり、叫び声をあげたり、あるいは無反応になろうとしたり、とにかく抗拒の作為と不作為の行為をしている。特に被害者の不同意の不作為の行為があり、これを認識することが重要であり、作為が不作為に転じたとしても、それは不同意の行為をしていることに変わりがない。これに対して③では、被害者は不同意の行為を奪われており、例えば痴漢の被害者が、被害を受けているとは分からないように振る舞うのであれば、そこに不同意の不作為の行為があるとはいえない。つま

り「不同意なし」である。被害者は不服従を奪われる。この場合の性的に従わせる行為は、それだけをみれば、不正であるか否かを判断することができない。この点で③は、①②と違う。つまり不正を表す積極性が稀薄である（ただし電車内で公然と他人に性的に働きかければ、その内容次第で少なくとも公然わいせつ罪にあたる）。しかし被害者をみれば、従わされており、従わせているのは行為者である。

　実線で結ばれる二人の性行為の内容は問われない。それはどのような形態をとろうとも、法的な行為規範の関心を外れるものとしてある。法は正しい性行為を賞賛しないのである（「性」における法と道徳の区別）。これに対し、実線からのずれは不正であり、二人の間の性的な行為が均衡性・対称性を崩すものとして図示されている。①②③の三つに共通するのは、二人の性行為であるものが、あるいは行為者側において上方にずれ、あるいは被害者側において下方にずれ、一方から他方への行為に変容することである。これが一般的に性的な支配と従属の関係と呼ばれていることである。つまり性暴力の行為は、行為者が被害者の体に対して（に向けて）性的に行為を加える。

　したがって、AがBに対して性行為をする、これは価値中立的な事実の記述ではない、という結論が導かれる。行為者からすれば、私は、Bに対して性行為をしているだけであるかもしれない。そのとき私は行為主体であり、Bは行為客体である。しかし、これを第三者から見れば、それはあなたなりの性行為ではあるが、人形を相手にすれば足りる行為でもある。少なくともBは、あなたのように行為できていない。②③ではBが従わされて性的に行為する場合がある。しかし②では、同時に不同意の行為がある。③はBが性的に従わされて行為する場合と物的に従わされる場合に分けられるが、この前者の場合でも、Bが手淫や口淫をさせられ、しているのであっても、この出来事をBが主体的にAに対して性行為をしていると記述することはできない。B自身を苛むBの行為があるということはできるが、それはAに対する行為であるからBにとって苦痛なのであり、Bはそれを目的にして行為していない。つまりBの「不同意あり」「不同意なし」の行為は性的な価値を享受していない。Bからすれば、私はAの性行為の客体であり、私にAの行為が加えられている。Aが被害者の不同意の基準点をずらし、そしてBが性的に行為を加えられたことは、AとB

の二人で性行為をすることとは異なる出来事である。そのような二人は、同一の機会に、同一の経験をしていない。

　これは男／女の主／客への近代的な二分化を「暴力」として問題にするということではない。ヒトの一対の性行為は言語以前から社会的に統制されている関係性であり、そこに規範的価値を肯定することは、ポスト構造主義のいう他者の暴力的な主体化（言語的な他者の型取り）を意味しないと思われる。性暴力の行為がこの一対の関係性を壊すとき、AとBは加害／被害の対立的な関係に置かれるが、AとBが性行為において関係することは、二元の偶然な邂逅であり、AとBの同一性（「私たち」であることの必然性）の働きの手前で、AとBが対称的に出会い、向き合うことでありうる。この共在的な行為がAとBの間で反復されなければ、それは一対一の偶然であるにすぎない。全体に対して個々人は偶然であり、AとBは、諸々の相互行為をコード化して「私たち」として多くの価値を共有することができるが、出会って別れることもできる。しかし、それでも空しくはない点に、その他の動物の交尾から区別される人間的な性行為の特徴があると考えれば、そこに規範的価値をそのまま肯定できると思われる。

　身体的に触れ合う相互行為の特徴は「身体に『触れられる／触れる』ことによって他者に感覚を『与える／与えられる』ことそれ自体」が相互的に享受されることにあるとされる。この点で手を結ぶことと性行為には共通点がある。この相互性とは身体感覚的なある種の「循環」が相互了解の下に成立することをいう。「自己の行為には、他者の行為に対する『受動的な反応』という契機が含まれる」。つまり「『私』の他者への能動性は、その内部に、他者による『私』に対する行為への受動的な反応（触発されたという契機）を含んでおり、同時に逆に、他者の能動性もまた、『私』の他者に対する能動性への受動的な反応を含んでいる」。これは不安定な均衡であり、この循環的な対称性が崩れるならば、そこに一方から他方への暴力が現れる[11]。しかもその対称的な循環性とは、優れて体感的な、相互的な価値の享受であり、第三者による財の配分を要しないし、財の互恵的な行為であるとも捉えがたい。手を結ぶときのように、あるいは笑いもそうであるが、そこでは相互行為の中から滲み出てくる価値が双方で享受されている。つまり、それは相利行為である。

第5章　性暴力の行為

　相利的な関係にあるとき、AとBは同じ行為をしている。例えば互恵行為の場合、靴屋にとっての服と服屋にとっての靴が同等であるから与え合う。この場合、AはBに対して行為し、BはAに対して行為する。二つの行為は内容的に異なるが、それらは「Aの服＝Bの靴」という比例的な平等の基準に従うという意味で、平等を目的にする行為である。同様に例えば二人が出会うとき、AはBに対し、Aと出会う機会を与え、逆にBはAに対し、Bと出会う機会を与える。AにとってBと出会うこと、またBにとってAと出会うこと、これらは意味が違う。そのために出会いがあるということはできる。しかし、出会いには、二人が闘うのでなければ、人が単に共在する、つまりその場で時間を共に過ごすという意味がある。この点でそれは相利行為であり、同時一緒に同じ行為をする、つまり単にそこに在る（立つ、座る、寝転ぶ）ことで、その人々は同じように価値（他人と共に在ること）を享受する。そのとき行為した二人の前に現れた世界があるのであり、その行為の結果の価値が同じように享受される。そのように享受されるほかない価値が、ここに現在することで、人と人が等しくなる。つまり実践的に等しさがつくられている。このような等しさをつくる相利行為が人間の社会を下から規範的に支えていると考える。そのような相利行為であることに性行為の第一次的な価値があるとみる。

　したがって、性暴力の行為によるBの客体化とは、Bを人として目的的に扱わないことである前に、等しく数えないことであると考えねばならない。AとBの一対一の偶然の性行為に目的的な同一性への契機をみていないからである。それは、例えば「愛」なる目的（または目的としての尊厳）が「愛」なる果実（または尊厳のある性）として各人に配分されるということではない。それは主客未分の、単に同等の二元としてAとBが形式的に向き合うことでしかない。しかし性暴力の行為は、この二元をもはや一つ二つと数えられなくする。一方が主体（加害者）であり、他方が客体（被害者）である。もちろん、これは人を数に還元すべきであると述べているのではないし、人を番号で呼ぼうとしているのでもない。そうではなく、どの個体も同じ「一」として数えられるという抽象化を経なければ、AとBが同じ一人であり、等しい、とは考えられないことである。問題は1（・）と2（・・）を区別できるかという数的な能力のことではない。AとBを「一」と「一」であると数えることに価値があるかどうか、つま

[12)]

151

り、一対一の偶然の邂逅に等しさの価値を肯定することができる理由はどこにあるかである。

　同じ人間同士（ヒトに分類される個体と個体）が出会うとき、同じであると把握できなければ、等しくはなれないのである。その把握の一つの方法が、同時一緒に同じ行為をすることである。もう一つの方法が見比べることである。しかし後者は差異を認めることでもあり、その差異を捨象して再びAとBを同等視するためには、同時一緒に行為するのでなければ、類概念（例えばヒト）に訴えるほかない。そして類の実質を捉えれば、その実質的な個体と個体は等しいといえる。例えば自由な（または有徳な）個人と個人は、互いに自由である（有徳である）から等しい、と。しかし、この等しさにはまだ価値がない。すでに類的に同じであるならば、あえて等しくなる理由がない。しかし、二人が性行為をするのは、互いに自由の価値を享受するためであるならば、一方で、一人が自由を享受し、もう一人が自由を享受しない性行為には問題がある。他方で、二人が等しく自由を享受したならば、その意味で等しい性行為には価値がある。ここから二人で性行為をする以上、互いに等しく扱われたほうがよいといえる。しかしながら、人間は自由のために性行為をするのだろうか。私の自由のために生身の他者が必要であるのはなぜだろうか。女性ではなく男性が、といえば不合理であるが、私ではなく、あなたが自由になれば、それでもよいのではなかろうか。私が自由になるために、あなたとの性行為が必要であるといえるだろうか。私の自由のために、私とあなたが同じ「一」として出会わねばならなかった、とは簡単にいえないのである。

　「等しきを等しく扱え」は同語反復であり、平等論とは財の配分論であると考えられてきた。法的にも「等しさ」は所与の概念であり、法論はどのような財をどのように等しく配分するかを議論してきた。「等しさ」を追求するとは、より多くの点で実質的に等しく扱われることである。それゆえ法の目的は正義であり、正義とは「等しさ」であるとされるが、その理由は、類的に同じであるが個々の違いがあるからである、と説明することしかできない。雌雄は類を超えて区別され、白と黒は色として異なるから、合理的な限度でその一人と一人を等しく扱うほかないとされる。

　しかし、「等しさ」とはヒト化において獲得された人間の社会の規範である

ならば、それは単なる正義の形式ではなく、人間的に価値づけられている。人間は「一」と「一」として等しくなろうとする動物であり、同時一緒に同じ行為をして等しくなることができるから人間の社会があると考える。それは諸々の相利行為を張りめぐらして諸個体を「一人」「一人」として等しく扱おうとする社会である。それゆえ「等しさ」の価値が正義の原理として財の社会的な配分の行為を導くことができるが、その半面で、財の配分の平等では「等しさ」は満たされない。他者との性行為は、私やあなたのための行為ではなく、私とあなたが等しくなれる機会である。性的欲求に駆られた他者が不意に、あるいは無理やりに行為を加えるような性行為ではなく、「等しさ」の形式を満たそうとして性行為をする。この形式に価値がある。それが人間であると考える。そして現代の性規範は、そのような「等しさ」が二人の性行為において充足されることを明確に肯定するようになった。したがって、AとBが行為の主体と客体になり、AからBに対して性行為が加えられるとき、Bは等しく数えられないから不正である。そこでは「A＝B」の等式が成立しない。性暴力の行為にはこのような端的な価値否定がある。[13]

　ただし、この不正な行為は性的な「等しさ」ではなく個人の性的人権を侵害する違法行為である。この点で法益論的に独特である。「人を殺した者」は殺人罪の主体であり、「他人の財物を窃取した者」は窃盗罪の主体である。殺人罪の行為客体は「人」であり、窃盗罪のそれは「財物」である。このように犯罪類型は行為の主体と客体を規定する。それぞれの語義の明確性が問われることはあるが、それらを指示すること自体は分析的である。しかし性暴力の罪ではそうではなく、性行為の主体と客体が禁止規範で明記されること自体に意味があり、このことによって性暴力の行為の客体において侵害されることが示される。つまり、殺人罪で「人」は生命の価値を担い、窃盗罪で「財物」はその占有されることの価値を担うが、性暴力の行為客体は、ある種の価値を担っているから指示されるというよりも、それを指示することにおいて価値侵害の意味が示されている、と考えられねばならない。それは性行為の相利性を害する行為であり、何の「利」が害されたかと問う前に「等しさ」が失われており、「に対する」行為である点に第一次的な侵害性が認められる。まず、被害者は同等に数えられない。次に、何の「利」が等しく享受されていないのか、という問題

が控える。性的人権侵害はこの二重の意味で理解されねばならない。

したがって性暴力の罪の行為客体は「人」である。それは「人」に対する罪でしかありえない。行為客体として「女子」(刑法177条) と「男女」(同176条) を区別する理由はなく、「男」「女」も未分である (雌雄が捨象される)。「男」「女」のそれぞれが担う価値を示す必要がないからである。性暴力の罪は排卵・妊娠という女性の生殖能力の価値を直接的に保障しようとするものではない。

もちろん身体の性的な機能や前述の消極的自由 (「意思の自由」の同意／不同意) は、客体において担われている価値である。しかし、これらは同意のある性行為をしたときにも害されることのあるものである。例えば性感染症に罹患することは必ずしも性暴力の行為の結果ではないが、仮にその結果であるならば刑の加重事由であると考えられる。また、仕方なく性行為をして後悔する理由も、期待したほどの人ではなかったとか、それほどの行為ではなかったとか、沢山あるだろう。ここから性暴力の罪と強要罪の違いを説明することができる。つまり一方で性行為の後悔と「意思の自由」の抑圧はともに内的な経験であり、他方で強要された被害者は「義務のないこと」をさせられ、また性暴力の被害者も従わされるので、これらは単なる後悔を超えているとはいえるが、あくまでも強要罪の価値侵害は内的な側面にある。それは義務なき行為に表明される不同意の意思である。しかし性暴力の被害者は、不同意の行為をして抑え込まれ、あるいはそれすらも奪われる。そこに「等しさ」の価値侵害がある。性暴力の罪は、性的な意思の不自由の罪、つまり性的な強要罪ではない。

3　心神喪失

「不同意なし」の被害には、従わされた被害者が何らかの行為を選択している場合とそうでない場合がある。後者では「意思の自由」が働いていないので、被害者は心神喪失の状態にあるといえる。しかし、準強制の性犯罪における心神喪失は、ある程度以上の知的な機能障害が被害者にある場合を取り込む点で、より広い概念である。現在の通説・判例は、知的に重い機能障害のある被害者の「意思の自由」の同意があるとき、心神喪失を認めて性的自由の侵害があるとする。「意思の自由」の不同意があるときもそうである。つまり、13

歳未満の者と同じ扱いであり、知的な機能障害の程度が重くなるに従い同意能力がないとみなされる。これは不同意の行為のない「不同意なし」の被害を拾い上げる方法であると考えられている。反面で、知的な機能障害のある者の不同意の行為を認める理論上の必要は薄れていく。

　しかし性暴力の行為は対人関係的に相利性を害するので、性的な支配と従属の犯罪事実が具体的に認められなければ性的人権の侵害はない。この性的人権（性的な相利性の権利）は、対人関係的に人に帰属する。大まかに喩えれば、それは親密な関係にある者に対して親密に行為する権利がある、それは正しいという考え方である。したがって、人は知的な機能障害の有無・程度にかかわらず性的人権を享受することができる。

　これは身体的統合性や性的自律性を侵害客体とする考え方と同じではない。それらは基本的に個体に担われた価値である。この意味の性的自由は「意思の自由」の同意／不同意の選択と同じではなく、知的な機能障害の有無・程度とも無関係である。その価値侵害があれば、すなわち心神喪失の被害者の不同意がある、ということになるだろう。しかし問題は、この価値侵害の事実が「不同意なし」の被害であるならば、それはつねに対人関係的に侵害されるということである。

　具体的に考えてみよう。次の場合に認められる価値侵害は、どのように理解すべきだろうか。重度知的障がい者の入所施設の職員がこう記している[14]。私（職員）が、利用者の無断外出を防止するため、施設内のホールで見守りをしているとき、「何人かの男性利用者が、私の前に来てズボンを下ろして、男性器を見せる」ので、「トイレに行きたい」という意思表示であると考え、どうぞと手を伸ばし、ホールの外にあるトイレに行かそうとしたら、トイレの前を素通りして建物の外に出て行こうとする。「そうか、男性器を見せれば職員はホールの外へ行くことを許可することを学習しているのかと気付いた。いわば男性器は通行手形のようなものとして機能しているのである。外へ行きたいというノーマルな欲求の充足が、男性器を露出するというアブノーマルな行為に転化してしまうのである」。

　性犯罪の侵害客体が、人の生命や財物の占有のように、他人の行為から独立して認められる、その意味で非関係的な個人の価値をいうのであれば、他人で

なくても、自分でこれを侵害することができる。それゆえ、この露出行為が、彼自身の性的自律性の価値を侵害するか、と問うことができるだろう。たしかに性器露出と外出を結び付ける行為規範は不正であるように思われる。しかし「問題なのは、行為の内容というより、行為の内容に相応しいやり方や、相応しい時間、相応しい場所が侵犯されていること」である。なぜなら「施設という特殊な空間に、彼／彼女らの知的障害が加わって、そのような不適切な行動が生まれる」からである。「私は、最初は施設にいる彼／彼女らが怖かった。長年の自傷行為で変形した頭や手、異食したものを取り出すために腹部を大きく切ったときの手術痕、…そういった普段見ることのない『異常な』身体や行為ばかりがクローズアップされたから。しかし、異常に見えた彼／彼女らの人物像も、一緒に過ごした時間と育んできた関係の中で、『柔らかくやさしいまなざし』による気づきの中で、より多様なものへ、もっと『人間的な』ものへと更新されていく」。これが施設職員の結論である。つまり、施設内で行われる男性器の露出は、施設内にあることで、対人関係的に、彼らがさせられてきた行為であり、そこに価値侵害があると考えられている。知的な機能障害が彼の行為の理由であり、その行為が彼の担う価値を侵害する、とは考えられていない。性器露出と外出を結び付ける彼らの独特のコードは、彼らの移動の自由のために用いられたのである。

　これはフェミニズムでも問われてきたことである。例えば売春の行為選択と尊厳の関係である。売春をすることが他人の性行為の客体になることであり、これに対して売春者が不同意の意思を表明したいと考えており、そうした不同意の行為の主体性を失わないのであれば、売春の行為の内面には葛藤が抱え込まれている。こうして売春者の尊厳が傷つけられるとしても、それは売春の行為選択の結果でもある。それゆえ「性＝人格」論によれば、性売買は、売り手の「性的人格権」を侵害するので禁止されねばならない。[15] 売春も買春も違法である。

　しかし、これに対して次の見解がある。まず、売春者による性の商品化（売る行為）と売春者に対する性的客体化（買う行為）を区別し、買春者が後者の性的客体化を追求できるとき、そのかぎりで前者の性の商品化が性暴力の結果に結びつくので、買春者とその助長者の行為に焦点を合わせて法規制することが

重要である、と[16]。児童買春では、児童による性の商品化能力が否定されるので禁止対象は性の客体化（つまり買春行為とその助長行為）である。つまり、あくまでも性売買の違法性は買い手側にあるので、売春の行為に対して違法であると述べる必要はないということである。

次に、性の商品化は人格の商品化ではないとし、むしろ「性≠人格」とみなして売春の行為を選択するところに、売春者の「人格や尊厳」が賭けられているならば、性売買のもつ危険性を売春者の「人格や尊厳」に対する侵害可能性であるとする性売買違法論は、かえって売春者への「連帯の情動」を欠く、と。というのも売春を非合法にしたからといって売春者に対する性暴力の被害は顕在化しないからである[17]。つまり、売春の行為選択を行為者が引き受けている現実があるならば、売春の行為を違法類型化すべきではないのである[18]。しかし他方で、性暴力の罪は「買春行為において、より積極的に適用される必要がある[19]」。なぜなら性売買には性的客体化のおそれがあるからであり、不同意の行為が抑え込まれてはならないからである。これは刑法的に禁止される買春行為とそうでない買春行為を区別する議論である。

つまり、売春の行為を選択する理由がその者にあり、そして売春の行為をすれば、その者の担う価値が侵害される、とは一概にいえないのである。他方で、売春で性的な奴隷化があり、そこでの被害は深刻である。それゆえ従来は、対人関係的に、売春させられるならば、個人の深奥にある根底的な価値（「性的人格権」や性的自律性の価値）が侵害される、と説明してきたと思われる。侵害客体である性的な利益が、人に担われているか、対人関係的に人に帰属するか、この違いが理論的に重視されなかった。たしかに被害者のふり返りの不同意があるならば、人の深奥から発せられた声として、その不同意の被害を認めることができる。行為時に不服従を奪われた者が、その支配と従属の関係を離れたとき、事後的に不正を訴えることができなければならない。しかし問題は、「不同意なし」の被害の中に、知的な機能障害の程度が重いなどの理由で、ふり返りの不同意の発せられない場合があると考えられることである。これを行為時の心神喪失、つまり一時的な判断能力の欠如の場合と同列に並べ、同じように深奥から発せられて認められる被害がある、とみなす方法でよいかどうか。

前述の施設職員が次のように報告している。「自分の肛門に指をつっこんで大便を掻き出してこねているのを見れば最初はぎょっとするし、慣れてきて平気にはなっても好ましいものとは思えない」。なぜなら、施設内で「おしっこやうんこで遊ぶ人が多いのは、それらのものの持つ魅力もあるのだろうが、加えて、私物のない環境においては、うんこやおしっこ、つばといった排泄物や分泌物は、所有を許される、というか、自分のものとして所有可能なものとしてあるからなのかも知れない」と考えるからである。これは知的な機能障害があるから、自己の尊厳を傷つけるような行為をするのではないことを懸命に述べようとしている。なぜなら、そのような行為をする者は生きる価値がない、それは尊厳のない生である、と考える者がいるからである[20]。つまり、侵害客体は人の深奥にあると掘り下げるだけでは、知的な機能障害のある者にその価値を保障することは、少なくとも歴史的には、できなかったのである。性暴力の行為は、対人関係的に、その価値を侵害する。そうでなければ、その価値を享受できる。その価値、あるいはその価値を享受することの重要性を述べるために、それは個体に担われた価値であると述べる必要はないと思われる。

　裁判例を検討して従来の個人の性的自由の考え方にある問題点を考えてみよう。東京高判S58・6・8東高刑判決時報34巻4-6号23頁では、被害者（当時25歳）は「中等度の精神遅滞」にあり、「精神年齢6、7歳の程度」であるが、「洋菓子製造会社に勤務し、単純作業に従事して」おり、性行為について「おちんちんをおしっこの穴に入れること」程度の認識を有していた。そのため被告人の行為に対し「感情面で拒否感なしに応じた」とされる。しかし準強かん罪が成立するとされた。その理由は「性行為について意思決定する正常な判断力」が被害者に欠けていた、つまり被害者の心神喪失を認めたからである。その判断方法は次の通りである。「正常な判断力の有無を判定するに当っては、具体的事実関係に即して、当該婦女の一般的な精神遅滞の程度、性器、性行為についての生物学的認識（その医学的呼称についての知識とは異なるというをまたない。）にとどまらず、性行為を行なうことの社会的、倫理的意味についての理解の程度、右の理解に基づき自から性行為につき意思決定をする能力の有無を慎重に見きわめる必要がある」。この各項目は「順次前者が後者の判断の前提となる関係にある」と。つまり、知的な機能障害の程度を重視し、被害者の同意／不

同意の意思決定能力をみるというのである。この能力がない者は性暴力の被害者である。もちろん、「具体的事実関係に即して」、その者の能力が判断されるという。しかしそれは、例えば被害者の知能指数が35であると示されても、この数字の意味を直ちには理解できないから、具体的に考えざるをえないということであって、この判断方法は、行為時に被害者が心神喪失の状態にあったかにとどまらず、被害者が心神喪失者であるかを見極めようとしている。

同様の判断方法で大阪地判S55・12・15刑裁月報12巻12号1266頁は準強制わいせつ罪を認めている。被告人は被害者（当時11歳）を「全裸にして仰向けに寝かせたうえ、手指で同女の陰部を弄ぶなど」した。被害者は「言葉は満足に話すことができず、小学校1年生初期の数の計算もできない状態で、知能程度が3、4歳位の一見明白な精神薄弱児童であって、小学校のいわゆる複式養護学級に在籍していたこと」が認められた。判決によれば、「そうすると、被害者は当然に性生活の意義について理解する能力もなかった」のであり、心神喪失である。被告人は、被害者の「知能が低いことを知りながら本件のようなわいせつな行為に及んだ以上」、故意が認められる、と。

この事件では、被害者が11歳であるから性犯罪を認めたのではなく、知的な機能障害があるから準強制わいせつ罪が成立するとされた。被告人は、被害者が13歳以上の者であると聞かされていたので、強制わいせつ罪の犯意がないとみなされたのだろう。いずれにせよ被告人は同意能力のない者に対して性行為をしたのであると考えれば、どちらの罪を認めるかは大差がない。しかし、13歳の年齢は成長の通過点であるから、13歳未満の者にまだ同意能力を認めないことは、差別的取り扱いではない。これに対して知的な指数は年齢のようには加算されないから、被害者が13歳を超えたとき、同意能力が肯定されるとはかぎらない。たしかに同意能力を否定することで性犯罪の被害が認識されるのであれば、被害者が不利益に扱われたとはいえない。実際に、知的な機能障害のある被告人の責任能力は、その精神年齢が14歳未満であるとき、これを肯定しようとすれば、実質的にその有無を判断せざるをえないが、ここでは比較的により重い機能障害のある被害者の被害認識のために、その障害の程度を重視して端的に同意能力はないと判断する。仮に比較的に軽い機能障害のある被害者に、同様の方法で、抗拒不能を認めようとすれば、後述のとおり、その判断は

困難に直面するだろう。しかしながら、この方法でともかく同意能力がないと判断された者は、途端に、理屈の上では、対人関係的に、性的自由を享受することができないのではなかろうか。もちろん監護者や施設職員が被害を通報しなければ、彼らによる性的虐待も含めて見過ごされる、ということになる。しかし、知的に重い機能障害があれば他者との性行為において価値を享受できない、つまり相利性が失われるとは断言できないだろう。また、心神喪失であるとは認められない比較的に軽い機能障害のある者の「意思の自由」の同意は、機能障害が認められたならば、それゆえに（それだけの理由で）尊重されなくなるのだろうか。それが被害者を保護する方法だろうか。相手方の同意があったとみなした被告人は、その知的な機能障害の有無・程度に関心を示して同意能力の有無を判断すべきだったのだろうか（大阪地判S43・11・26判タ235号281頁）。その上で同意能力があるとみなしたのであれば、犯罪の故意があるとはいえなくなるが、それでよいのだろうか。

　福岡高判S41・8・31高刑集19巻5号575頁では、被害者（当時14歳8ヶ月）の「精神年齢は6年10月」であり「強度の精神薄弱」の状態にあり、被害者が「本件姦淫について通常の社会生活上信頼され得る同意を与えたとは到底認められない」として準強かん罪が成立するとされた。これに対し、弁護人の控訴趣意によれば、被告人は被害者が心神喪失の状態にあるとは認識していないので犯罪の故意がない、つまり「少し頭の足りない女であることは感じていたとしても」、それに「乗じて姦淫したのではない」。というのも、被害者は被告人に「なついていた」だけでなく、「2ヶ月位前から二人の間には種々の前戯的な性行為が積み重ねられて」おり、被害者が「それを嫌うのでなく、むしろそれを求めるように被告人に近づいていた」からである。弁護人が、心神喪失に乗じたか否かを争うのは、被害者の知的な機能障害の有無・程度ではなく、被告人がその機能障害を利用して行為したか否か、つまり、そこにつけ込むように行為したかが問われるべきであり、被告人は、そのような行為の意味の認識をもたなかった、と述べたいからだろう。つまり、知的障害の有無・程度の判断は対人関係的に変わりうると考えたとき、知的な機能障害のある者との性行為はどのような場合に肯定されるか、という問題意識をもちえたのだろう。これは重要な問題提起だったのである。

第5章　性暴力の行為

　東京高判S51・12・13東高刑判決時報27巻12号165頁は、被告人が被害者の知的な機能障害につけ込んで性行為を加えた事例であると思われる。被害者（当時43歳）は「4、5歳の知能程度しかなく、善悪の判断ができない」とされた。被告人が被害者に対し「『やらせるかい』と言って、右手で親指を人示指と中指の間にいれて（いわゆる女陰の形を示しやらせろという意思表示）握って見せる」と、被害者は「にやにやして『うん』と言ってうなづき」「被告人のいうがまま何のためらいもなくその着用していたズボンを足許まで脱いでいる」。しかし、判決によれば、被害者が「承諾能力を欠いていたことはもとよりとして、被告人に対し通常成人の婦女が示す姦淫についての同意の意思を示していたものとは到底容認し難く」、準強かん罪が成立する。注目したいのは、次のようにその理由が説明されたことである。すなわち、被告人と被害者は「初対面の間柄」であり、被告人は「愛情の表現等を一言も口にすることなく」「性的交渉を求める男の態度としては極めて異常」であった。また、被害者の側から「性的交渉を求めるについて積極的姿勢を示した事実も認められない」と。つまり被告人は、被害者の「意思の自由」の同意を得れば足りると考え、同意の得やすい被害者を選んで同意を得たのであり、それは被害者の知的障害と向き合う態度ではないと判断されたのである[21]。

　知的な機能障害のある者に対する抗拒不能に乗じた準強かん罪が認められた事件について、担当の検察官が紹介している。検察官は、当初、被害者の言動等から、「被害者の知能程度が低く、抗拒不能の状態であったことについて疑問を抱き、起訴困難と考えていた」。しかし、捜査の結果、「被害者の知能程度が低く、抗拒不能の状態であり、かつ、被疑者において、その認識があり、それに乗じて性交したと確信し、起訴に至った」。ここに知的障害と向き合う法律家の戸惑いが記されている。最初に疑問を抱いたのは、被害者の知的な機能障害の程度が軽く（知能程度は標準より低いが）、同意能力があると考えたからである。しかし、捜査後に抗拒不能を確信したのはなぜだろうか。被告人（当時68歳）は、被害者が入所していた更生施設で世話人として働いていた。被告人の日記を精査して取り調べたところ、「Vの知的障害が重いのに乗じて、Vを意のままに従わせ、性交していた」という供述を得ることができた（Vは被害者である）。これがその理由である[22]。つまり、被告人は被害者の知的な機能障害

161

図12 「私たち」の自己決定と「支援」

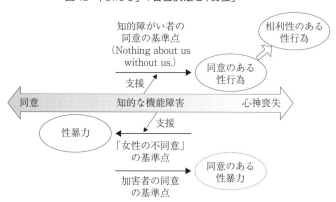

の程度を認識していただけではなく、そこに乗じて、つまり被害者を意のままに従わせて性行為を加えた。被告人の行為の違法性は、被害者が同意能力のない者であったからではなく、被告人が知的障害に乗じたところにある。そうであれば、その「障害」が対人関係的に取り除かれるとき、知的な機能障害のある者の性行為は刑法的な関心を外れることになる。

　障害者権利条約12条2項は「障害者が生活のあらゆる側面において他の者との平等を基礎として法的能力を享有する」とする。また同3項は「障害者がその法的能力の行使に当たって必要とする支援を利用する機会」が適切に提供されねばならないとする。これは障がい者の自己決定「支援」の重要性を説く規定である[24]。もちろん自己決定「支援」の考え方は、ここでは知的障がい者の自己決定を前提にするが、その具体的な意味は自明ではなく、支援100％の場合もあるとされる。しかし、支援の必要性は疑われないのであり、それは知的な機能障害のある者が性的な利益を享受するために、性教育等の方法で実践されている[25]。それは「あなたたち」への支援である。それゆえ近年の知的障がい者の権利運動は「私たちぬきに私たちのこと決めないで」という標語を掲げる。それは「私たちの自己決定」論である。ここでは「あなたたち」の相利行為の支援が「私たち」の集団形成を導く。さもなければ知的障がい者のことを知的障がい者ぬきで決めてきた人々、その政治社会体に対して、これを止めてほしいと意思を表明し、止めさせることができない。知的な機能障害のある者は、そ

図13 「支援ある同意」と「支援なき同意」

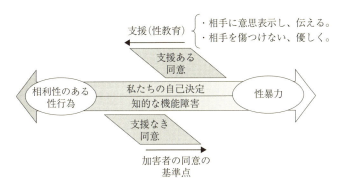

の機能障害につけ込まれて従わされ、ふり返りの不同意の意思を表明できたとしても、同意能力がないとされなければ被害認識を得られない。ここに是正されねばならない差別がある。ただし問題は、知的障がい者の「私たちの自己決定」のベクトルと性暴力の行為者のベクトルが、一見すると同じ方向を向いていることである（図12）。

　しかし、二つのベクトルの違いは明確である。知的障がい者の「私たちの自己決定」が支援ある同意に基づく性行為を目的にするのに対し、性暴力の行為者の目的は支援なき同意をえて、性行為を加えることである。理論的には支援の有無が性暴力と相利性のある性行為を区別する。その支援とは、ここでは、前述の「柔らかくやさしいまなざし」で、知的障がい者が性暴力の加害者や被害者にならずに、他者と性的に行為をすることができるように、役立つ情報を提供し、また体験を通して技法を伝えるなどの性教育をすることである（図13）。ただし、多くの内容を詰め込めば「あなたたち」への支援の枠をはみ出るので、具体的には知的障がい者が他者と性行為をするとき、自己の不同意の意思を行為で表明できるようになること、また反対に、相手方の行為に不同意の意思が表明されたとき、その行為の意味を了解し、行為を制止できるようになることが望ましいだろう。しかし、この二つ、つまり不同意の意思を表明する能力と他者の行為の意味を了解する能力は区別される。前者の能力を身につけ、うまく使いこなすことは、知的な機能障害の有無を問わず、簡単であるとはいえない。これが難しいので、まさしく知的な機能障害につけ込んで性行為

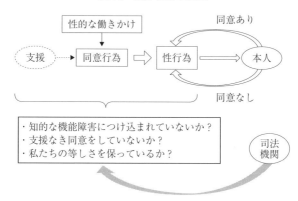

図14　犯罪事実の認定

が加えられる。また、知的障がい者は同意能力がないとみなす刑法理論がある。これが法の姿で現れる「障害」(社会的障壁)である。これに対して後者は、相手方の同意の行為、つまり満足する行為とともに自己が行為をする、という肯定的な内容に置き換えることができる。つまり、どのように相利的に性行為をするかを学ぶことが、知的な機能障害の有無を問わず、必要になる。高度に抽象的な統合性や自律性などの目的が人の心の奥深くで追求されているかどうかは二の次であり、他者と共在し、穏やかに触れ合う喜びを覚えることが先決である。

　一般的に差別の被害者は、差別に対する不同意の声をなかなか上げることができない。しかし差別された者の振る舞いから、差別されたことを了解できれば、差別の行為の責任を問題にすることができる。同じように性暴力でも、その加えられる性行為に対して、不同意の意思の表明をしない者がいることを踏まえ、そこに性暴力の行為を認めるために、その者の行為(作為・不作為)は従わされたものであり、そこには相利性がない、という判断基準を導入しようとしている。つまり、被害者がただ従わされているのではなく、「意思の自由」の選択する何かしらの行為があるとき、被害者は同意能力がないので心神喪失(または抗拒不能)の状態であると解釈することなく、「不同意なし」の被害を認識しようとしている。したがって知的な機能障害のある者に対する性暴力の事件が提起されたとき、性行為の前段階に遡って出来事を振り返り、知的な機能

障害につけ込まれて性的に働きかけられていないか、支援なき同意をしていないか、等しさが保たれているか、といった観点から、犯罪事実の有無を認定することになる（図14）。被告人の犯意は、知的障害に乗じて、つまり意のままに従わせるように、性行為をしたのであれば原則として認めることができる。得られやすい同意を得たことは、犯意がないことにはならない。

4　性暴力と差別

　性暴力の行為は性的に「人」を客体にする。これに対して強かん罪は「女子」を客体としてきた。その理由は女性の生殖能力にある。そして生殖のためには性交が必要であったから、暴力的な性交の禁止は、生殖をする男女のペアの共通の関心であったと思われる。つまり夫を除く男性による女性に対する強かん罪が必要であった。その女性に対する性暴力は、現在ではジェンダーに基づく差別行為であると考えられている。

　しかし、女性に対する強かんが差別行為であるのは、女性だけが被害をうけるからではなく、また、挿入し／されるという行為の非対称性に理由があるのでもない。もしそこに差別の理由があるのであれば、女性が自己に挿入させる行為を含めて強かんと呼べば、強かんをすることが差別であるとはいえなくなる。それでも、強かんの大半は女性に対して行われるのであり、そこに性別に基づく女性に対する差別の現実があることは、何も変わらない。それは知的障害に乗じる性暴力が知的障がい者に対する差別行為として繰り返されているのと同じである。

　性暴力の行為は相利的な関係を主体と客体の関係に変える。仮に性交とは、男性が女性に対して行うものであるとみなされていたならば、強かん罪の客体が「女子」であるのは、私の女性に対する別の男性の暴力的な性交を禁止するためである。また、その非暴力的な場合を禁止したのが、かん通罪である。後者が女性に対して差別的であるのは女性（妻）が主体の（別の男性を選ぶ）罪であるからである。つまり、この二つの罪に共通する考え方は、女性が性交の客体であることを当然とするジェンダーの差異化である。

　たしかに挿入し／される性交は、体を触れ合うような相称性のある相互行為

ではない。しかし性交は、男性が陰茎を入れるにせよ、女性が膣に入れるにせよ、あるいはこの双方であるにせよ、このような三通りの記述が可能であり、性交をする二人はこれを選択することができる。私が挿入し、あなたが挿入されるものと思い込む男性にも、この選択の機会は与えられる。にもかかわらず女性は挿入される客体であるがゆえに、客体として性行為を加えたのであれば、それは性別（陰茎と膣の区別）に基づいて合理的であるとはいえない取り扱いをしたのであり、差別行為である。それなのに差別の認識もなく、そのような性行為が繰り返されてきたのであれば、これは不合理なジェンダーの差異化が社会に根付いているというほかない。したがって女性に対する性暴力はジェンダーに基づく差別行為であると考えられている。

　そうすると女性に対する強かんは、女性の体をもつがゆえに、性暴力の行為がその者を客体にしたということ、また、その上で挿入し／される性交が選択されたのであり、これは一方的に抱きつかれるといった客体化とは次元の一つ異なる、差別的な行為である。強かん罪の行為規範に照らすと、たしかに女性は性行為の客体でしかない。それはジェンダー・バイアスの典拠である。そして現実の被害者は不同意の行為を抑え込まれ、強いられて従わされた者である。挿入される被害とは特別に従わされたことであり、力ずくで貶められたことである。したがって、女性が挿入されるから、強かんは差別行為であると考えられてきた。強かんは女性に対する差別的な暴力行為である、と。このように考えるとき、単なる客体化、つまり「等しさ」の侵害に被害をみる見解は、性暴力の暴力性や差別性を見失うものであるということになるだろう。これは性暴力の罪における挿入行為の意義を考える上で重要な論点である。

　しかし、まず、女性として振る舞い、外見上は女性であるがゆえに、性暴力の行為がその者を客体にしたが、彼女はインターセクシュアル（半陰陽者）であるとする。この場合に「女子」に対する強かん罪（未遂罪または既遂罪）が認められてきたのだろうか。被害者について半陰陽、間性、性分化疾患等の記載がある日本の裁判例を検索したが見つけられていない。この性暴力はジェンダーに基づく差別行為として加えられたが、刑法的には、女性に対する挿入行為には該当しない、つまり女性に対する差別行為であるとはいえない、と考えられているのであれば問題である。ここから差別行為の客体である「女性」とは、自

然的な性別ではなくジェンダーの意味のそれであると理解されねばならないといえる。つまり強かんは、女性であるというジェンダー・アイデンティティをもつ者に対する差別行為である、と。

次に、性暴力の行為が男性を客体にし、肛門への挿入行為があったとする。これは強制わいせつではなく、強かんであると理解されるようになっている。なぜなら女性に対する強かんのように、被害者は従わされ、力ずくで貶められたからである。しかし、このような性暴力は必ずしもジェンダーに基づく差別行為として加えられるのではない。これを肯定できるのは、膣の代わりに肛門への挿入行為があったといえる場合である。それゆえ、第１章で紹介したように、例えばアン・ケーヒルは、肛門への挿入行為は例外型の強かんであると説明した。彼女によれば、強かんとは性的な挿入行為である。挿入行為は身体の表層への接触行為よりも侵襲性が高く、より身体的に破壊的な行為である。この被害者の多くは女性であり、それは女性の生の経験を大きく左右する。それゆえ、強かんは性的に中立な行為ではありえず、身体的に経験される性的差異を前提にした犯罪である。原則としてそうである、と。[27]

しかし、第一に、性暴力の行為が男性を客体にするとき、ジェンダーに基づく差別行為であるといえるのは、その一部である。ジェンダーは男女の性別を前提にする概念であるから、同性間の性行為における暴力性と異性間の性行為におけるそれは、同じように被害者が貶められるのであるとしても、ジェンダーに基づく差別性の意味の有無で区別できる場合がある。つまり、挿入される女性の経験から、性暴力の行為の差別性を導き、挿入する性暴力の暴力性を強調することは異性愛の観点に傾いている。性暴力は「人」に対する罪であり、同性間と異性間で性行為の価値が法的に区別されないのであれば、女性の身体的経験のみに基づいてこの罪の原則的な意味を説明してはならないのである。つまり、性暴力の差別性と暴力性、いいかえれば差別的な暴力性と身体に対する（被挿入の）暴力性は区別されなければならない。

第二に、挿入される女性の経験から、性暴力の行為の差別性が導かれるならば、女性に対する差別的な暴力行為の本質は強かんにあることになる。例えば触る痴漢と強かんのうち、後者がより差別的であるとされる。たしかに、ある意味でそうである。性行為の中でも「入れる」行為は前述の意味で特別であ

り、その方法の選択を迫られる。性暴力の行為者は、あえて挿入するのであり、被害者はそこまでの被害をうけたのである。触られる痴漢の被害はそこまでではない。しかしながら、女性であるというジェンダー・アイデンティティ（あるいは女性の体の経験）をもつ者に対する差別行為とジェンダーに基づく差別行為は概念的に区別されなければならない。

　前者は女性の体、あるいはそのジェンダー・アイデンティティをもつがゆえに、性暴力の客体にされることが、その者に対する差別的な取り扱いであるということを意味する。これは女性であるがゆえに早期退職を強いられることと同じ意味の差別行為である。これに対して後者は、そのような差別的取り扱いが繰り返され、横行するがゆえに、これを社会的な差別の問題として捉え、その解決を導くために、女性に対する性暴力も、ジェンダーに基づく、文化的に再構成可能な（防止可能な）問題行為であると捉えようとしている。前者は、私が私であるがゆえに不合理な別異の取り扱いをうける場合に用いることのできる論理である。後者は、私が例えば難病の患者であるがゆえに職業選択の自由が制約されるとき、それを難病患者に対する差別の一つとして問題にする場合の方法である。つまり、後者では私は私個人の自由を問題にしているのでは必ずしもないのである。それゆえ、性別の違和があり、男性であるというジェンダー・アイデンティティをもつ女性に対する性暴力は、挿入される女性の体の経験から差別行為であると捉えられるのではなく、ジェンダーに基づく差別行為であるとされる。彼が女性として性暴力の被害をうけるとき、女性として自由を保障しない取り扱いが問題なのではなく、それゆえその被害の意味を女性の経験から説明し尽くすことはできないが、他方で彼は女性であるとみなされて差別行為の客体にされたのであり、ここではその差別性の被害を明確にしたいのである。

　女性に対する性暴力はジェンダーに基づく差別行為であり、そして挿入される被害が重いのは内部的身体に対する性的な暴力性があるからであり、また、女性に対するその被害が重いのは生殖器官に対する暴力性があるからである。したがって女性に対する強かんは、単なる性的な客体化の行為よりも二重の意味で重い性暴力である。それは性暴力の罪の加重事由である。しかし、単なる「人」の客体化としての性暴力は、性的に働きかけて相手方を従わせ、相利性

を奪うことでしかない。それは二元の偶然の関係を破ること、我なる一者が他者なる汝の「無」に対して「有」を立てる行為である。それは他者との同一化（連帯）ではなく、自己による同一化（支配）のための行為である。

　ケーヒルは、リュス・イリガライの議論を引き、近代的な人格の概念は男性的であるのに中立性を装い女性の性的差異を否定してきたとして「間主体的主体 (intersubjective subject)」の概念を用い、「加害者は強かんの行為をして被害者と性交をしたが、被害者は加害者と性交をしなかった」、あるいは「強かんは性的な行為であるが、相互的にそうではない」と述べる。なぜなら強かんは「被害者の間主体的な行為体 (agency) をその場で台無しにする」から、つまり「被害者は真に間主体的に動けない (incapable of being truly engaged intersubjectively)」からである、と。これは男性的な主体の同一性（必然性）が、女性に対してその性的差異（偶然性）を否定するという意味であると思われる。そこでは偶然の遊びが失われる。しかしケーヒルはこれを次のように敷衍する。「強かんは女性の存在性の根底的な条件に対する身体的で性的な暴行である」。強かんの行為者だけが行為し、「他方（被害者）はただ行為を加えられ」「その自己 (the self) が直ちに否定される」と。強かんによって否定される「自己」とは、性的に差異化されるが、否定されえぬ身体的経験を有する「私」、つまり女性として連帯できる「自己」を意味するだろう。そこでは連帯を呼ぶ性的差異が倫理の根源にあるとされていると思われる。

　これに対して本書は、まず、性暴力の行為を加えられる被害者の不同意の行為に注目した。性的に働きかけられた者は、性暴力に対しても、「意思の自由」の働くかぎり、行為せざるをえないからである。次に、「不同意なし」の被害に対してふり返りの不同意があり、性暴力の被害者の不同意が、フェミニズムの「女性の不同意」に支えられて発せられると述べた。被害者が女性であればそこに連帯があると思われる。被害者に知的な機能障害があれば、それが難しくなる。しかし、男性らの支配や女性らの連帯という同一化の働きの一歩手前で、偶然に邂逅する二元の相利行為において価値が同じように享受され、人と人の「等しさ」がつくられると考えた。そこでは差異や多様性は、二元の「等しさ」のための所与である。行為客体における差異ではなく、行為主体の立てる「有」（偶然性の否定）が、差別的な効果を生じさせている。そこに「等しさ」

169

の価値を害する差別的な暴力がある。

　強かん罪の関心は生殖にあり、「産む性」である女性に差別的な意味を負荷した。しかし身体の機能である生殖能力に刑法の関心があったのではなかった。男性の睾丸を蹴り上げる暴行は強制わいせつであるともみなされないだろう。大半の男性にとって生殖の機能はほとんど性的欲求の問題であるから、暴行罪で足りるかもしれないが（しかしハンセン病療養所では男性入所者に対する強制不妊手術があり、原則として子どもをもつことが禁止されていた）、女性にとってそれはリプロダクティブ・ヘルス＆ライツの問題である。刑法的にも生殖の価値は、これらに胎児の利益を加味して法益性を肯定できる。倫理的理由による人工妊娠中絶は、これらのうち最優先されるのが女性の利益であることを明らかにしていると思われる。しかし、性暴力の罪では、これらは二次的な価値である。

　産むことのできる女性の身体という性的差異に価値を見いだし、強かんの行為の差別性をこの差異の観点から説明するとき、性暴力の行為を跳ね返すために、ケーヒルは、女性は自衛力を身につけた身体をもたねばならない、と述べねばならなかった[29]。これは一つの有効な方法であり、パワー・オブ・バランスが重要であるという意味ではない[30]。しかし、性暴力の被害者の中には不同意の意思を表明することが難しい者がおり、それは体の機能障害にも理由があるが、むしろ「障害」（社会的障壁）の問題であるとされるようになった。産むことのできる体が、挿入し／される性交の被挿入の体であるとされてきたところにジェンダーの差別がある。この二つで「差別＝社会的障壁」の捉え方は共通している。

　性暴力の行為の主体が、その客体（例えば男性であるというジェンダー・アイデンティティをもつ者）を「産む性」として社会的に意味づけうるのは、「産む性」ではない性として集合化できるからであり、もう一つの「有」、すなわち「産ませる性」（「強かんできる性」）があるからである。しかし、雄が雌を用いて産ませるのではなく、雌が雄を用いて産むのでもなく、人間の社会では（少なくとも現代では）性行為と生殖を区別し、性交は基本的に前者の営みであり、そこでは「等しさ」が追求される。しかし、「産ませる性」であることを止めようとしていない男性のいることが、その障害（社会的障壁）になっている。それゆえ男性

第5章　性暴力の行為

に対する性暴力防止目的の非暴力性教育が、差別是正措置として必要である。法の目的（正義）は「等しさ」にあり、刑法の関心も性暴力の行為の客体における差異の価値ではなく、「等しさ」に向けられる。

　女性に対する性暴力がジェンダーに基づく差別行為であるのは、その都度の性行為で、女性を客体として取り扱うことが「当然である」かのようにみなされているからである。その行為に「等しさ」を失わせる人権侵害がある。なぜならその取り扱いは相利的な関係を壊すことでもあるからである。これが女性に対する差別行為であるのは、その「当然である」とされていること、そのことがジェンダーの差別だからである。もちろん差別が当然であってはならない。しかし、男性が「産ませる性」であることは当然である、その他ではありえない（陰茎は入れるものでしかない）とみなされてしまえば、性行為で女性が挿入されうる客体として取り扱われることは疑われない。差別のある社会で差別の是正が難しいのは、例えば、入れることのできるものでしかないもの（可能的でしかないもの）が、入れるものでしかありえないもの（必然的なもの）であると意味づけられ、それが事実・現実・客観的であるとされ、その可笑しさに気づけなくなるからである。

　ただし、「等しさ」を害する性暴力の行為は、ジェンダーに基づく差別行為だけではないのである。一般論として、差別行為の形式について、Aは非Aに対し、Bという有徴性を「実在的な差異」として指示し、「Aでない」ことを根拠にBを排除すると説明されている。Bとは、Aの仕掛ける言説上の罠である。そのため反差別の論理は、Bの再定義へと駆り立てられ、非Aとしての差異とは今やBではないこと、つまり非Bであること、したがって非B＝A（Aへの同化）をいう危うさを抱え込まざるをえないという[31]。ここからAとBの対称性の関係をひらくためには、「Aでない」というBの偶然性を人の「尊厳」に転じるような「野生の思考」を必要とする[32]。これは、個体の奥深くにある価値を呼び覚まそうとする考え方であると思われる。

　これに対して「Bでない」という集合的同一性がAという有徴性を構成し、Bに対する差別の理由になるとする考え方がある[33]。例えば性別に基づく差別は「女性でない」こと、障がい者差別は「機能障害がない」ことを理由にする差別であり、同様に近代ハンセン病差別は「ハンセン病にならない」（予防する）こと

171

を理由にする差別である。差異は所与であり、他個体が異物であり、この異物（あなた）があっての私であるという存在論に基づくものであると思われる。本書は、ここから、無数の二元の邂逅はほとんど空しいが、しかし差異を捨象する邂逅が「等しさ」をつくると展開した。Aなる人にとっては「Bでない」という偶然性が、またBなる人にとっては「Aでない」という偶然性が、それぞれ無意味な差異として相互に無視されうる。それは「野生の思考」ではなく、同時一緒の相利行為によって同じように価値が享受されたときに起きている。したがって差別行為の形式とは、あらゆる同一化の一歩手前の二元の偶然な邂逅において、Bを「無」にしてAの「有」が立てられるという「等しさ」の規範違反があることをいう。

　このAが必然化するためには力と連帯と正統性が必要であり、そのためにBの有徴性が指示されるのだろう。このとき「Bでない」ことを理由とするAなる集合性がある。Aが「Bでない」ことは「当然である」。それゆえ反差別の論理は、Aなる人々に対してその必然性を脱構築し、あるいは攪乱して「Aである」ことの偶然性を投げ返さねばならない。ただし、そのためにはBなる人々にも政治的な連帯が必要である。[34] 他方で、AとBの二元が相利的に邂逅しなければ、差別がなくなることはない。「等しさ」が実感できなければ差別がなくなったとはいえないのである。

　ハンセン病であるという理由で施設入所させた男性に同意させ、不妊手術をしたのはジェンダーに基づく行為ではないが、医療行為にかこつけて加える性的な意味のある差別行為であり、ハンセン病差別に基づく性暴力である。また、身体的または知的な機能障害があるという理由で施設入所させた女性に同意させ、または同意を得ないで不妊手術をするのはジェンダーと障害の差別に基づく性暴力であり、複合的な差別行為である。ジェンダーに基づくというのは、あえて「産む性」であることを否定して生殖機能を失わせているからである。これらは医者と患者の双方が健康回復を目的にするような医療行為ではなく、行為時に「等しさ」はなかった。決して人と人が一対一で向き合えるような行為ではないのである。

1）　ただし加害者誤認の可能性はないという前提で最高裁の被害者供述の信用性の判断方

第 5 章　性暴力の行為

　　法を問題視する見解も有力である（大阪弁護士会人権擁護委員会性暴力被害検討プロジェクトチーム編『性暴力と刑事司法』信山社、2014年、35頁以下、吉田容子「データからみる性暴力被害の実態」日本弁護士連合会両性の平等に関する委員会『性暴力被害の実態と刑事裁判』信山社、2015年、15頁以下）。
2）　浜田寿美男「痴漢事件の供述をどのように読むべきか」秋山賢三、他編『続・痴漢冤罪の弁護』現代人文社、2009年、176頁以下。
3）　荒木伸怡「痴漢冤罪事件と刑事訴訟法の解釈・運用」秋山、他編・前掲『痴漢冤罪の弁護』24頁以下、秋山賢三「痴漢冤罪は、なぜ生まれる？」同、他編・前掲『続・痴漢冤罪の弁護』12頁以下。第 3 章で述べたとおり、供述調書の作成段階における「落ち度」論の機能を踏まえて心理学的に供述分析すべきである。なお、被疑者取調べで加害行為の悪質さを引き出すために、被害者のことを貶めて調書が作成されている、という指摘がある（牧野雅子『刑事司法とジェンダー』インパクト出版会、2013年、104頁以下）。
4）　後藤弘子「最高裁痴漢無罪判決」法学セミナー 656号、2009年、57頁以下。「痴漢犯人と思い込んだ男性を犯人に仕立てあげても良い」とはいえない（荒木・前掲論文27頁）。また「私人による現行犯逮捕の落とし穴」もある（同「刑事訴訟法運用上の問題」秋山、他編・前掲『続・痴漢冤罪の弁護』204頁以下）。しかし、痴漢は「（女性に対する性暴力の）恐怖の不平等配分」に乗じた性暴力であり、女性からすると「許された危険」が痴漢被害として現実化しうるのが満員電車である。したがって恐怖の再配分を是とするならば（Keith Burgess-Jackson, *Rape: A Philosophical Investigation*, Dartmouth, 1996, pp181-205.）、満員電車のすべての男性が痴漢行為の疑いで現行犯逮捕されるリスクを負うべきである、というのも一つの正論である。しかしながら、これは悪平等の議論であり、平等の価値を誤解している。
5）　国連経済社会局女性の地位向上部・前掲書64頁。
6）　性暴力の被害者に対する司法面接の有効性など、刑事手続における心理学の役割について内田博文、他編『転落自白』日本評論社、2012年、228頁以下。
7）　山口・前掲書108頁、山中敬一『刑法各論（第 2 版）』成文堂、2009年、146頁。
8）　駒尺喜美『紫式部のメッセージ』朝日新聞社、1991年、119頁以下。
9）　被害者の性的羞恥心を害する画像データは刑法175条のわいせつ規制の対象であると考えられる。なお、わいせつ物の制作過程で性暴力が深刻化しており、これをポルノグラフィとして、その制作・流通・消費を法規制すべきであると論じられている（ポルノ被害と性暴力を考える会編『証言・現代の性暴力とポルノ被害』東京都社会福祉協議会、2010年、22頁以下）。
10）　梅崎進哉「性風俗の刑事規制と社会法益の構造」久留米大学法学14号、1992年、45頁以下。
11）　堀田義太郎「性売買と性暴力」女性・戦争・人権 8 号、2007年、117頁以下。ただし性的な相互性は体の触れ合いを必ずしも要しない。
12）　柿の木に何かしらの「もの」が 1 つ 2 つと数えて28あるが、近寄ってみると柿の実が15個、スズメが 8 羽、ムクドリが 5 羽おり、こうなると「足し算する気にはなれない」。数学的なものの見方にはこの「あらさ」があるという（山口昌哉『数学がわかるというこ

と』ちくま学芸文庫、2010年、35頁以下)。

13) 例えばC・マッキノンが探している「平等にセンシティブな実体的アプローチ」は、ヒトとその他の動物の関係を除くが、このような「等しさ」の概念に立脚することになるだろう(キャサリン・マッキノン、森田成也、他訳『女の生、男の法(上)』岩波書店、2011年、5頁以下、55頁以下)。「A＝人＝B」の等式から「人」を脱落させた上で、「A＝B」とすることに価値があるのは行為論的に「等しさ」を導くからである。これに対して一般的には私の価値(自由や善き生)は他者のそれを含む、あるいは前提にすると論じられる(例えばマーサ・C・ヌスバウム『正義のフロンティア』神島祐子訳、法政大学出版局、2012年、107頁、アクセル・ホネット『見えないこと』宮本真也、他訳、法政大学出版局、2015年、24頁)。なお、自由の概念を前提にしない平等の概念が必要であることは、拙著で論じたことがある(森川恭剛『ハンセン病と平等の法論』法律文化社、2012年、203頁以下)。自由の概念は「意思の自由」に基づくと思われるが、後者があることは、私たちが「どうしよう」と迷いながら、それでも行為を選択することから分かる。しかし、この迷いはヒトの特徴というほどのことではないので、それは「意思の偶然」であるともいえる。これを「意思の自由」と呼んで尊ぶところが人間的であるが、また、「意思の偶然」の個体間を等しくしようとするところにも同様な人間らしさがある。

14) 夏目尚「脱能力主義、脱近代、脱主体の思想を」堀正嗣編『共生の障害学』明石書店、2012年、198頁以下。

15) 中里見博『ポルノグラフィと性暴力』明石書店、2007年、225頁以下。

16) 堀田・前掲論文121頁以下。

17) 青山薫「セックスワーカーの人権・自由・安全」辻村みよ子編『ジェンダー社会科学の可能性第1巻 かけがえのない個から』岩波書店、2011年、135頁以下。売春者への連帯の方法について青山薫『「セックスワーカー」とは誰か』大月書店、2007年。例えば「障害者デリヘル」は、性的サービス業(風俗業)の限度で肯定されている(玉垣努、他編『身体障害者の性活動』三輪書店、2012年、121頁以下)。

18) 売春は「今日になお行われている労働」であり、「歴史的、経済的に周辺化された女性たちはそういう労働をして生きてきたし、現に今も生きている」(藤目ゆき「女性史研究と性暴力パラダイム」大越愛子、他『フェミニズム的転回』白澤社、2001年、223頁)。戦後日本の「売春禁止主義」と軍事主義の結びつきについて藤目ゆき「日本のフェミニズムと性売買問題」女性・戦争・人権8号、2007年、130頁以下。

19) 若尾典子「女性の自己決定権」斉藤豊治、他編『セクシュアリティと法』東北大学出版会、2006年、58頁。なお、フーコー権力論の観点から、緊急通報電話の開設などの一定の条件が整備されるならば、売春者の抵抗の自由において性売買の同意を認める余地があると論じられている(Barbara Sullivan, "Prostitution and consent: beyond the liberal dichotomy of "free or forced"", in Mark Cowling and Paul Reynolds, eds., *Making Sense of Sexual Consent*, Ashgate, 2004, pp. 127-39.)。

20) 「人格」概念の規範的機能が歴史的な反省の対象であることについて小松美彦『生権力の歴史』青土社、2012年、199頁以下。カール・ビンディング、アルフレート・ホッヘ『「生きるに値しない命」とは誰のことか』森下直貴、佐野誠訳、窓社、2001年。

第 5 章　性暴力の行為

21)　神戸地判 H23・11・29LEX/DB25444428は量刑の理由で「内妻の娘であるAに知的発達障害があることにつけ込んだまことに悪質な犯行」であると述べている。

22)　小川麻由子「知的障害を持つ被害者に対する準強姦事件について」捜査研究710号、2010年、27頁以下。知的障がいがあり、売買春に巻き込まれる女性の暴力被害について相ame友「人は変われる」須藤八千代、宮本節子編『婦人保護施設と売春・貧困・DV問題』明石書店、2013年、189頁以下。

23)　カナダでも刑法273.1条2項(ｲ)の「同意不能」による「オール・オア・ナッシング」の判断基準を知的な機能障害のある被害者に適用することは適当でなく、むしろ同条項(ｳ)の被告人による権力的地位の濫用の概念を「知的障害の搾取」へと敷衍することが考えられており、また273.2条の同意に関する誤信の抗弁に要する「合理的な段階 (reasonable steps)」についても、被害者に知的な機能障害があるときは「指数関数的に増加しなければならない」と指摘されている (Janine Benedet and Isabel Grant, "Sexual assault of women with mental disabilities: a Canadian perspective", in Clare McGlynn and Vanessa E. Munro, eds., *Rethinking Rape Law*, Routledge, 2010, pp. 322-34.)。なお、被害供述の信用性について、司法面接の導入が必要であると思われるが、神戸地判 H16・1・27LEX/DB28095215は被害者供述の信用性を認め「知的能力は6歳レベルの中度の知的発達遅滞の認められる知的障害者」に対する強かん罪を成立させている。福岡高宮崎支判 H22・12・21LEX/DB25482876では軽度精神遅滞に該当する被害者 (28歳) の告訴能力 (わいせつ目的の誘拐、強制わいせつ) が肯定されている。

24)　松井亮輔、川島聡編『概説障害者権利条約』法律文化社、2010年、183頁以下、池原毅和『精神障害法』三省堂、2011年、266頁以下、大谷恭子『共生社会へのリーガルベース』現代書館、2014年、81頁以下。「他者性」と両立する「自己決定」について星加良司『障害とは何か』生活書院、2007年、280頁以下、小柳正弘『自己決定の倫理と「私－たち」の自由』ナカニシヤ出版、2009年、218頁以下。成年後見の意義の見直しについて上山泰「現行成年後見制度と障がいのある人の権利に関する条約12条の整合性」法政大学大原社会問題研究所/菅富美枝編『成年後見制度の新たなグランド・デザイン』法政大学出版局、2013年、39頁以下。

25)　河東田博「性の権利と性をめぐる諸問題」松友了編『知的障害者の人権』明石書店、1999年、123頁以下、同『ノーマライゼーション原理とは何か』現代書館、2009年、151頁以下、"人間と性"教育研究協議会編『人間発達と性を育む』大月書店、2006年、『知的障がい児のための「こころとからだの学習」』編集委員会編『知的障がい児のための「こころとからだの学習」』明石書店、2006年、児玉勇二『性教育裁判』岩波ブックレット、2009年、等。

26)　副島洋明『知的障害者 奪われた人権』明石書店、2000年、66頁以下。

27)　Ann J. Cahill, *Rethinking Rape*, Cornell University Press, 2001, pp. 10-2, 118-28, 187-97.

28)　Cahill, *op. cit.*, pp. 97-100, 128-42, 198-9.

29)　Cahill, *op. cit.*, pp. 198-207.

30)　岡野八代「女性のエンパワーメントと身体性」ジェンダーと法11号、2014年、117頁以下。

31) 江原由美子『女性解放という思想』勁草書房、1985年、82頁以下。
32) 花崎皋平『増補アイデンティティと共生の哲学』平凡社ライブラリー、2001年、211頁以下。
33) 佐藤裕『差別論』明石書店、2005年、51頁以下。ただし同書の「差別論」は法論に対して閉じられている。
34) 差別に対する集合的な「自己再定義」の意義について斉藤純一『政治と複数性』岩波書店、2008年、90頁。ただし優劣ある表象の二分法の問題化とは、優位する表象の偶然化であり、自他の均質化ではなく、差異を所与とする単なる二元化であると考えられる。

第6章　性暴力の罪の類型

1　法制審議会改正案

　2015年10月の法制審議会第175回会議に法務省の性犯罪改正案（「性犯罪に対処するための刑法の一部改正に関する諮問第101号」）が示され、刑事法（性犯罪関係）部会に付託して調査・審議することになった。同部会は2016年3月までに5回の会議を開いている（その後、同年6月の第7回会議で修正提案が示され、採決された。法制審議会は9月の第177回会議で同案を採択し、法務大臣に答申した。この**答申案**は、当初案に重要な変更を加えている。本章は、答申案について言及するが、当初案を検討し、その対案を提出する。結果的に、それは答申案とは大変異なる内容になった）。諮問された改正案は同省の有識者検討会（「性犯罪の罰則に関する検討会」）の報告書（2015年8月）に基づき、強かん罪を見直すという内容であり、次の三つの問題点を指摘できる。

　第一に、強かん罪の「かん淫」が、「陰茎を入れる」性交等の行為に修正されている。検討会では「何を」「どこに」挿入すれば、その行為は、被害の重さの点でかん淫に相当するかを議論した。改正案は「どこに」の点を広くとり、「何を」の点で男性の性器を重視した（後述するとおり、**答申案**の「口腔性交」は舌を用いる強かんを認めた）。しかし、行為者が用いる「もの」で重い性的な犯罪行為の範囲を画する方法は説得力をもちえない。被害者のほうに被害があるからである。また、そもそも強かん罪を拡張し、いわゆる性交類似行為を取り込むという方法、すなわちわいせつな行為のどれを新しい強かん罪の対象として重罰化するか、という問いの立て方では、「かん淫の罪」を反省することはできない。

　第二に、強制わいせつ罪と強かん罪の手段の行為（暴行または脅迫）について何も修正がないことである。これは検討会が刑法178条の罪（準強制わいせつ・準強かん）の心神喪失と抗拒不能の意義について議論を省いたからである。性

犯罪は、強制力を行使するいわば本物とそれに準じて強制的であるとみなされるものに分かれている。しかし、第4章の1で論じたとおり、性暴力の暴力性には正・準の区別がない。では、性犯罪の手段を抗拒不能に一本化することを試みるとどうなるだろうか。さらに、この抗拒不能に乗じる行為と被害者の同意／不同意は、どのような関係にあるだろうか。これは性的自由の意義に関わる論点であり、突き詰めておきたい。

第三に、監護者によるわいせつな行為と性交等の罪が新しく提案されたことである。これは構成的身分犯であると解される。その行為主体は、18歳未満の者の監護者として、その影響力を利用する者（当初案では、現に監護する者であることによる「影響力を利用して」行為する者であり、**答申案**では「影響力があることに乗じて」行為する者）である。「利用する」（または「乗じる」）行為の有無は、被害者がどのように抗拒不能にさせられたか、つまり従わされたかという点から判断するほかないと思われる。しかし、これを暴行または脅迫の意義に準じて解釈するならば、13歳以上18歳未満の者に対する監護者の性暴力で、性犯罪ではないとされるものがでてくる。これでは提案の趣旨に反する。

これらを順に取り上げて検討し、性暴力の罪の諸類型を対案として提出する。

2　かん淫・性的強要・性暴力

(1)　「かん淫」から「性交等」へ

強かんの概念は次のように拡げられている。それは暴行または脅迫を用いて「性交等」（相手方の膣内、肛門内もしくは口腔内に自己もしくは第三者の陰茎を入れ、または自己もしくは第三者の膣内、肛門内もしくは口腔内に相手方の陰茎を入れる行為）をすることである（**答申案**では「性交等」とは「性交、肛門性交または口腔性交」をいう。議事録によれば、修正案は、当初案の「意味内容を維持したまま」「過不足なく表現することができるもの」として事務当局から提出された）。新しい強かん罪では、第一に、第三者を直接的に関与させる、その意味で間接的な行為者が、あたかも自分自身の体で性行為をするかのように、強かん罪の直接正犯であるとされた。第二に、挿入者（男性）に対する強かんが認められた。第三に、肛門と口腔に対する性交類似行為が性交と同視された。

このうち関心を集めるのは三点目である。男性（肛門等）に対する挿入行為を強かんと認める反面で、指や器物の挿入行為を除いたことがその理由である。しかし、その行為客体の点は、男性に挿入させる行為を、その陰茎を行為者が入れる行為と捉え直し、行為主体の方から性別を問わないとした二点目が、むしろ目を引く。私（女性）があなた（男性）の陰茎を私に入れることがあなたに対する強かんであるから、「男性とは強かんできる者である」とはいえなくなる。そして、これは一点目と連動している。それは強かん罪の躬行性（自分自身の体でそれをすること）を明文で否定しようとする珍しい提案である。この第三者の関与の点は女性に対する暴力の根絶を目指す社会運動論の求めたことではなく、日本の刑法学の独特の考え方が出たとみられ、注目に値する。

　比較法的には、ドイツ刑法の性的強要罪が類型的に第三者を取り込み、次のように規定する。「行為者もしくは第三者の性的行為を甘受するように、または、行為者もしくは第三者に対して性的行為を行うように」被害者を強要してはならない、と[1]。改正案はこれを参考にしたと思われる。しかし性犯罪の行為類型をつくるにあたり、日本型とドイツ型には違いがあり、この点は類型論的にきちんと理解されなければならない。そこで、まず日本型（「かん淫」類型）・ドイツ型（「性的強要」類型）・性暴力類型の違いを説明し、次に第三者の関与の点が改正案に盛り込まれた理由を考えてみる。

(2)　三類型の比較

　日本の強制わいせつ罪は暴行または脅迫を用いてわいせつな行為をすること、また、強かん罪は暴行または脅迫を用いてかん淫することを禁止する。この「かん淫」が「性交等」に改められる。かん淫とは規範的に中立ではなく、ぞっとする行為であるが、刑法的には性器間の挿入行為を指し、それ自体で違法な行為ではない。この点は「性交等」の用語の採用で鮮明になる。わいせつな行為も同じであり、それは単なる性的な行為であると解される。つまり日本型類型では、性犯罪の違法性はもともと暴行または脅迫にある。性犯罪は、これを手段として暴力的に、行為者が「性交等」を含むわいせつな行為を「する罪」であるといえる。

　これに対してドイツ型では、暴行等の手段の暴力性が重視されている点は日

本型と同じであるが、必ずしも行為者は自分自身で直接的に性行為をしない。そうではなく性犯罪は、行為者が被害者に性的な行為を「させる罪」である。性的な行為をさせるとは、行為者または第三者による性的な行為を被害者に受忍させることを含む。つまり被害者は、強要された性的な行為をするか、行為者等のする行為に対し、これをその体で受けとめ、受忍の性的な行為を強いられる。このようにドイツ型（理念型）は捉えられる。そうすると行為規範の対象は、被害者に対する行為者の性的な行為ではなく（少なくてもそれだけではなく）、また行為者と被害者のいわゆる性行為でもなく、ここでは性的な行為の対他的な直接性が類型的に前提にされていない。

　例えば脱衣し、裸になるのは性的な意味を帯びる行為であるが、共同浴場で、入浴を命ずるのは必ずしも性的ではなく、また他の入浴者にとってもその脱衣は性的ではないだろう（裸体を美術制作のモデルや検体として用いる場合の脱衣も同様である）。つまり脱衣はそれ自体で、対他的な直接性を前提にしないで性的な意味をもつ。しかし、状況次第で、これを命ずる行為が性的な犯罪行為として、脱衣の性的意味から、その性的意味を引き写すことによって（行為者または第三者に対して脱衣する行為をさせる行為として）、禁止される。改正案の「性交等」は、この意味の性犯罪の間接性を導入する試みである。他人に性的な行為をさせれば、性的な行為をすることになるのであれば、被害者と第三者に性交・性交類似行為をさせる行為も「性交等」である、と。

　つまりドイツ型では、類型的に行為者の性的な行為は背景に退き、その強要行為が前面に出る。そうすると被害者のする性的な行為は具体的に強要されたことであり、被害者にとって、それはつねに否定的にある。この対自的な否定性が不正の根拠である。これに対して日本型では、暴行または脅迫と性的な行為は、もともと別々にあり、被害者の意思がこれらを否定的に結び合わせることで、はじめて単なる性的な行為が、性的な違法行為として現れる。ドイツ型では行為者が強要し、被害者が性的な行為をするのに対し、日本型では行為者が第一に暴行または脅迫を用い、第二に性的な行為をする。後者の特徴は、この二本立ての構造にある。

　三つ目の方法として性暴力の罪の類型がある。性暴力の行為とは基本的に性的に従わせることである。行為者が性的に従わせ（「する罪」）、そして被害者が

性的に従わされる（「させる罪」）。二つの性的な行為は因果的に結合しており、この出来事はactとre-actの連接がある点で性的に相互的であり、また直接的である。その暴力性は従わせ／従わされるという支配と従属の関係そのことにあり、被害者を従わせる原因行為（暴行・脅迫等の手段）の暴力性は二次的である。つまり性暴力の行為者は、はじめから性的かつ暴力的な一体の行為をする。これがどのような意味の違法行為であるかは、類型論ではなく、違法論で問われる。

(3) 違法論の比較

　日本型の性犯罪では、暴行または脅迫によって、はじめに被害者の「意思の自由」が抑圧され、その上で、それ自体では違法ではない性的な行為が加えられる。この「意思の自由」の侵害のあることが性犯罪の本質である。しかし、それは性的な価値ではなく、単なる強要罪の法益と同じであるから、この他の何をもって性的な観点から罪の重さを量るかが問題である。それは性的な行為のわいせつ性の大小か、あるいは単なる性的な行為が被害者の意思に反した場合の性的意味の重大性か。学説は後者を採る。この場合、その意味づけをするのは被害者本人であるから、厳密にいえば、類型的に「性交等」の行為を重いと評価してはならない。しかし、一般的に強かんは重いと考えられている。それは暴行や脅迫の程度が強いから「身体」や「意思の自由」に対する侵害が大きいという意味ではない。それゆえ刑法上の「性的自由」とは、理論的に厳密にいえば、単なる性的な行為に対する被害者本人の同意／不同意の選択意思の自由であるが、実際には、わいせつ性のように、「普通人の正常な性的羞恥心」や「善良な性的道義観念」に照らし、その侵害の有無や程度を一般的に判断することのできる、かなり柔軟な価値である。つまり日本型の性犯罪の違法性は、一般的な被害者にとってどれほど嫌な性的な行為があったかによって量られる。したがって、行為者の性的な行為の内容が重視される。

　これに対してドイツ型では、被害者が何をさせられたかが問われる。被害者からすれば、それは意思ではなく、優れて行為の問題である。しかし基本的には強要罪であるから、その行為を選択せざるをえなかった意思の負担の重さを量り、その性的な行為を強いられることは、あなたにとってどれほど屈辱か、

あなたの魂が脅かされたか、などと問うことができる。ここに性的な尊厳や自律性の概念が用いられる相応の理由がある。これらの概念に照らし、強いられた性的な行為の内容に応じ、被害者の同意の質、つまり真の同意の有無を問うことができる。例えば臀部を触られるのは選択意思の問題であるが、性器間の挿入行為があるならば、それは次元の異なる同意／不同意の問題であり、後者を受忍して性的に行為をすれば性的尊厳が害されるだろう。このようにドイツ型では、被害者の性的な行為の内容によって違法性が量られる。

同様に、性暴力の罪でも、従わされる者の自由や尊厳が害されるといえる。しかし、この行為類型の特徴は従わせ／従わされる関係において性的な暴力性が現れる点にある。その暴力性とは対他直接的な相互性が相利的ではないこと、すなわち性行為の相利性が害されることである。それは真の同意ある性行為の価値に反することであるといえる。しかし、ここでは同意の質ではなく、どのような価値（利）において相利行為による「等しさ」が壊されるかを問うことができる。自己と他者は同時一緒に同じ行為することで等しく価値を享受することができ、基本的に人の「性」もまた他者との間の価値の問題であると考えられる。例えば一般的に性行為によって互いが親密になるのであれば、性暴力の行為はその親密さの価値を害する。したがって、性暴力の罪の違法性は、どのように性的に従わせ／従わされたか、その出来事を再現し、強要された行為を含む全ての従わされたことから量られる。どの程度に「等しさ」が壊され、また、どのような価値が具体的に害されたかが問われる。

以上の類型比較から次のようにいうことができる。「性交等」の罪への改正の理由として考えられるのは、日本型では性的自由の意義が法的に希薄であり、勢い強かんだけは別格の扱いをされてきたため、その重い罪の範囲を拡げ、性犯罪の違法性を重く見せる必要があったということである。しかし、強かんの行為は重大な性的利益を害するが、その逆も然りといえるところまで強かん（または「性交等」）の概念を拡げられない。これを打開するのが被害者の性的な行為に着目するドイツ型類型である。それゆえ、これを参考にするのは有意義である。しかし、改正案は日本型類型を維持した。

これらに対し、性暴力の罪の類型は、被害者が性的に行為させられる点を重視するが、性行為の対他的な直接性を否定しない点でドイツ型とも異なり、そ

れゆえ類型的に第三者を介在させない。また、その違法論は被害者の同意／不同意を問わないので、ここから性暴力に対する同意なるものは原則的にないと論じることができる。改正案は取り上げなかったが、これは暴行等の手段の行為に関する論点であり、そこに日本の性犯罪類型の大きな問題点があるとされてきたのだった。

(4) 第三者を関与させる「性交等」の行為

ⅰ) **他者の陰茎を入れる行為**　「性交等」の行為は次の四種類に分けられる（図15）。①Xが自己の陰茎をYに入れる②Aが第三者の陰茎をBに入れる③Aが第三者にCの陰茎を入れる④甲が自己に乙の陰茎を入れる。同様にドイツ型の性的行為の強要罪もこの四種類に分けられる。①②は被害者が（行為者または第三者の）性的行為を受忍させられる場合であり、③④は被害者が（第三者または行為者に対して）性的行為をさせられる場合である。つまり改正案は、ドイツ型を見倣い、①のみである日本の強かん罪の範囲を拡張した。しかしドイツ刑法の強かん罪は②③を除外し、①④のみである。強かん罪の躬行性（「入れる」行為の相互性）の観点から歯止めをかけていると考えられる。

②③の強かん罪の問題点は、まず、Aが具体的にどのようにして第三者またはCの陰茎を入れるかについて不明確であることである。Aはその方法を指示する必要がない。それゆえ被害者と第三者がAの認識しない方法で性的に行為するとき、Aの罪責は錯誤論に委ねられる。次に、第三者が挿入行為をする②の場合、刑法182条の淫行勧誘罪（営利目的で淫行の常習のない女子を勧誘してかん淫させる行為の禁止）と並べて考えるならば、Aが暴行または脅迫を用いてBに売春をさせたり、アダルトビデオに出演させたりすれば、強かん罪が成立するだろう。たしかにAはBを性的に従わせている。しかし、これを「Aが買春者の陰茎をBに入れる」というだろうか。この点、④の場合は明らかに乙に対する直接正犯であり、乙の陰茎を甲が自己に入れることは可能である。しかし、被害者Cに挿入行為をさせる③の場合、再び現実的にはAは強要行為をしており、陰茎を入れるのではない。つまり「性交等」（陰茎を入れる行為）の概念は、第一に不明確であり、第二に類推的に外延を拡張させたといわざるをえない。

改正案がこの問題を招来した三つの理由が考えられる。一つ目は間接強かん

図15 法制審改正案の性交等と第三者の問題

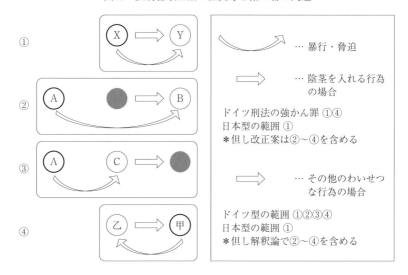

論に囚われたことである。間接強かんとは、被害者が暴行または脅迫をうけて挿入行為をされたが、その法益侵害は、行為者の背後の黒幕的な行為者がしたと解される場合である。第三者を関与させ、挿入行為をさせる②の行為者Aは、この間接正犯に近いといえる。しかしAは、被害者に対して自ら暴行または脅迫を用い、その「意思の自由」を侵害するので直接正犯である。改正案は、間接強かんを認めて、この直接正犯を強かんと呼べない理由はないと考えた。しかし間接強かん論は、直接的な強かん（暴行または脅迫を用いた性交）があり、犯罪結果があるとき、その原因行為を尋ねて間接的な行為者に辿り着く。これに対して②③では、直接的に強かんがあるとは限らない。Aは必ずしも性交の方法（つまりBとCの行為）に関心を示さないからである。その場合、強かんの被害（従来の意味のそれ）のないところに強かんの行為を認めることになる。

そこで強かん罪という罪名を、例えば強制性交等の罪と呼び換えてみるということが考えられる。強制性交等の被害とは、暴行や脅迫をうけて陰茎を入れられ、または陰茎を入れさせられることである。例えばそれは脅迫されて売春または買春をさせられることである。そこにも性的自由の侵害がある。しかし、強制されて買春させられる被害と従来の強かんの被害が、強制性交等の被

害として実質的に同じであると考えられるか、という点が第一の疑問である。もし、そのように考えるならば、例えば強制されて慰安所を利用した元軍人も日本軍性奴隷制の被害者であるといえる。第二に、売春をさせられる被害と従来の強かんの被害は、強制されて陰茎を入れられる点で、実質的に同じであると考えられるか、という点である。この二つは強制されて風俗営業で働かされる被害と実質的に異なることになる。しかし、これらは性的に従わされる性暴力の被害である点で実質的に同じなのである。「入れる」行為に囚われて買春者と売春者の被害を同列に並べるような考え方は、性暴力の構造性を見失っている。

ⅱ) AがCを脅迫して衣服を脱がせる行為　　二つ目の理由は、強制わいせつ罪で解釈論上の先例があったからである。例えばXがYを脅迫して衣服を脱がせたとする。従わされたYが衣服を脱ぎ、身動きをせず、そしてXに体を触られたとき、Yは、Xに触らせているつもりはないが、身動きをしないという不作為はYの行為である。つまりYは衣服を脱ぎ、身動きをしないことにおいて、性的な被害をうけている。Xは衣服を脱がせ、身動きを封じ、その体を触るという性暴力の行為をしている。XとYの間で「等しさ」が壊れている。そこに犯罪結果がある。しかしXのする体を触る行為について、Yの意思を問うていない。それゆえ、同様にCが衣服を脱がされるとき、Cの同意／不同意の意思にかかわらず、Aに脅迫されたCが衣服を脱ぐならば、Aが性暴力の行為をしたと把握できる。被害者は性的に従わされたからである。もちろん従わされる行為と同時に不同意の行為があれば、その行為の内面に不同意の意思があると了解できる。

しかし、日本の刑法学は次のように考える（図16）。脅迫されたCが公然と衣服を脱ぐとする。これを見る公衆は公然わいせつ罪があるとみなす。Cの脱衣がわいせつな行為である。Aは間接正犯または教唆犯である。これは公衆に対するAの罪責である。しかし、さらにCに対する性犯罪が成立しないだろうか。これを第三者に対する性的な行為の強要行為であるとみれば、ここにドイツ型類型が第三者を取り込む理由があるだろう。しかし、AはCを脅迫して義務なきことをさせたので、それは性犯罪である前に強要罪ではないか。これは間接正犯（教唆犯）の違法性に関する一般的な問題提起を含んでいる。他人に違

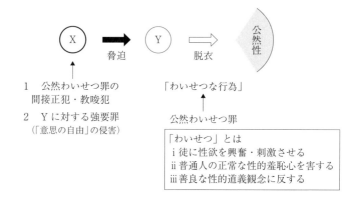

図16　Xが「脅迫してYの衣服を脱がせる」（不特定多数人の前で）

法行為をさせることは、それ自体で一つの犯罪なのだろうか、という問題である。これを肯定すると、Cのわいせつな行為を利用する行為（公衆に対する性犯罪）とCに対する強要行為（Cに対する性犯罪）の観念的競合を認めることができる。しかし、そこまで直ちに理論的に踏み込めないので、強制わいせつ罪をドイツ刑法の性的強要罪のように改めることはできない。

　そこで、甲が、面前の乙の衣服を脱がせたとする。乙はわいせつな行為をしているだろうか。脱衣させる行為の他に、甲自身のわいせつな行為がないのであれば、甲は強要罪であり、強制わいせつ罪には該当しない。それゆえ、日本の刑法学は、重要なのは乙が甲の前で衣服を脱ぎたくはなかったこと、つまり乙の性的自由が侵害されたことであると考える。というのも性的自由の侵害があるならば、甲の性的な侵害行為があるはずだからである。

　しかし問題は、まず、乙の行為に貼り付いたわいせつ性の評価が払拭されないことである。次に、甲の性的な行為の内容が具体的に示されていないことである。甲が乙の写真を撮る、または単に見るなどの行為があれば、その行為に対する乙の意思を問えば、それが性的自由の侵害行為であるといえる。しかし、これらの行為がない場合、甲のこととして残るのは、せいぜい性的な内容の言語行為である。つまり「服を脱ぎなさい」と述べたか、少なくとも何らかの手段で乙にその旨を伝えたという、そのことが性的な意味をもちうる。もちろん、その言葉を発し、乙の脱衣を指示すること自体は違法ではない。しかし

「さもなければ…(痛い目にあわせる)」という脅迫と結びつけば、そこに性的な違法行為が現れる。こうして甲の強制わいせつ罪が説明される。

 もちろん、これは、もともと脅迫行為として一体であるものを、わざわざ二分割して日本型類型に当てはめる、という解釈論である。類型上の建前を解釈論的に追求したのである。強制わいせつ罪では、他人の身体を性的に触るならば暴行であるという少々苦しい説明をするが、さらに性的な行為の命令そのものに脅迫があると解さねばならない。例えば「入浴しなければ食事を与えない」というのは脅迫であるが、性的な意味はない。しかしこれは「入浴しなさい」という命令であり、この命令自体に脱衣させるという性的な脅迫があると解釈することになる。しかし、こうして解釈論的に日本型類型を徹底させれば、①だけでなく、ドイツ型の性的行為の強要罪のように、②〜④の行為を強制わいせつ罪に取り込める。

 そうすると改正案は、この解釈論をさらに突き詰め、これを立法論に落とし込み、「性交等」の罪の行為を類型化したといえる。それは、ある意味で性的挿入行為強要罪である。なぜなら、第三者を関与させ、第三者または被害者に挿入行為をさせる②③の行為者Aは、被害者に性交を指示する強要行為をしている。他方で、やはりそれは日本型類型である。Aの強要行為は「意思の自由」に対する脅迫行為と性交を指示する性的な行為に二分される。そして、後者の性交指示の行為をじっと見つめる。これを、陰茎を入れる行為であると書けば、たしかに強かん罪を適用することができる。

　ⅲ）　**AがBとCを脅迫して性交させる行為**　　三つ目の理由は、おそらくかん淫の概念に囚われたからである。Aが女性Bと男性Cを脅迫して性交させたとする。BとCの間でかん淫がある。それならばAは強いてかん淫させたのだから強かんである。そう思い込まれている。しかし、例えばBとCが夫婦であり、Aは、Bに出産をさせたくて脅迫をする場合、子を望まない二人は避妊具を使用できるかもしれない。それでもAの違法行為が認められるのは、Bが挿入されるとき、Bの性的自由が侵害され、またCが挿入するとき、Cの性的自由が侵害されると考えるからである。しかし、Cが挿入するとき、Bが強かんし、また、Bが挿入されるとき、Cが強かんするとはいえない。つまり一方が他方に対して強かんをするといえない以上、Aは、強要罪か強制わいせつ罪で

ある。現在の刑法ではそうである。しかし、BとCのそれぞれに対し、他方を第三者とした上で、脅迫を用いたのはAだから、Aが「入れる」行為をする、つまり二個の「性交等」をすると構成するならば、強かんの行為が現れる。もちろん現実的にはAは入れておらず、性交を指示して脅迫したのであるが（例えば「男子を出産しなければ離婚させる」と脅迫した）、強かんしたとされる。

　前述のとおり、これは強かんのないところに強かんを認める考え方である。Aがすることを強かんと呼ぶべき理由は、Cに代わってAがBを脅迫するといった条件を追加しないのであれば、ないと思われる。BとCの間に強制／被強制あるいは支配と従属の関係が認められなければ、そこに正／不正の問いを差し挟むことができない。Aから離れて直接的に相互行為する二人は、互いの苦痛を和らげるように、その意味で相利的に行為することができる。しかしBとCは、性的に脅迫をするAとの間で「等しさ」を壊され、Aに従わされて性的に行為せざるをえない。そのことが彼らの被害である。それがどれほど重いかは、彼らがどこで、どれくらいの時間、どのような内容の性的な行為をさせられるかによる。相利性自体も奪われうる。Cの陰茎をBに入れたのは、Cではなく、Bでもなく、Aであると考えなければAの行為の違法性を説明できないとすれば、その理論はファロセントリックであると思われる。

　強かんとは重い性犯罪であると考えられてきたが、ここではかん淫を強要しなければ一般的に被害が軽いとはいえない。強かん罪の性規範は性器間挿入の被害を重くみてきたが、性暴力の罪では、ことはそれほど単純ではない。例えば目取真俊の小説『虹の鳥』（影書房、2006年）に対する評論で、「若いギャングが相手の性別を問わず性的リンチを頻用するのは、彼らが屈服のメカニズムを操作する性的な支配の方途をくまなく理解しているからだ」と指摘されている[2]。「性的リンチ」には様々な方法があり、性器間挿入はその一つである。どの「性的リンチ」も酷いのであれば、「性的リンチ」とは何かをはじめに問題にせねばならない。少なくとも「性交等」の行為の被害を重いと評価するのであれば、その理由を示さねばならないが、日本ではその法益は前述の性的自由である。これでは強かん罪と強制わいせつ罪の違いも説明できなかったのである。

　したがって、まず、第三者を取り除き、次のように、改正案は修正されねばならない。暴行または脅迫を用い、相手方に対して「性交等」（膣内、肛門内また

第6章　性暴力の罪の類型

は口腔内に陰茎を挿入する行為）をし、または相手方をして自己に対して「性交等」をさせてはならない、と（答申案の「性交等」はこのような意味内容であると読めるし、このように限定的に読むべきである）。これは日独折衷型の類型である。同じように、強制わいせつ罪を書き換えることができる。この二つの書き換えをすることがドイツ刑法を参考にして日本型類型を改正する場合の合理的な方法である。もちろん、これは違法論に踏み込まない弥縫策である。

　しかし、次に、このような日独折衷型の強かん罪は、ドイツ刑法のそれとほぼ同じになり、男児に対する場合にかぎらず、一般的に挿入者（男性）に対する強かんを認めることになる。問題は、その立法事実が十分に提出されていないことである（性犯罪の改正にあたりドイツ刑法を参考にすることが合理的であるとはいえないということである）。男児をして性的に行為させる被害にしても、それを顕在化させる必要があるが、そのためには、それが強制わいせつ罪に該当することを明記すれば足りるのであり（答申案はこれをしていない）、次の二つの方法で行為させる被害（強かんのそれ）をその他の方法で行為させる被害（強制わいせつのそれ）から区別する理由が明らかでない。それは第一に陰茎挿入を強いられることであり、第二に「女性器を舌でなめる行為」を強いられることである（答申案の「口腔性交」は舌による行為を含むと説明された。この点で当初案よりも強かんの範囲が広げられた）。また、理論的にも、挿入／被挿入を問わない重い被害の内容とは何か、つまり一方で自己の陰茎を挿入する行為を強いられる男性の被害と挿入される男女の被害を等しく扱うが（これらは強かんである）、他方で自己の指を他人の肛門に挿入する行為や自己の舌で他人の肛門をなめる行為を強いられる男女の被害は別異に取り扱う（これらは強制わいせつである）理由は何か、といった点は検討された形跡がない。さらに欺罔等を手段とする準強かん（男性に対する女性の行為、特に女性の売春者による行為）について議論がない。第5章の4で述べたように、性交とは挿入し／されるものである（男性が挿入して女性が挿入される）とみなされているのに（法制審刑事法部会がこのジェンダー・バイアスを暗黙の前提にしていることは、議事録から読み取れる）、強かん罪における行為、つまり犯罪行為としては、性交とは男性が陰茎を入れ、または女性が膣に入れることであるとして両性を平等化するのは、配分的な正義の観点に照らし、不合理な差別的取り扱いであるといわなければならない（所得格差があるの

189

に同じ納税義務を課されるようなものである)。相手方をして私(行為者)の体に挿入させる行為を、相手方に対する「強かん」と呼ぶ理由は、その被害の重さからは導けないと考える。

3　性暴力の罪の加重類型

　改正案は、強制わいせつ罪に手を加えず、そのまま日本型類型を維持した。その狙いは強かん罪の範囲を拡げることにあった。私はここにボタンの掛け違い(刑法学と運動論のずれ)があったと見る。これでは強制わいせつ罪から強かん罪へ、一部の行為が移ることにしかならない。つまり、被害者を沈黙させる性犯罪の問題に対して類型論的に取り組めない。

　ボタンの掛け違いとは、まず、強かんの行為を拡げるには、(ア)暴行・脅迫等の手段の行為と(イ)性的な行為を拡げる方法があり、この両方が必要であると指摘されてきたが、強かん罪の課題は後者であるとされ、前者は見直されなかったことである。たしかに前者は強制わいせつ罪と共通する日本型類型の手段の行為の問題である。しかし、逆にいえば、これを問わないかぎり日本型類型の二本立て構造そのものに対する反省の機会が失われる。

　その問題とは、被害者の意思に反したとしても、暴行または脅迫が足りないとされて違法性がない(被害者の同意がある)、またはその錯誤があるとされ、性犯罪が見過ごされてきたことである。これは「被害者の不同意」(フェミニズムの性的自由)が刑法的に軽視されることであるが、行為者の性的な行為に対する被害者本人の意思を問う日本型類型で顕著な矛盾である。なぜなら性犯罪の有無は被害者の同意／不同意の「意思の自由」に基づき、理論的には、これは暴行または脅迫の有無そのことに他ならないからである。それゆえ、前者の課題はもっぱら解釈論的に解決できるように見える。実際に強制わいせつ罪では手段の行為を拡げている。しかしながら、強かんは重い行為であるとされるから、被害者の明確な意思表示を要すると解釈され、また、その明確な意思が行為時に示され、そして立証されなければ行為者は同意の錯誤を主張する。つまり日本型類型の強かん罪で「被害者の不同意」が軽視されるのは、性的な行為に対する選択の自由を性的自由と呼ぶからである。いいかえれば日本型類型で

は、性暴力に対する同意の余地を認め、その同意行為の選択も含めて性的自由であるとされる。これはフェミニズムの性的自由ではない。しかし、他ならぬ性的自由が強かん罪の法益であると説明されるので、その意義が原理的に希薄であることが非常に見えにくい。

次に、そのためなのか、前述の(イ)、つまり行為客体の性別を不問にした点で改正案は評価に値するとみなされたことである。強かん罪に取り込まれるわいせつな行為は、重い価値侵害の行為であると思われる。しかし、類型論的には日本型の強かん罪は砂上の楼閣であり、さらにこれを高くするのが改正案である。それゆえ、前述のとおり、改正案に対する応急措置として、第三者の行為と男性に挿入させる行為を強かん罪から外す必要がある（また**答申案**の「口腔性交」は当初案の意味内容で解釈することが望ましい）。

しかし、このような改正案では、今後も「かん淫」禁止の性規範が「性交等」の罪の中で機能し続けることになるだろう。それゆえ本当に重要なのは「性」の価値と刑法の関係を問い直すことである。本書で述べてきたとおり、強かんとは「かん淫」することであると行為類型化したジェンダー差別の前提が根本的に疑われているから、性暴力の概念が刑法的に必要なのである。性器間挿入の被害は重いとしても、それがなければ一般的に軽いといえないのであれば、かん淫重視の延長線上で「性交等」の行為を考えるのではなく、性犯罪の被害を重くする理由を明らかにせねばならない。「性交等」の行為が重い理由は「濃厚な身体的接触を伴う性交渉を強いられる」からであるとされる[3]。これがどのような法的価値を侵害することであるかは説明されていないので、おそらく性的自由を大きく侵害するという意味である。これは精神医学の見解に基づくが[4]、陰茎を用いる行為を重視する理由にはならない。また、器物を挿入される被害に身体接触がなければ、その被害は重くないとでもいうのだろうか。図17は改正案（**答申案**も同じである）の強かん罪を拡張する方法がわいせつ性の概念を用いて説明できることを示している。

そこで、性暴力の罪の加重類型について暫定的な私見を述べる。性暴力の行為は性行為の相利性を害するので、その基本類型で考慮されない価値が性的な行為によって侵害されたときが加重類型の対象である。例えば①年少者の「性」の要保護性を重視する場合②強い暴行や脅迫（武器使用等）が「身体」や「意

図17　強かん罪を拡張する方法

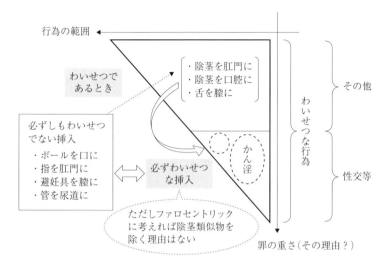

思の自由」を大きく害する場合（致傷結果を含む）③性的に従わせる挿入行為が「内部的身体」の利益を害する場合④「リプロダクティブな身体」の利益が害される場合である（図18）。二点を補足説明する。

　第一に、リプロダクティブな身体利益は、挿入行為がなくても害され、また、刑法的には性別を問わない利益であると考えられる。それゆえ基本類型の行為が、生殖器官を対象にする場合、挿入の有無にかかわらず、生殖器官に対する行為があることによって刑が加重される。この身体利益を単なる身体のそれと区別するのは、リプロダクティブ・ヘルス＆ライツの概念を法益論に持ち込みたいからである。また、これを身体の利益とする理由は、身体の中でも生殖器官は無条件に性的であり、意味的な負荷が大きいからである。この点では改正案が挿入物の中でも陰茎を特別視したのと同じである。しかし、それは行為客体の側から考慮すればよいことであり、特に女性が行為客体である場合は、その意味的な負荷が大きくなること（行為が生殖器官に向けられること）とリプロダクティブな身体的問題は不可分である。そしてこの二つのうちリプロダクティブな身体の健康ではなく、性的な意味負荷のほうを重視すれば、生殖器官だけでなく、これに準じて肛門等の性的部位を含めうる。しかし、ここでは

第6章　性暴力の罪の類型

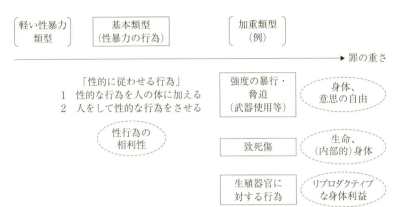

図18　性犯罪の基本類型と加重類型

肛門等に対する性的な行為を除外し、リプロダクティブな観点を優先させ、これを身体的な利益として位置づけることで異性愛の性的指向を重視するものではないとする。

　第二に、さらに内部的な身体の利益なるものを取り出しうることを指摘したい。医療や介護の行為を除けば、他人の行為が自己の体の内側の部分に直接的に作用するのはほとんど性的な行為によってである。それゆえ基本類型の行為が、さらに内部的身体に対して性的に行為する場合、つまり性的挿入行為がある場合、これを内部的身体に対する性的な意味のある暴行であると解すれば、挿入行為に特化した加重類型をつくることができる。単なる身体ではなく、また性的な尊厳や自律性でもなく、内部的身体という特別な法益を性的な観点から導入することになる。ちなみにこれは加重類型であるから挿入未遂罪は不要である。しかしながら、この挿入加重の見解に対し、リプロダクティブな身体侵害は挿入の有無を問わない加重事由であるから、例えば女性の性器や男性の尿道に対する挿入行為があった場合に、二重に加重するか、あるいは「性暴力被害について聞く側の想像力」に問題があるので、挿入行為の有無そのことを重い被害の要証事実として法的に争うのではなく、診断書等で認められる範囲で傷害の結果のみを取り出すことが考えられる。つまり内部的身体への暴行では足りず、身体内部の致傷罪として、二重に加重される。内部的な身体傷害

193

は、外部的なそれと違い、精神的苦痛も大きいとされるので、傷害の程度は問われない。つまり、その程度を問わないとする点で、内部的身体の利益が性的に考慮される。

例えば男子割礼の行為がある。これはいわゆる性行為ではなく、特に性的に意味づけられて人の身体に加えられる行為である。この慣習のない日本では、その行為はわいせつであり、強制わいせつ罪が適用される。行為者が脅迫を用いたとする。まず、相手方の「意思の自由」を奪い、身動きを封じることが、手段の行為の効果である。その上で、体の性的部位を対象にするわいせつな行為がある。第一に暴力的手段の行為を用い、第二に性的な意味のある行為をするので性的暴行（sexual assault）である。そして身体を傷害するので致傷罪、つまり強制わいせつ致傷罪である。これに対し、性暴力の考え方では、他人の体の性的部位に行為を加えることができている点に性的な従わせる行為をみる。被害者は従わされているから、その体の性的部位に行為を加えられている。その手段が何であるかは重要ではない。慣習によって従わせたのだとしても原則的に性暴力である。そして身体の中でも生殖器官に対する行為である点で刑が加重され、さらに身体を傷害する点で二重に加重される。

4　拒絶困難の間に従わせて

法制審改正案の第二の問題点は、強制わいせつ罪と強かん罪の手段の行為（暴行または脅迫）について何も修正しなかったことである。この点について従来から代替案として提起されてきたのは、序論で紹介した性犯罪の恐喝類型を設ける方法であり、また、暴行と脅迫に加え、威力や偽計を書き加える方法である。しかしこれでは、強制的な手段の行為が被害者の「意思の自由」を害する、という日本型類型にある問題を解決することができない。

日本型類型の性犯罪は、暴行または脅迫を用いる性犯罪と、そのような強制力を行使しない準性犯罪に分けられてきた。「準ずる」ことの意義は、非強制の手段を用いるが、強制の手段を用いるときと同様に、相手方の性的自由を奪うということである。つまり非強制であるが「意思の自由」を奪うも同然であるから準強制であると解釈される。それゆえ心神喪失と抗拒不能の意義は、暴

行または脅迫のそれに準ずるとされる。つまり「抗拒不能にさせて」とは、「結果的に抗拒できなくさせて」という意味ではなく、「一般的にみて著しく抗拒困難にさせて」という意味であるとされる。しかし、著しく困難であろうと、単に困難であろうと、抗拒できなくさせられたという結果からみれば同じである。

　それゆえ抗拒不能の意義について再考せねばならない。行使される強制力の程度の観点からすると、抗拒不能とは、文字通り、圧倒的な腕力で被害者が押さえつけられた状態、つまり激しい暴行によって著しく抵抗困難になった状態を思い浮かべる。これに対して刑法的な意味での抗拒不能は、欺罔などの手段により、それと同程度に「意思の自由」を制約され、抗拒できなかった場合をいう。薬剤を挿入すると偽って患者を誤信させ、医師が性器間挿入した大審院の事案がある（大判T15・6・25刑集5巻285頁）。それは心理的に「著しく抗拒困難」であり、「単に困難」ではなかったから有罪である、と解釈する。しかし、このような内的次元に立ち入る線引きは、そもそも可能かを問題にしなければならない。どのような根拠で被害者は心理的に「単に困難」であったにすぎない、という判断を下すのか。それは何かしらの被害者像に基づき、不可避的に何かしらの経験則に左右されて判断することになるだろう。ここに被害者が被害者なりに抱え込まされる被害を切り捨てる理論の暴力がある。しかし、性暴力には強制／準強制の区別がないのであれば、被害者が抗拒困難であれば性暴力の行為がある、と判断することができる。被害者は「著しく抗拒困難」であることを要すると解釈する理由がない。もちろん武器使用の場合など、著しく抗拒困難にさせられたとき、その分だけ被害が重いのであり、罪も重いということができる。

　そうすると刑法的な禁止規範としては、人を「抗拒困難」にさせて性的に従わせてはならない、と記述すれば足りる。暴行または脅迫の要件は基本類型から除かれる。あるいはもっと簡潔に、住居侵入罪のように「ゆえなく」、つまり「正当な理由がないのに人を性的に従わせてはならない」と書くことも考えられる。そして「正当な理由がある」とは、相手方の同意があることをいうと考えるならば、「人の嘱託をうけないで、または承諾をえないで（つまり同意なく）性的に従わせてはならない」と禁止すべきだろうか。しかし、同意をえて

性的に従わせるのはよいことかと問えば、肯けるのは非常に例外的な場合であり、原則としてそうではない。したがって抗拒困難であるなど、相手方が従わされうる状態にあることを性的に従わせる犯罪行為の条件にする必要がある。

その二つの方法がある。まず、「人を従わせて、その体に性的な行為を加え、または性的な行為をさせてはならない」と書く。つまり行為者の従わせる行為を要求する。しかし、これでは性暴力の行為が、従来の強かん罪のように、従わせる暴力行為と性的な行為に分割されてしまう。特に未遂罪の解釈で、それが問題になる。つまり行為者が用意周到であれば、性的な行為によほど先んじて従わせようとする行為が始まるが、この段階では相手方の同意を上手に得ようとする行為と見分けがつかないことがあると思われる。

したがって、被害者が結果的に従わされることを書く必要がある。従わされたことは、犯罪結果そのことであり、被害者からすると、起こるべきでなかった、という意味で偶然の被害である。しかし行為者からすると、それは起こるべきである、という目的的に必然の結果であるから、被害者の不可能が可能に変えられてしまう、その不条理な、未完了の出来事を、うまく表現するにはどうすればよいか。その未完了の現在性に未遂罪があることになる。

そこで考えてみるに「抗拒困難」とは、同時に退避困難であり、救助も求められず、叫び声も出ない、どうすればよいかを冷静に判断できない、だから従うしかない、というほとんど八方ふさがりの状態である。しかし「八方ふさがり」と言い切ってしまえば、それは「不能」の状態、つまり「著しく困難」な状態であるとみなされてしまうので、「今にも八方ふさがりに陥らされそうな状態」であると認識する必要がある。すでに「八方ふさがり」と言い切れる状態で性的な行為が加えられたならば（例えばそれが性交をするための脱衣させる行為であるとしても）、そこにはすでに犯罪結果がある。

ところで母体保護法14条1項2号に「抵抗もしくは拒絶することができない間に」という文言がある。これは、ありえないことが、あってはならないという不可能を、不可能のままにできないで、可能に反転させられてしまう、その時間の幅を記述しようとしている。「抵抗することも、退避することも難しく、拒み通し切れない間に」といいかえることができる。つまりNoであったのにNoを押し通せない、Noが否定されてしまう状態、すなわち不同意を押し

通すことが困難で、そして不同意が打ち消されてしまう状態である。被害者は、著しく困難か、単に困難かを問わず、このような「拒絶困難の間に」、性的に従わせる行為を加えられ、結果的に従わされる。もし、それでも抗拒して行為者を排除できた場合や救助的偶然の介入等により従わせる行為が中断された場合は未遂犯である。

　つまり、性暴力の行為者は、行為者自身が従わせる行為をして被害者を抗拒または退避困難にさせたか否かにかかわらず、拒絶困難な状態にある者に性暴力をする。被害者が拒絶困難な状態にあるから、行為者はその間にこれに乗じて性的に従わせる行為をすることができ、被害者は従わされる。人の拒絶困難に乗じてその間に従わせうる者が性暴力の行為をするといえる。したがって性暴力の行為とは「人の拒絶困難の間に従わせて性的な行為をその体に加え、または人に性的な行為をさせる」ことであると記述できる。

　これに対して暴行または脅迫を用いる強制の（つまり真正であるとされる）行為類型から出発するとき、その違法性の本質は自由に対する強制、すなわちわいせつな行為に関する「意思の自由」の侵害にある。わいせつ物を見せる行為も、私のかん淫も、あなたの選択次第である。つまり、あなたに対するわいせつな行為をあなたが選択する／しないを決める自由があるならば、同意／不同意を決める自由があるが、わいせつな行為が強いられるならば、その自由がない、つまり「意思の自由」が侵害される。そのとき、あなたの中に強いられた不同意があるというべきか、同意が強いられたというべきか。

　わいせつな行為に対する「意思の自由」、つまり同意／不同意の選択の自由が、刑法学の性的自由であった。しかし、これはフェミニズムのいう性的自由ではなかった。後者が刑法学に向かって性的自由の価値を説くとき、それは男性による性的支配を拒否する自由である。つまり家父長制の権力に対して不同意の声をあげる自由を女性は奪われないのであり、性暴力に対する同意なるものは原則的にない。この意味で刑法的に「性的不同意の自由」が保障されねばならなかった。したがって被害者が不同意困難にさせられたならば、性暴力の行為があると解釈されねばならなかった。

　性暴力の対極にあるのは、真の同意ある性行為であるといえる。本書の見解によれば、それは相利的な性行為である。性暴力の被害者は、不同意困難にさ

せられ、真に同意することなどできないが、だからといって明確に不同意の「意思」をもつことまでは要求されない。なぜなら加害者が被害者から同意を得ようとしており、被害者が加害者の行為に引っぱられてしまえば、同意の「意思」が強いられているからである。被害者の心的状態は半ば不同意／同意でありうる。しかし、それは被害者が不同意の範囲を狭められ、「性的不同意の自由」を奪われたこと、つまり「性的に相互的である（等しさの）権利」を害された、ということである。それゆえフェミニズムの「不同意の自由」は不同意の範囲を拡げようとする。そしてこの綱引きの中で被害者は同意／不同意の「意思」を事後的にふりかって選択することがある（第4章の図10）。

そのため刑法学では、強引なわいせつな行為に対する同意の余地を認め、性的自由とは同意／不同意の「意思の自由」であると歪めて理解してきた。たしかに不同意堕胎罪における堕胎とわいせつな行為を比較するとき、後者の行為選択のほうが敷居が低い。つまり不同意堕胎罪と比べて性犯罪の成否の判断は難しい。この難しさは避けられない（わいせつな行為の自由があるからである）。それゆえ暴行または脅迫の要件を単に削除して性犯罪を不同意性行為の罪に変えることはできない。

しかし、こうして性犯罪の成否が同意／不同意の選択の「意思」に依存するならば、同意行為の有する効果が被害者にとって不利に働くことを認めざるをえない。AとBが意気投合し、デートをする。同意してホテルに入る。AがBにキスをしようとしたとき、Bは拒まなかった。だからAはそうしてもよいだろうと考え、Bの体の性的部位を触り、性行為を迫った。これが「同意する」という行為のもっている効果である。同意は当事者に対してともかく拘束力をもつ。そのためBも体の性的部位を触られたいと思っていなかったが、明確に拒むこともできなかった。この段階では強制わいせつの未遂でもないと考えるが、さらにAが腕力に訴えたり、Bの弱みにつけ込んだりして性暴力をすることがある（図19）。しかし被告人Aは、同意の錯誤を主張するだろう。これに対し、明確な同意を得る作為義務を課し、その挙証責任を負わせ、証明できなければ、過失犯として不注意の行為責任を問うことができると論じられる。

しかし性暴力の過失犯を認めるべきではなかった（第4章の4）。なぜなら第一に、この理論は、被害者の落ち度のある振る舞いが被告人の錯誤を誘った、

第6章　性暴力の罪の類型

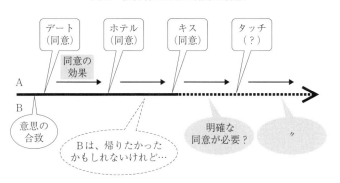

図19　被害者の同意の効果と錯誤

という被告人の言い分を追認している。第二に、同意の「意思」が明確か、不明確か、あるいは不明確な不同意の「意思」があったか、いずれにせよ、それは過去の出来事に関する内的経験を尋ねることであり、どうしても不確実であり、その通りの「こと」として再現できない。しかし第三に、性的に従わせる性暴力の行為に対し、被害者が、不同意困難で、拒み通し切れない間に、従わされて行為するならば、「意思の自由」があればこそ、そこに不同意の行為が現れるだろう。不同意の意思は、この不同意の行為から、その内面にあるとして了解する以外にない。もし、この被害者の振る舞いが供述証拠や物証から再現できたならば（そう努めることが重要である）、その不同意の行為を払いのける行為、つまり被告人の従わせる行為が具体的にあったのであり、故意犯として責任を問える。

　なお、刑法38条3項但書に、法律の不知は許さず、ただし情状により刑を減軽できるとある。性的に従わせる行為を禁止する新しい法律の立脚する現代的な性規範について、学ぶ機会もなく、強引に性的に働きかけることが許されると思い込み、性的に従わせる行為をした被告人に対し、この但書が適用されることがある。それでも故意責任を減軽するほうが、過失責任を問うよりも重いのであり、また、故意責任を問うことが被告人の自覚を促すと思われる。ただし、この場合の責任の一端は非暴力性教育の不足にある、つまり社会の側にあるといわなければならない。

　以上は、不同意困難な状態にある被害者が、行為者に対して不同意の意思を

表し、排除される場合であるが、第4章の3で述べたように、性暴力の従わせる行為は、被害者から不服従を奪うことがある。例えば心理的に行動を完全に制御され、あるいは意識不明にさせられているような場合である。従来は、それは被害者に聞くまでもなく、そこに不同意の「意思」があるとみなしてきた。さもなければ同意の「意思」があり、被害はないとみなしてきた。これに対して本書は、被害者は「不同意なし」、つまり「不同意不能」、いいかえれば拒絶不能な状態にあると考える。

　あらためてこれを犯罪の行為類型として記述すると次のようになる。性暴力とは、人の拒絶困難もしくは不能の間に従わせてその体に性的な行為を加え、または人に性的な行為をさせる行為である。拒絶困難と不能の区別は、従わせる行為の強制力の程度の違いではなく、被害者の置かれている状態の違い、つまり不同意の行為をなしうるか否かの違いを指す。拒絶不能は「意思の自由」を奪われているであり、Noと口にすることもできない状態、不同意の「意思」を示すことができない状態である。それゆえこれを拒絶不能に代えて「不同意不能」としておきたい。被害者の振る舞いだけをみて、そこから「不同意あり」の被害を認めることは難しくなっているが、それは被告人の従わせる行為が、被害者の不同意の行為を不可能にしているだけであり、そこには「不同意なし」の被害がある。

　今一度確認すると、「拒絶困難」とは、被害者が不同意の行為をし、同時に従わされる行為をするが、結果的に従わされる場合である。被害者の不同意を払いのける従わせる行為があったのだから、その前後に被害者の何らかの曖昧な同意を思わせるような行為があったとしても、それは犯罪の成立を阻げない。これに対して「不同意不能」とは、被害者が不同意の行為をしていない、またはこれを再現できない場合である。例えば違約金の支払いを免れるなどのため、アダルトビデオに出演させられる場合は、違約金の支払いを求められるなどの脅迫を加えられるから従わされるのであり、行為時に不同意の表明がなくても、これに該当する。この点でこれは従来の心神喪失と異なる概念である。行為者は巧妙に従わせ、有無をいわせないように行為するのだから、不同意不能を認識している。しかし他方で、知的に重い機能障害があれば、その者は同意能力がないから不同意不能である、とは考えられない。知的な機能障害

のある者の不同意の行為を認識しなければならない。むしろ知的な機能障害の有無にかかわらず、従わせる行為の方法次第で、被害者が不同意の行為をなしえないときがあるから、心神喪失ではなく不同意不能とした。

なお、「暴行または脅迫を用いて」とは、従わせる手段の行為の例示であるが、結局のところ従来は、暴行または脅迫を用いて被害者を拒絶困難または不同意不能にさせて、それから性的な行為を加える、という二段階の複合行為の前段を指すと考えてきたといえる。そのため実行の着手時期が早まる。しかし、従わされうる状態にある被害者に対して暴行や脅迫を加えれば、さらに被害者は身体や「意思の自由」の法益を害される。これらの法益は、拒絶困難または不同意不能な状態にある被害者の性的従属に先行して侵害されていなければならない、というものではない。従わされる行為の間に暴行や脅迫が加えられる。したがって被害者の体の動きを制する程度を超える暴行または脅迫が用いられた場合は、身体や「意思の自由」に対する侵害性が重大になるのだから、これを加重類型とすることができる（第4章の1）。

以上のとおり、法制審改正案は、同意／不同意の性的自由の考え方に基づいており、根本的に問題がある。それでも強制／準強制の区別を類型的になくせば、その立脚点を離れて解釈できないことはない。最低限の応急措置を再び施すならば次のようになるだろう。新しい強かん罪は、準強かん罪を取り込まねばならない。すなわち「13歳以上の者に対し、暴行もしくは脅迫を用い、心神喪失もしくは抗拒不能にさせ、または心神喪失もしくは抗拒不能に乗じて」、前述の修正された狭義の「性交等」をしてはならない。同様に強制わいせつ罪も改めることになる（ただし、強制わいせつ罪では相手方をして自己に対して行為させる行為を含むことを明記する）。暴行、脅迫、抗拒不能、心神喪失は、被害者が従わされうる状態にあることを包括的に例示したものであると解釈される。

5　支配と従属の構造的な性暴力

法制審改正案の第三の問題点は監護者性犯罪であり、監護者による強制わいせつと強かんが準強制罪として位置づけられていることである。すなわち監護者は、相手方の抗拒を著しく困難にする程度に影響力を及ぼしたかを問うこと

になる。そして監護される者が13歳以上（18歳未満）であれば、監護者は、その者の同意の有無またはその同意の錯誤があったと主張することができる。

　しかし、この新しい性犯罪類型は、いわゆる関係的な性暴力を禁止する試みであり、改正案の目玉である。親が子に対し、親であることの影響力を及ぼさないで行為できるのは、例外的な場合に限られるから、何らかの意味で影響力利用が認められたならば、従わせる行為があったのであり、それは性暴力である、と解釈できるのであれば有用である（**答申案**が「影響力があることに乗じて」に修正したのは、これを準強制罪であると述べたいのではなく、ここから「抗拒不能」の意義を捉え直したいからであると思われる）。しかし、そのためには監護される者の「意思の自由」の不同意を擬制するか、あるいは同意／不同意の性的自由を法益とみなすことを止めなければならない。前者の方法は、特定の対人関係において18歳未満を性的な同意無能力とすることである。「13歳」を同意年齢であるとみなせば、「18歳」が適切であるかはともかく、理論的には同じことである。しかし、「13歳」は実践的な（政治的な）被害者の不同意年齢であると考えるほかないと述べた（第4章の4）。「18歳」も同じだろう。

　これに対して後者は、この関係性を支配と従属の構造性において捉え直す方法である。つまり監護者性犯罪は、前述の業務上性暴力（第3章の6）と同じ身分犯（加重的な構成的身分犯であり、65条2項の適用がある）であると考える（したがって、これは近親かんの禁止規範、つまりインセスト・タブーそのものではないと考えられる）。なぜなら関係的な地位の影響力を利用（つまり悪用）するとは、相手方を従わせうる力をもつ者が、その者によって従わされうる状態にある相手方に対して、従わせようとして行為する、という意味であると考えられる。監護者はそのように行為できる。ところで性暴力とは、人の拒絶困難または不同意不能の間に従わせて行為できる者、その支配と従属の力関係に乗じて「性的に従わせうる者」による犯罪行為であると把握した。監護者は、この構造的地位を掌握することができる。それは、監護者が性的に行為するときである。それゆえ性的な意味を覆う正当性の義務を負う（インセスト・タブーは狭く限定された性行為の不作為の義務を課すだけである）。もし性的な意味を帯びる行為をしたならば、正当性の審査の対象である。正当性阻却の判断基準は、ここでは、実践的な（政治的な）被害者の不同意であるというほかない（例えば重い障害のある娘

の入浴介助をする父親は、内発的義務に基づき娘に対して行為するが、それは娘の側の「私たちの自己決定」の審査の対象である、と考えるのが「合理的配慮」の人権論であると思われる[7])。

　それゆえ、あらためて「13歳」の意義を考えれば、それは①人の成長発達段階の一つの時期であるというだけでなく、②対人関係的な観点から、13歳未満の者は、刑事責任年齢を超える者（14歳以上の者）との間で性的な支配と従属の構造的な関係が成立しうるとみなされている、ということができる。つまり13歳未満の者であれば性的に従わされうると考えられている。ただし、このような年齢による人と人の関係性は一般的抽象的であり、行為者の側に力を行使する具体的な正当性をまったく付与しない。つまり性的に行為することが端的に許されない。正当性の審査は不要であり、それはつねにむき出しの暴力として現れる。それゆえ客体の側の「13歳」は絶対的な不同意年齢である。なお、①の観点から、年少者の「性」の価値を重視し、刑を加重する理由を引き出すことができるが、現行法はそれをしていない。

　そして、この不同意年齢であるという点は、前述の「18歳」も、年齢が明記されたのであるから、特定の対人的な関係でそれを設定した、ということであると理解できる。したがって、監護者による性的な意味の行為が認められ、そして責任実践が機能するとき、事実上、「18歳未満の者」であることが絶対的な審査基準となり、監護者の行為の不正が可視化される。それゆえ、ここでは、この性暴力の行為に対して、どのような責任実践を法的に選択するかが重要な課題になるだろう。「被害者の保護」「被害の顕在化」の観点から、時効の停止を含め、非刑事的な責任追及の方法を整備する必要があると思われる。

　このように新提案の意義を考えると、法制審改正案に対し、関係的な地位利用類型は児童虐待としての性暴力だけでなく、他にも必要であるとする指摘は当を得ている。例えば次のように相対的な不同意年齢を設ける方法がある。「20歳以上の者が、13歳以上16歳未満の者の体に性的な行為を加え、またはその者に性的な行為をさせたとき」は、性暴力であるとする。「16歳未満」は中学生までを含む趣旨で仮に設定した。こうすれば年少者の「性」の自由と保護をめぐる二律背反を解決できる。すなわち、一方で絶対的な不同意年齢をいわば「禁止客体年齢」として「13歳」よりも引き上げれば、性的な利益の保護される

年少者の範囲を広くできるが、他方でそれは「禁止主体年齢」でもあり、性的自由を享受できる年少者の範囲を狭める。

そこで例えばフランス刑法では、第一に、被害者が15歳未満の者であるとき、暴行等の暴力的な手段を用いる基本類型の性犯罪の刑を加重し、その「性」の価値を重視するが、第二に、これとは別の罪として、15歳未満の者に対する、成人による、暴力的な手段を用いない性的な行為を禁止する。つまり性犯罪の行為の概念が、15歳未満の者を客体とするときに拡張される。しかも、その主体を成人に限定することで、年少者間の性的な行為は、暴力的な手段を用いないかぎり、その自由が保障される[8]。では、年少者間で行えばそうではないのに、成人が行えば犯罪になるのは、どのような性的な行為なのか、という疑問が浮かぶ。しかし、そうではなく、むしろ15歳未満の者に対する行為の主体が成人であるがゆえに、暴力的と評価される性的な行為があると考えるのである。つまり成人と15歳未満の者の間に、性的な行為を犯罪にする支配と従属の構造性を一般的抽象的に認める。

さらに、配偶者間性暴力の犯罪類型を考えることができる。「DV被害者が更なる暴力により重大な危害を受けるおそれが大きいときに、現にその配偶者であり、または配偶者であったことの影響力を利用して、当該被害者の体に性的な行為を加え、または性的な行為をさせた者」は、性暴力の罪とする。「DV被害者」はDV法10条1項の「被害者」である。法務省の有識者検討会では、配偶者間の強かんを特に明文化すべきであるとする見解に対し、多数意見がその必要を認めなかった。なぜなら配偶者間でも同意／不同意の性的自由が保障されるからであるという。しかし、この犯罪類型は、DV被害者の同意／不同意の意思を問うものではなく、また、DV被害者の同意能力を配偶者等との関係で否定するのでもなく、「被害者」に対して配偶者等は性的な行為をしてはならない、と端的に禁止する行為規範である。

それゆえ、これはいわゆるDVの犯罪化の方法でもない。DVは親密な関係における暴力であり、親密さを損なう点で性暴力と共通し、また、これらは支配と従属の暴力行為である点で同じである。それゆえ性暴力がDVとして加えられる。しかし、このDVである性暴力は、その関係が親密であるがゆえになかなか顕在化せず、そして被害の潜在化があるとき、そこに支配と従属のDV

構造が現にある。それゆえ、強かんや強制わいせつの行為として加えられているDVに性犯罪類型を積極的に適用すべきである。しかし、そういうことであれば特に明文化の必要はない、という犯罪化反対の正論に分があるのである（DVの行為が犯罪類型に該当するのに刑法が適用されないから、より確実に適用できる新たな犯罪類型、すなわちDV罪が必要であるとするのがDVの犯罪化論であり、刑事介入の早期化の是非、その目的等が問われる）。

　しかし、それはDVだから違法なのである。つまり性犯罪（強かん罪や強制わいせつ罪）として違法なDVではなく、DVとして不正な性的行為の実質がある、すなわち性的に不正な行為がDVとして行われるから、固有の性犯罪類型が必要なのである。DV構造の中にあっても、親密であるがゆえに、性行為が行われる。このとき「被害者が更なる暴力により重大な危害を受けるおそれが大きい」といえる。それゆえ、あたかも配偶者等に対して、その力を行使する正当性が付与されているかのような規範的な錯誤をもはや容認するわけにはいかないのである（配偶者間に遵守事項を課して性的な行為を正当化できないし、ましてDV加害者に特別な遵守事項を課しても実効性を期待できない）。親密であるがゆえに性的に行為するのは、等しく価値を享受する相利性があるからであった。しかし支配と従属のDV構造の中で、性的に「等しさ」をつくることは困難になっている。したがって、客体の側に絶対的な不同意の身分（「被害者」）がある。DV被害者であるとは、絶対的な不同意の声を発する性的人権が保障されるということである。

　この犯罪類型は「被害者」に対して配偶者が親密な関係の中で（例えば仲直りをしようとして）性的に行為することを禁止する。それが「性的に従わせうる者」による性暴力の行為であるかぎりで、すなわち、このDVの暴力を可視化するために、性暴力の行為の概念が必要であったという意味で、それは性暴力の行為を単に例示的に類型化し、例示的に行為規範の指図機能を高めているだけである。DVとしての性暴力に対して性暴力の罪を適用するのみである。しかし、DVの問題には実践的に（政治的に）被害者の不同意の基準点を動かして被害を認識するという課題があるから[9]、絶対的な不同意の性犯罪類型があえて例示的に類型化されるべきである、ということなのである。

　さて、以上に基づき、法制審改正案を修正すると強かん罪は次のようになる。

刑法177条１項　13歳以上の者の拒絶困難または不同意不能の間に従わせて性交等（膣内、肛門内または口腔内に陰茎を挿入する行為）をした者は、強かんの罪とし、２年以上の有期懲役に処する。13歳未満の者に対して性交等をした者も、同様とする。
　同条２項　20歳以上の者が、13歳以上16歳未満の者に対して性交等をしたときも、第１項と同様とする。
　同条３項　DV被害者が更なる暴力により重大な危害を受けるおそれが大きいときに、現に配偶者であり、または配偶者であったことの影響力を利用して、当該被害者に対して性交等をした者も、第１項と同様とする。
　同条４項　18歳未満の者を現に監護する者であることによる影響力を利用して当該18歳未満の者に対して性交等をした者は、３年以上の有期懲役に処する。
　同条５項　暴行または脅迫を用いて性交等をした者も、前項と同様とする。

　従来の強かん罪は177条５項であり、法定刑は変更されていない。しかし、かん淫を含む「性交等」をその他のわいせつな行為と類型的に区別して評価する十分な根拠はなかった。したがって強かんの概念を廃し、上記の「性交等」を「わいせつな行為（相手方をして自己に対してこれをさせる行為を含む）」に置き換え、刑法177条をそっくり入れ換えて新しい強制わいせつ罪とすることが考えられる。法定刑の短期は１年または２年であり、長期は10年以下である。短期刑を引き上げるのは、前述のわいせつなハラスメントの行為（第５章の２）が同176条の罪として残るからである。その上で、さらに次の加重類型が必要である。

　177条６項　第１項から第３項の行為が、リプロダクティブな身体利益を害したときは、２年以上15年以下の懲役に処する。
　同条７項　第４項または第５項の行為が、リプロダクティブな身体利益を害したときは、３年以上15年以下の懲役に処する。

　従来の177条の罪とその未遂罪（未遂の挿入行為）の行為は、この７項の罪に該当することになる。また、相手方の抗拒を著しく困難にする暴行または脅迫の用いられないときは、６項である。器物を客体の膣に挿入し、客体の陰茎を自己（行為者）に挿入させるなどの行為が、法益論的な観点から、従来よりも重く評価される。法定刑の長期を2004年の刑法改正前の有期刑のそれに変更しているのは他の加重類型との関係であり、集団犯を残したいからである。

第6章 性暴力の罪の類型

　しかしながら、わいせつな行為はそれ自体で違法ではなく、このままでは日本型の性犯罪類型を抜け出たのかが明確ではない。また、従わせた客体に性的な行為をさせる行為は、自己に対するものだけでなく、第三者、不特定多数の公衆または物に対する場合などを問わず、性的に従わされて行為するところに性的従属の犯罪結果があった。そして、この従わせる行為は強要罪の行為ではないから、例えば行為者Aが客体Bに働きかけて従わせ、第三者Cに対する違法な性的行為をさせるとき、Aは、Bに対する性犯罪の直接正犯であり、またCに対するそれの間接正犯（または教唆犯）である。これは対人関係的な性犯罪に固有の観念的競合である。そこで、上述のわいせつな行為を「客体に対して性的な行為を加える行為」に置き換え、これを「その体に性的な行為を加える行為」と「性的な行為をさせる行為」に分けて明確性を期し、性暴力の罪の類型をつくると次のようになる。

　1　13歳以上の者の拒絶困難または不同意不能の間に従わせて、当該13歳以上の者の体に性的な行為を加え、または性的な行為をさせた者は、1年以上10年以下の懲役に処する。13歳未満の者の体に性的な行為を加え、または性的な行為をさせた者も、同様とする。
　2　20歳以上の者が、13歳以上16歳未満の者の体に性的な行為を加え、または性的な行為をさせたときも、第1項と同様とする。
　3　DV被害者が更なる暴力により重大な危害を受けるおそれが大きいときに、現にその配偶者であり、または配偶者であったことの影響力を利用して、当該被害者の体に性的な行為を加え、または性的な行為をさせた者も、第1項と同様とする。
　4　18歳未満の者を現に監護する者であることによる影響力を利用して、当該18歳未満の者の体に性的な行為を加え、または性的な行為をさせた者は、2年以上10年以下の懲役に処する。
　5　暴行または脅迫を用いて人の体に性的な行為を加え、または性的な行為をさせた者も、前項と同様とする。
　6　第1項から前3項の行為が、リプロダクティブな身体利益を害したときは、2年以上15年以下の懲役に処する。
　7　第4項または第5項の行為が、リプロダクティブな身体利益を害したときは、3年以上15年以下の懲役に処する。

　なお、業務上性暴力、集団性暴力、親告罪、致死傷等については巻末の性犯罪類型対照表に整理した。

1） ドイツ刑法の性犯罪について高山佳奈子「ドイツ刑法における性犯罪の類型と処罰」刑法雑誌54巻1号、2014年、30頁以下、佐藤陽子「ドイツにおける性犯罪規定」刑事法ジャーナル45号、2015年、70頁以下などを参照した。
2） 佐藤泉「一九九五―二〇〇四の地層」新城郁夫編『沖縄・問いを立てる―3 攪乱する島』社会評論社、2008年、163頁以下。
3） 藤乗一道「性犯罪の罰則の在り方の見直しについて」立法と調査373号、2016年、26頁。
4） 宮地尚子『トラウマ』岩波新書、2013年、132頁以下。
5） 堕胎罪との関係でその重要性について塚原久美『中絶技術とリプロダクティヴ・ライツ』勁草書房、2014年、145頁以下。
6） 宮地・前掲書137頁。
7） 最首悟「ケアの淵源」川本隆史編『ケアの社会倫理学』有斐閣、2005年、225頁以下。合理的配慮について森川恭剛「差別の責任」無らい県運動研究会編『ハンセン病絶対隔離政策と日本社会』六花出版、2014年、163頁以下。
8） 島岡まな「フランスにおける性刑法の改革」大阪弁護士会人権擁護委員会性暴力被害検討プロジェクトチーム編・前掲書178頁以下。
9） 手嶋・前掲書213頁以下。

終わりに

1　日本の刑法典は1907（明治40）年に制定された。その177条の強かん罪は、多少の手を加え（例えば強制性交等の罪と名を改め）、個人の性的人権を保障しようとする性規範として解釈し直すことができるだろうか。本書はこの問題を考えた。「姦」の字は「淫らなことをする」「道にそむいて男女が通ずる」という性的な意味をもつ。もともと「強姦」だけでなく「和姦」（例えば「姦通」）も禁止されていた。しかし後者の行為は刑法的に自由になった。それは女性の側も応じて男性と淫らに行為することである。これに対して強かんは女性の側に抗拒がある、すなわち同意がない場合である。規範的には①淫らな共同行為と②強制的な性行為と③これに対する抗拒の行為が区別されており、③がなければ、それは①であると考えられてしまう。仮に強かん罪の客体を「女子」から「人」に置き換え、禁止される性的な行為の対象を性交類似行為まで拡げるとしても、この考え方を除かないかぎり、強かん罪の問題は解決しない。

　近代法の原理は自由である。強かんの行為は被害者の性的な自由を侵害する。性的自由とは一般的には性的な行為選択の自由をいう。二人で性行為をするとき、相手方の自由な行為選択、つまり同意がなければ、そこに性犯罪があるとされる。それゆえ被害者の同意があれば、性犯罪は成立しない。しかし、こう解釈するとき、明治時代の性規範の影響を免れないことが分かる。被害者は同意して「淫らなこと」をしたかどうかが、司法の関心をひいている。

　それゆえ1970年代になって強かん罪の成立の基準は強制的な性行為（②）の有無、つまり被告人の暴行や脅迫の有無による、とする考え方が現れ、強かん罪の改正を牽引した。暴力的な行為が加えられるならば、それは性暴力であって性行為ではない。この見解の前提には、性的に同意がある（consensual）とは、淫らな意思の合致ではなく、また自己の体を他者に差し出すことでもなく、人と人が共感して行為することであるという理解があったと思われる。つまり、その性行為が淫らな共同行為（①）であるか否かではなく、第四に、共感的な、真の同意ある共同行為になっていなければ、そこに性犯罪の行為があ

る。それゆえ性暴力とは、一方的に他人の体に性的な行為を加えて、他人の体を性的に自己使用することである。その手段として暴行と脅迫のほか、被害者を陥れ、その意識を失わせ、あるいは知的な機能障害につけこむなどがある。このようにフェミニズムは性的に対等な共同行為（④）があることを示唆し、被害者の抗拒の行為（③）ではなく、被告人の暴力行為（②）に着目すべきであると説いた。しかし、これが刑法理論としては十分に展開されなかった。なぜなら真の性行為とはどのようなものであるか、いいかえれば現代人が追求すべき、より自由な性行為とはどのようなものであるかを示すことは、刑法学の任務ではない。それゆえ真の同意があるとはいえない不正な性行為とは、相手方の同意がないことであると考えるほかなかった。本書は、この点を考え直そうとした。

　ところで2013年5月、在沖米軍に風俗業の活用を勧めたとする一人の政治家の発言が問題になった。性売買では金銭を介して性行為があるので、一般的に性行為に対する不同意はないとみなされる。しかし、どのように双方が体を動かすか、はっきりと契約で示されるわけではないので、同意の範囲について錯誤があれば、売り手の体を思い通りに使おうとする買い手の行為が性暴力になるおそれがある。この意味で性売買にはつねに性暴力の危険がある。それゆえ買い手とその助長者（営業者）の行為は、この危険を取り除くように法的に厳しく条件づけられねばならない。

　しかし実際には、性売買における性暴力予防措置は義務づけられておらず、したがって、そこで性暴力が起きていると考えられる。それなのに前述の政治家発言は、他者の体を性的に使おうと呼びかけており、違法行為（性暴力）が勧奨されたと聞こえた。それゆえ女性の中には「女をばかにするな」と感じた人がおり、抗議の声が上がった。しかし、もう一つの問題として、男性が「男をばかにするな」と感じることは難しかった。[1] 多くの男性が女性の性の買い手として性売買を利用しており、そこで弄ばれることも少なくなく、性を買えば性暴力の行為に近づくという意識は乏しい。そのため性売買で男性の体が他人の性的なはけ口として使われ、危険にさらされている現実になかなか思い及ばない。

　さらに性売買には性暴力の危険のほかに、性を売る者が軽蔑され、女性を二

終わりに

分してきたという問題がある。これは女性に貞操を求める性の二重基準による性別差別（性の売買に従事する女性に対する差別）である。この二重基準において異性愛の男性はむしろ性的に自由だった。この自由を享受してきた男性には、女性のいう「性的自由」の意味が理解しにくいだろう。このギャップが前述の発言を問題視できるか否かを分けた。一方で、性売買の自由を肯定し、性を売る女性の自由を尊重すれば、買春勧奨には問題がないと考えられている。他方で性売買禁止論は、性を売る者が、男女を問わず、軽蔑され尊厳を傷つけられるのは、性が売られているからであると反論してきた。

しかし性的自由とは、性暴力を跳ね返す力のことであると考えられる。この力が必要なので、女性たちは政治家の発言に怒ることができる。というのも女性に対する性暴力の危険は、性売買で顕著であるとはいえない日常があるからである。ここが多くの男性たちと違う。しかも多くの男性たちにとって、普段の性行為と性売買におけるそれは、客体の区別であり、行為として同様であるならば（性交とは挿入し／されることであると考えているならば）、その同じ性行為で人の尊厳が傷ついているとは思いたくないだろう。

では、性売買における性暴力ではなく、性売買そのことが禁止されるべきだろうか。性教育の観点から、性行為の相手方として人を買ってはならないというべきであると思われる。しかし、フェミニズムの見解は分かれる。性売買禁止論は性を売る行為の選択で賭けられる尊厳を支えない、とする批判的な見方が有力化している。性売買が尊厳を傷つけているとしても、人身売買や臓器売買と違い、性を売る行為は一概に違法であると否定できない生き方としての側面をもっている。そこでは性を売る者の性的自由が、性暴力を跳ね返し、また尊厳を保持する力として擁護されねばならないとされる。この性的自由は、もちろん性を売る行為選択の自由ではなく、その行為を選択せざるをえなかった者の権利のことをいっている。この性的人権は、刑法的に保障されねばならない。

それゆえ本書は、性暴力の行為が被害者を客体として従わせるとき、第五に、性的に従わされる被害者の行為があり、これを見て取るべきであると論じた。性暴力の被害者は性的に行為する。それは淫らな行為ではなく、不同意の意思の表れる行為であるか、またはそれさえも奪われた行為である。それは性

的従属の犯罪結果そのことであり、法的には平等の価値が侵害されたということである。たしかに一般的には権利があるとは自由である、ということである。しかし、個人を価値論の基準に据える自由主義の考え方に対し、個人間の相利性を重視する平等主義の考え方がある。後者では、私は何を欲するか（何を欲して他者と肩を並べるか）ではなく、どのように他者と行為すべきかが問われる。後者によれば、人間とは「等しさ」をつくる動物であり、性的人権も平等のために保障される。

　自由と平等は二者択一ではなく、補完し合う法原理であるが、他者との性行為は、各人が自由を追求する行為ではなく、互いを等しくする相利行為であると把握される。それは手を結ぶことや一緒に笑うことに似ており、同時一緒の同じ行為の共在から、おのずから互いに享受される価値がわき出ている。本書は、真の同意ある性行為の内容を不問に付し、その価値を性行為の相利性として、このように形式的に捉え直した。

　したがって、尊厳のある性行為があるならば、その尊厳とは性的な相利行為の中からわき出るものである。反対に他人の性行為が私の尊厳を傷つけるのであれば、私は従わされて行為しているのであり、そこに犯罪結果がある。それが性暴力の行為であり、そこでは性行為の相利性が害され、等しさの尊厳が奪われている。

　2　最後に、コザ即決軍事法廷の1949年４月11日の判決を紹介しよう[2]。同月７日午後、三人の少年と一人の女性が雑木林で薪を取っていた。休憩中の少年らに空軍警察のリチャード・ランデルとジョン・スミスが近づき、「女の子はいるか」と尋ねた。少年の一人が「２ドルだ」と返事した。数分後に林の奥から一人の米兵が現れ、ランデルらにこう言った。「やあ、君たちの番だ、上物だ」と。ランデルは「女は若いか、年配か」と聞いた。米兵は「年配だ」と答えた。スミスが林の中に入っていくと、一人の女性が歩いてきた。スミスは銃を差し向け、女性を前に行かせ、林から出た。女性は泣いており、林の中に戻りたいと言った。下着を忘れてきたからだった。女性が下着を取りに戻り、それからランデルとスミスは、その陸軍二等兵と四人の民間人を空軍警察の事務所に同行させ、事情聴取し、そして民間人らをコザ警察署に引き渡した。

　少年一人と女性が留置された。被疑事実はそれぞれ売春周旋と売春である。

終わりに

　空軍警察は売春者を摘発するために、買春を装い、少年らに声をかけた。そのとき、陸軍二等兵が林の中で女性と性交していた。少年の一人がカーキズボンと作業用上着の一揃いを二等兵から受けとっていた。二等兵は女性にもたばこ一本を与えた。当時の売春の対価は、他の事件記録によると、一回で2ドル（たばこでいえば1カートン）、一晩で約10ドルであり、これを売春者と周旋者が折半する。少年が「2ドルだ」と答えたのは、この相場を知っていたからだろう。それゆえ少年らと女性が現行犯で逮捕された。しかし即決軍事法廷のジョン・ウィリアムズ判事の結論は無罪だった。少年と女性は顔見知りだったが、それは数日前に少年が女性の隣家に越してきたからであり、少年は薪取りを手伝ってほしいと女性から依頼され、そこにいたのだった。判決書に無罪の理由が記されている。「二人の被告人が薪を取っていると、銃を持ったアメリカ人がやってきて、女性を地面に押し倒し、その同意なく性交した」と。しかし、この性暴力の行為の責任が問われたのではなかったのである。

　米軍人に対する売春は犯罪であるが、米軍人の性暴力の責任は問われない。この二つが米軍政府の刑罰権力の問題である。米軍が売春を取り締まるのは軍人が性病に罹患するのを防止したいからである。売春者から軍人を保護することが占領軍の刑法の目的である。他方で前述の二等兵は、服とたばこを与えて性交したにすぎないと考えている。対価を受けとらせれば米軍人は性行為をすることができた。たしかにこの行為も占領目的に反したと認められたならば責任を問われる。しかしそれは性暴力の行為をしたという理由ではなく、せいぜい売春の相手方になり、性病に罹患して軍規に違反したという場合である。刑罰権力は性暴力の被害に関心を示さない。ここに米軍人の性暴力が多かった理由があるだろう。米軍の統治下で被占領者は米軍人に対する刑事裁判権を奪われているから、性暴力の被害者が逮捕された。

　しかし現在は性暴力の被害者も主権者であるから、刑罰権力はその被害を認識し、その行為の責任を問わねばならない。本書がフェミニズムと刑法の関係を論じたのは、この問題を提起したのがフェミニズムだからである。では、最後に問いたいのは、前述の二等兵の行為は、現在の日本であれば性暴力であると認識されるのだろうか、ということである。少年の供述録取書によると、二等兵が「Geishaの女の子はいるか」と声をかけてきたので、少年は「たぶん」

213

と返事した。女性は、最初は決心がつかなかったが、しかし米兵が作業着を女性に与えるようだ、と少年が伝えるとOKしたという。また、女性の供述録取書によると、少年と米兵が何を話しているかは理解できなかったという。しかし、米兵と性交してほしい、と少年から依頼されたのだった。女性は、米兵に下着を脱がされたのではなく、自分で脱いだ。しかし、空軍警察のスミスによれば、女性は泣いていた。

　薪を取りに来た女性が、一着の作業着あるいはたばこ一本のために、雑木林で見知らぬ米兵の相手をすることになるのはなぜだろうか。彼らは相利的とはいわないまでも互恵的に協力することができたのだろうか。性行為の相手方を探していたのは米兵である。米兵が女性にたばこを与え、女性が米兵に性行為の機会を与えたので、十分に互恵的であると考える者がいるかもしれない。しかし、この女性は米兵に従わされたので、涙がでるのではないだろうか。

　判決書に記されているとおり、銃を持った軍人が相手方の同意なく性行為をしたのであれば、この行為は性暴力である。しかし実際には性暴力の被害者が売春容疑で逮捕され、訴追された。これは被害者が逮捕されなければ、明らかにはならなかったと考えられる被害である。そして現在も、被害者の落ち度が指摘されるおそれがあるので、性暴力の被害が顕在化しにくい現実がある。これでは性暴力の行為の責任を問うことが難しく、あたかも性暴力が容認されている。それは、あからさまに金品を与えるのではないが、相手方を従わせ、同意させて性行為をしようとする者が現在も少なくないということであると思われる。もしそのような者らに事実上担われて刑法が運用されているのであれば、日本の刑罰権力は米軍政府のそれと同じ問題を抱えている。

　しかし、この二重の問題、つまり(1)性暴力の被害者が同意させられ、(2)性暴力の行為の責任が問われないことは、強かん罪の行為の範囲を拡げ、これを重罰化して刑罰権力を勢いづける方法では解決できないのである。沖縄の軍政府も民間人に対する軍人の強かんを禁止していた。それでも米軍人が性暴力を止めないのは、ほとんど処罰されないからであるが、その前に、沖縄の民間人に服やたばこを与えれば、性行為をすることができたからである。占領軍はそう考えて刑罰権力を掌握していたのであり、だから責任を問おうとしても困難だったのである。たしかに刑罰権力は、明らかに強かんでなければ、疑わしき

終わりに

は被告人の利益にという建前を示して被告人を無罪にしてきたといえる。しかし、一方で売春者を刑事訴追し、他方で性暴力の行為を不問に付してきたのは、刑訴法のこの基本原則が理由ではないのである。

　力の強い者は、力の弱い者に同意させることができる。弱い者は従わされる。強い者はそれを知っているから同意を得ようとすることができる。弱い者は同意をするものであると高を括っている。つまり弱い者が蔑まれている。強い者はそのように同意させて性行為をすることができるし、そうしているから、同意させたと思い込み、性犯罪の事実を疑い、行為の正否を争い、被害者に虚偽があるとする。従わせ、同意させうる者が、性暴力の被害を認識できなかったのである。こうして刑罰権力は性暴力の被害者を黙らせてきた。それゆえ本書は、抗拒できないで押し倒され、性行為を我慢して切り抜けた者がいたならば、被害者は従わされたが、そこに不同意の作為・不作為の行為があったのであり、あるいはそれが記録に残っていないとしても、被害者は不服従を奪われたのであり、それは性暴力の犯罪行為が加えられたからであると述べた。

1）　林博史「橋下氏発言に潜むもの(1)」沖縄タイムス2013年5月31日。なお、この「終わりに」の1は森川恭剛「同(3)」同6月5日に基づき、書き直したものである。
2）　LEGAL DEPARTMENT 1604-09 USCAR Court Cases – 1947, Box 17, Folder 10所収のPSD Case No. 318-49, Koza Summary Provost Court Casesの一つである。この資料は沖縄の施政権返還時にUSCARから借り受け、琉球大学で複写された大量の文書中の一部（その作業をされた垣花豊順・名誉教授により保管されていたもの）である（宮里政玄編『戦後沖縄の政治と法』東京大学出版会、1975年、ⅰ頁）。
3）　日本本土における占領政策と売春の関係について奥田暁子「GHQの性政策」恵泉女学園大学平和文化研究所編『占領と性』インパクト出版会、2007年、13頁以下、平井和子『日本占領とジェンダー』有志舎、2014年。

資料　性犯罪類型の対照表

刑法典（2004年改正後のもの）	法制審改正案［答申案］	本書の提案
（強制わいせつ） 176条　13歳以上の男女に対し、暴行又は脅迫を用いてわいせつな行為をした者は、6月以上10年以下の懲役に処する。13歳未満の男女に対し、わいせつな行為をした者も、同様とする。	（強制わいせつ） 176条①　13歳以上の者に対し、暴行又は脅迫を用いてわいせつな行為をした者は、6月以上10年以下の懲役に処する。13歳未満の者に対し、わいせつな行為をした者も、同様とする。 ②　18歳未満の者に対し、当該18歳未満［そ］の者を現に監護する者であることによる影響力を利用して［があることに乗じて］わいせつな行為をした者も、前項と同様とする。	（不同意わいせつ） 176条①　人にわいせつなハラスメントの行為をした者は、2年以下の懲役または30万円以下の罰金に処する。 ②　前項の罪は、告訴がなければ公訴を提起することができない。
（強姦） 177条　暴行又は脅迫を用いて13歳以上の女子を姦淫した者は、強姦の罪とし、3年以上の有期懲役に処する。13歳未満の女子を姦淫した者も、同様とする。	（強姦） 177条①　暴行又は脅迫を用いて13歳以上の者を相手方として［13歳以上の者に対し、暴行又は脅迫を用いて］性交等（相手方の膣内、肛門内若しくは口腔内に自己若しくは第三者の陰茎を入れ、又は自己若しくは第三者の膣内、肛門内若しくは口腔内に相手方の陰茎を入れる行為をいう。以下同じ。）［、肛門性交又は口腔性交（以下、「性交等」という。）］をした者は、強姦の罪とし、5年以上の有期懲役に処する。13歳未満の者を相手方として［に対し、］性交等をした者も、同様とする。	（性暴力） 176条の2①　13歳以上の者の拒絶困難または不同意不能の間に従えて、その体に性的な行為を加え、または性的な行為をさせた者は、1年以上10年以下の懲役に処する。13歳未満の者の体に性的な行為を加え、または性的な行為をさせた者も、同様とする。 ②　20歳以上の者が、13歳以上16歳未満の者の体に性的な行為を加え、または性的な行為をさせたときも、第1項と同様とする。 ③　DV被害者が更なる暴力により重大な危害を受けるおそれが大きいときに、現にそ

資料　性犯罪類型の対照表

	②　18歳未満の者［に対し、その者］を現に監護する者であることによる影響力を利用して［があることに乗じて］当該18歳未満の者を相手方として［下線部削除］性交等をした者も、前項と同様とする。	の配偶者であり、または配偶者であったことの影響力を利用して、当該被害者の体に性的な行為を加え、または性的な行為をさせた者も、第１項と同様とする。 ④　暴行または脅迫を用い、人の体に性的な行為を加え、または性的な行為をさせた者は、２年以上10年以下の懲役に処する。
（準強制わいせつ及び準強姦） 178条①　人の心神喪失若しくは抗拒不能に乗じ、又は心神を喪失させ、若しくは抗拒不能にさせて、わいせつな行為をした者は、第176条の例による。 ②　女子の心神喪失若しくは抗拒不能に乗じ、又は心身を喪失させ、若しくは抗拒不能にさせて、姦淫した者は、前条の例による。	**（準強制わいせつ及び準強姦）** 178条①　人の心神喪失若しくは抗拒不能に乗じ、又は心神を喪失させ、若しくは抗拒不能にさせて、わいせつな行為をした者は、第176条第１項の例による。 ②　人の心神喪失若しくは抗拒不能に乗じ、又は心神を喪失させ、若しくは抗拒不能にさせて、性交等をした者は、前条第１項の例による。	**（業務上性暴力）** 176条の３①　業務上人の体に触れる者が、正当な理由がないのに、その触れられる者に対し、前条第１項の罪を犯したときは、２年以上10年以下の懲役に処する。 ②　18歳未満の者を現に監護する者が、その影響力を利用して、当該18歳未満の者に対し、前条第１項の罪を犯したときも、前項と同様とする。 ③　暴行または脅迫を用いて前２項の罪を犯した者は、３年以上10年以下の懲役に処する。 177条　削除 178条　削除
（集団強姦等） 178条の２　２人以上の者が現場において共同して第177条又は前条第２項の罪を犯したときは、４年以上の有期懲役に処する。	178条の２　削除	**（集団性暴力）** 178条の２　２人以上の者が現場において共同して第176条の２第４項または第176条の３第３項の罪を犯したときは、３年以上15年以下の懲役

（未遂罪） 179条　第176条から前条までの罪の未遂は、罰する。	（未遂罪） 179条　第176条から前条までの罪の未遂は、罰する。	に処する。 （未遂罪） 179条　第176条の２から前条までの罪の未遂は、罰する。 （加重性暴力） 179条の２①　第176条の２第１項から第３項の罪を犯した者が、人のリプロダクティブな身体利益を害したときは、２年以上15年以下の懲役に処する。 ②　第176条の２第４項の罪を犯した者が、人のリプロダクティブな身体利益を害したときは、３年以上15年以下の懲役に処する。 ③　第176条の３第１項または第２項の罪を犯した者が、人のリプロダクティブな身体利益を害したときは、前項と同様とする。 ④　第176条の３第３項の罪を犯した者が、人のリプロダクティブな身体利益を害したときは、４年以上15年以下の懲役に処する。 ⑤　第178条の２の罪を犯した者が、人のリプロダクティブな身体利益を害したときは、４年以上の有期懲役に処する。
（親告罪） 180条①　第176条から第178条及びこれらの罪の未遂罪は、告訴がなければ公訴を提	180条　削除	180条　削除

起することができない。 ② 前項の規定は、2人以上の者が現場において共同して犯した第176条若しくは第178条第1項又はこれらの罪の未遂罪については、適用しない。 （強制わいせつ等致死傷） 181条① 第176条若しくは第178条第1項の罪またはこれらの罪の未遂罪を犯し、よって人を死傷させた者は、無期又は3年以上の懲役に処する。 ② 第177条若しくは第178条第2項の罪又はこれらの罪の未遂罪を犯し、よって女子を死傷させたものは、無期または5年以上の懲役に処する。 ③ 第178条の2の罪またはその未遂罪を犯し、よって女子を死傷させたものは、無期または6年以上の懲役に処する。	（強制わいせつ等致死傷） 181条① 第176条若しくは第178条第1項の罪またはこれらの罪の未遂罪を犯し、よって人を死傷させた者は、無期又は3年以上の懲役に処する。 ② 第177条若しくは第178条第2項の罪又はこれらの罪の未遂罪を犯し、よって人を死傷させたものは、無期または6年以上の懲役に処する。 ③ 削除	（性暴力等致死傷） 181条① 第176条の2第1項から第3項、176条の3第1項、同条第2項、これらの罪の未遂、179条の2第1項または同条3項の罪を犯し、よって人を死傷させた者は、傷害の罪と比較して、重い刑に処断する。 ② 第176条の2第4項、176条の3第3項もしくは178条の2の罪またはこれらの罪の未遂罪を犯し、よって人を死傷させた者は、無期または5年以上の懲役に処する。 ③ 第179条の2第2項または同条第4項の罪を犯し、よって人を死傷させた者は、無期または5年以上の懲役に処する。 ④ 第179条の2第5項の罪を犯し、よって人を死傷させた者は、無期または6年以上の懲役に処する。

判例索引

大審院

大判 T 13・10・22 刑集 3 巻 749 頁 ………………………………………… 88
大判 T 15・6・25 刑集 5 巻 285 頁 ………………………………………… 195

最高裁判所

最判 S 28・6・24 刑集 7 巻 6 号 1366 頁 …………………………………… 47
最決 S 38・4・18 刑集 17 巻 3 号 248 頁 …………………………………… 120
最決 S 40・3・30 刑集 19 巻 2 号 125 頁 …………………………………… 29
最判 S 45・1・29 刑集 24 巻 1 号 1 頁 ……………………………………… 95
最判 S 45・7・28 刑集 24 巻 7 号 585 頁 …………………………………… 119
最判 S 60・10・23 刑集 39 巻 6 号 413 頁 ………………………………… 115
最決 H 10・11・2 刑集 52 巻 8 号 505 頁 ………………………………… 117
最決 H 20・1・22 刑集 62 巻 1 号 1 頁 …………………………………… 139
最決 H 21・4・13 LEX/DB 25450834 ……………………………………… 105
最判 H 21・4・14 刑集 63 巻 4 号 331 頁 ………………………………… 141
最判 H 23・7・25 集刑 304 号 139 頁 ………………………………… 10, 108
最決 H 23・12・19 刑集 65 巻 9 号 1661 頁 ……………………………… 115

高等裁判所

福岡高判 S 41・8・31 高刑集 19 巻 5 号 575 頁 …………………………… 160
東京高決 S 51・12・13 東高刑判決時報 27 巻 12 号 165 頁 ……………… 161
東京高判 S 58・6・8 東高刑判決時報 34 巻 4 - 6 号 3 頁 ………………… 158
広島高松江支判 S 62・6・18 高刑集 40 巻 1 号 71 頁 …………………… 128
福岡高那覇支判 H 8・9・12 判タ 921 号 293 頁 ………………………… 47
東京高判 H 12・2・21 判時 1740 号 107 頁 ……………………………… 140
名古屋高判 H 15・6・2 判時 1834 号 161 頁 …………………………… 88
仙台高判 H 16・1・29 LEX/DB 28091127 ……………………………… 115
東京高判 H 17・12・5 高刑速（H 17）号 227 頁 ………………………… 106
東京高判 H 19・3・26 LEX/DB 25365660 ……………………………… 90
大阪高判 H 19・3・28 LEX/DB 25451664 ……………………………… 92
東京高判 H 19・9・26 判タ 1268 号 345 頁 ……………………………… 129
福岡高宮崎支判 H 22・12・21 LEX/DB 25482876 …………………… 175
大阪高判 H 23・5・19 判タ 1363 号 208 頁 ……………………………… 74
大阪高判 H 23・8・31 LEX/DB 25473560 ……………………………… 103
名古屋高判 H 24・5・14 LEX/DB 25481755 …………………………… 103

地方裁判所

判例	頁
京都地判S43・11・26判時543号91頁	139
大阪地判S43・11・26判タ235号281頁	160
大阪地判S45・6・11判タ259号319頁	139
大阪地判S55・12・15刑裁月報12巻12号1266頁	159
東京地判S56・4・30判時1028号145頁	90
鹿児島地判S59・5・31判タ531号251頁	31
大阪地判S61・3・11判タ615号125頁	139
東京地判S62・9・16判時1294号143頁	95
那覇地判H8・3・7判時1570号147頁	25
大阪地判H11・7・13判タ1038号299頁	88
大阪地判H14・12・13LEX/DB25420639	106
大津地判H15・1・17LEX/DB25420642	115
前橋地高崎支判H15・2・7判時1911号167頁	108
東京地判H15・6・26LEX/DB28085771	115
神戸地判H16・1・27LEX/DB28095215	175
那覇地判H16・7・8LEX/DB28105104	71, 79
神戸地判H17・3・30LEX/DB28105230	70
京都地判H18・8・25LEX/DB28115360	78, 79
京都地判H18・12・18LEX/DB28135092	98, 100
東京地判H19・12・4判タ1284号176頁	56
前橋地判H20・1・17LEX/DB28145252	115
大津地判H20・1・17判タ1261号349頁	139
大阪地判H20・6・27LEX/DB28145357	139
東京地判H21・10・8LEX/DB25463736	115
東京地判H21・10・22LEX/DB25460214	69
福岡地決H21・10・23LEX/DB25460268	69
大阪地判H22・3・25LEX/DB25470374	104
横浜地判H22・7・15LEX/DB25463784	122
横浜地判H22・11・19LEX/DB25470356	73
那覇地判H22・12・3判例集未登載	67
名古屋地判H23・11・14LEX/DB25481756	102
神戸地判H23・11・29LEX/DB25444428	175
長崎地判H24・4・19LEX/DB25481099	74
静岡地判H24・5・18LEX/DB25481701	89
新潟地判H24・5・24LEX/DB25481761	111
長崎地判H24・6・8LEX/DB25482099	75
宇都宮地判H24・7・3LEX/DB25482295	115
金沢地判H24・7・27LEX/DB25482412	113
金沢地判H24・9・5LEX/DB25482699	89
横浜地判H24・9・27LEX/DB25482901	115
東京地立川支判H24・10・12LEX/DB25483394	96

神戸地姫路支判H24・10・22LEX/DB25483420 ……………………… 77
那覇地判H24・12・13判例集未登載 ……………………………… 58
那覇地判H25・3・1判例集未登載 ………………………………… 58

戦後沖縄米軍裁判所

コザ即決軍事法廷1949年4月11日 ………………………………… 212

■著者紹介

森川 恭剛 (もりかわ　やすたか)

- 1966年　愛知県に生まれる
- 1990年　北九州大学法学部卒業
- 1995年　九州大学法学部助手
- 現　職　琉球大学法文学部教授

Horitsu Bunka Sha

性暴力の罪の行為と類型
――フェミニズムと刑法

2017年3月10日　初版第1刷発行

著　者	森川　恭剛
発行者	田靡　純子
発行所	株式会社 法律文化社

〒603-8053
京都市北区上賀茂岩ヶ垣内町71
電話 075(791)7131　FAX 075(721)8400
http://www.hou-bun.com/

＊乱丁など不良本がありましたら、ご連絡ください。
　お取り替えいたします。

印刷：共同印刷工業㈱／製本：㈱藤沢製本
装幀：谷本天志

ISBN 978-4-589-03829-6

Ⓒ2017 Yasutaka Morikawa Printed in Japan

JCOPY 〈(社)出版者著作権管理機構　委託出版物〉

本書の無断複写は著作権法上での例外を除き禁じられています。複写される場合は、そのつど事前に、(社)出版者著作権管理機構（電話 03-3513-6969、FAX 03-3513-6979、e-mail: info@jcopy.or.jp）の許諾を得てください。

森川恭剛著
ハンセン病と平等の法論
A5判・240頁・3000円

ハンセン病への差別を史的・根源的に問いただし、他者との共生への配慮に向けフーコー権力論から平等の法論を展開、考察する。差別研究がひらくマイノリティにかかわる正義と、ヒトの社会に根源的な「匡正」の平等を提起する。

森川恭剛著
ハンセン病差別被害の法的研究
A5判・334頁・5500円

ハンセン病隔離政策はどのような差別被害をもたらしたか。沖縄の実態についてその人権侵害の歴史（90年間）の全貌を明らかにし、憲法14条（法の下の平等）の解釈論を再構成する。法律学者によるハンセン病問題研究。

徳田靖之・石塚伸一・佐々木光明・森尾 亮編集委員
刑事法と歴史的価値とその交錯
―内田博文先生古稀祝賀論文集―
A5判・994頁・22000円

内田博文先生が長年にわたり追究されてきた刑事法学における歴史研究の重要性を軸にすえた論文集。差別・人権問題についての論考も加え、内田刑事法学の核心に迫る。総勢39名の法学研究者・実務家による大作。

――日本の刑事法学がこれまで蓄積してきた知の財産目録――
――現在までの到達点を示し，刑事法学の基礎を示す――

伊東研祐・松宮孝明編
リーディングス刑法
●A5判・510頁・5900円

川崎英明・葛野尋之編
リーディングス刑事訴訟法
●A5判・430頁・5500円

朴 元奎・太田達也編
リーディングス刑事政策
●A5判・400頁・5300円

―法律文化社―

表示価格は本体（税別）価格です